Reza Aslan

Gott

Eine Geschichte der Menschen

Aus dem Englischen übersetzt
von Thomas Görden

MEINEN SÖHNEN

Cyrus, Jaspar und Asa,
die zu ihren eigenen spirituellen Reisen aufbrechen

INHALT

EINFÜHRUNG
Nach unserem Ebenbild

In meiner Kindheit stellte ich mir Gott als einen großen, mächtigen alten Mann vor, der im Himmel wohnt – eine stärkere, mächtigere Version meines Vaters, ausgestattet mit Zauberkräften. Ich malte mir aus, dass Gott gut und imposant aussah, mit langen grauen Haaren, die ihm wallend auf die breiten Schultern fielen. Er saß auf einem von Wolken umgebenen Thron. Wenn er sprach, durchdrang seine gewaltige Stimme den Himmel, vor allem wenn er wütend war. Und er war oft wütend. Aber Gott war auch warmherzig und liebevoll, voller Gnade und gütig. Er lachte, wenn er glücklich war, und weinte, wenn er traurig war.

Ich weiß nicht, woher ich dieses Bild von Gott hatte. Vielleicht hatte ich es irgendwo als buntes Kirchenfenster oder abgedruckt in einem Buch gesehen. Es ist aber auch möglich, dass ich damit geboren wurde. Wissenschaftliche Studien zeigen, dass es kleinen Kindern schwerfällt, zwischen dem Verhalten und den Taten von Menschen und dem Verhalten und den Taten, die Gott zugeschrieben werden, zu unterscheiden, und zwar unabhängig davon, woher die Kinder stammen oder wie religiös sie sind. Wenn man Kinder bittet, ihre Vorstellung von Gott darzulegen, beschreiben sie stets ein menschliches Wesen mit übermenschlichen Fähigkeiten.[1]

Als ich älter wurde, ließ ich die meisten meiner kindlichen Ansichten hinter mir. Doch das Gottesbild blieb. Ich wuchs nicht in einer besonders religiösen Familie auf, aber immer schon faszinierten mich Religion und Spiritualität. Mir schwirrten allerlei unausgegorene Theorien darüber im Kopf herum, was Gott war und wie er aussah (und er ähnelte eigenartigerweise noch immer meinem Vater). Ich wollte aber nicht einfach nur etwas über Gott wissen; ich wollte Gott erfahren, seine Gegenwart in meinem Leben spüren. Doch immer, wenn ich das versuchte, erfasste mich unwillkürlich ein Bewusstsein von der tiefen Kluft, die sich zwischen uns auftat: Gott befand sich auf der einen und ich befand mich auf der anderen Seite, und keiner von uns war in der Lage, diesen Abgrund zu überwinden.

Als Jugendlicher konvertierte ich vom Islam, den meine aus dem Iran stammenden Eltern eher lauwarm praktizierten, zum enthusiastischen Christentum meiner amerikanischen Freunde. Sogleich fand die Neigung aus meiner Kindheit, mir Gott als mächtiges menschliches Wesen vorzustellen, in der Verehrung Jesu Christi als »Fleisch gewordener Gott« ein konkretes Objekt. Anfangs fühlte sich das an, als würde ich mich endlich an einer Stelle kratzen, an der es mich schon mein ganzes Leben lang gejuckt hatte. Jahrelang hatte ich nach einem Weg gesucht, die Kluft zwischen mir und Gott zu überwinden. Nun entdeckte ich eine Religion für mich, die behauptete, es gäbe diese Kluft überhaupt nicht. Wenn ich wissen wollte, wie Gott ist, konnte ich ihn mir nun einfach als den vollkommensten aller Menschen vorstellen.

Das ergab durchaus Sinn. Konnte es, um die Barriere zwischen den Menschen und Gott zu überwinden, einen besseren Weg geben, als Gott zu einem Menschen zu machen? Zu der Frage, warum die christliche Vorstellung von Gott so erfolgreich ist, schrieb der deutsche Philosoph Ludwig Feuerbach: »Das Gemüt findet nur in sich selbst, in seinem Wesen, nur in einem Gotte, der ist, wie und was das Gemüt [ist], seine Befriedigung.«[2]

Dieses Feuerbach-Zitat las ich zum ersten Mal auf dem College, ungefähr zu der Zeit, als ich beschloss, mein Leben dem Studium der Religionen der Welt zu widmen. Feuerbach, so sagte ich mir, meint damit offenbar, dass die nahezu universelle Attraktivität eines Gottes, der aussieht, denkt, fühlt und handelt wie wir, in unserem tiefsitzenden Bedürfnis wurzelt, das Göttliche als Spiegelbild unseres eigenen Selbst zu erleben. Diese Wahrheit traf mich wie ein Donnerschlag. War das der Grund, warum ich mich als Kind so zum Christentum hingezogen gefühlt hatte? Hatte ich mir während dieser ganzen Zeit ein Gottesbild konstruiert, das ein Spiegelbild meiner eigenen Wesenszüge und Emotionen darstellte?

Dass es so gewesen sein könnte, ließ ein Gefühl der Bitterkeit und Desillusionierung in mir aufkommen. Auf der Suche nach einem weiter gefassten Gotteskonzept ließ ich das Christentum hinter mir und kehrte zum Islam zurück. Ich fühlte mich nun von dem radikalen Ikonoklasmus dieser Religion angezogen: der Auffassung, dass Gott nicht bildlich erfasst und dargestellt werden kann, sei es in menschlicher oder anderer Gestalt. Doch erkannte ich schnell, dass die Ablehnung des Islam, Gott in menschlicher Gestalt abzubilden, keineswegs bedeutete, von Gott nicht in menschlichen Begriffen zu denken. Muslime neigen genau wie andere Gläubige dazu, Gott ihre eigenen Tugenden und Schwächen zuzuschreiben, ihre eigenen Gefühle und Fehler. Und sie haben diesbezüglich, so wie die meisten von uns, auch kaum eine Wahl.

Es ist nämlich so, dass die Neigung, das Göttliche zu vermenschlichen, unserem Gehirn, unserer Weise, die Welt zu erfassen und zu deuten, sozusagen innewohnt. Die Vermenschlichung der Gottesvorstellung wurde deswegen zu einem zentralen Charakteristikum fast aller religiösen Traditionen. Tatsächlich lässt sich die gesamte Geschichte menschlicher Spiritualität als ein vernetztes, sich stetig weiterentwickelndes und bemerkenswert übereinstimmendes Bemühen betrachten, das Göttliche zu begreifen, indem wir es mit unseren Emotionen und Wesenszügen, unseren Wünschen, Stärken und Schwächen, ja sogar mit unserer körperlichen Gestalt ausstatten – kurz gesagt, indem wir Gott *zu einem von uns* machen. Damit will ich sagen, dass die meisten von uns – sei es bewusst oder unbewusst und unabhängig davon, ob wir gläubig sind oder nicht – sich Gott als eine göttliche Version unserer selbst vorstellen: ein menschliches Wesen mit übermenschlichen Fähigkeiten.[3]

Das festzustellen heißt nicht: zu behaupten, es gäbe Gott nicht, oder das, was wir Gott nennen, wäre ganz und gar eine menschliche Erfindung. Zwar können diese beiden Aussagen durchaus der Wahrheit entsprechen, aber darum geht es in diesem Buch nicht. Ich bin nicht daran interessiert, die Existenz oder Nichtexistenz Gottes zu beweisen, aus dem einfachen Grund, dass weder für das eine noch für das andere Beweise existieren. Ob Sie glauben oder nicht, ist eine persönliche Wahl. Entweder entscheiden Sie sich dafür zu glauben, dass es jenseits der materiellen Welt noch etwas Anderes gibt – etwas Reales, *Erkennbares* –, oder Sie entscheiden sich dagegen. Wenn Sie sich, wie ich, *dafür* entscheiden, dann müssen Sie sich eine weitere Frage stellen: Möchten Sie dieses Andere erleben? Möchten Sie mit ihm kommunizieren? Es *kennen lernen*? Wenn ja, dann kann es hilfreich sein, eine Sprache zu finden, mit deren Hilfe sich etwas beschreiben lässt, was vom Grundsatz her unbeschreiblich ist.

Hier kommt die Religion ins Spiel. Bei allen Unterschieden in den Mythen und Ritualen, der Tempel und Kathedralen, der Gebote und Verbote, die seit Jahrtausenden die Menschheit in unterschiedliche und oft miteinander konkurrierende Glaubensfraktionen trennen, ist Religion immer auch eine »Sprache«. Sie wird aus Symbolen und Metaphern gebildet und ermöglicht es den Gläubigen, im Dialog mit anderen und auch mit sich selbst die unbeschreibliche Erfahrung des Glaubens mitteilbar zu machen. Und es gibt ein Symbol, das durch die ganze Geschichte der Religionen hindurch als universell und absolut besonders herausragt – eine große Metapher für Gott, von der praktisch alle anderen Symbole und Metaphern hergeleitet wurden: *uns*, die Menschen.

Dieses Konzept, das ich den »vermenschlichten Gott« nenne, verankerte sich in unserem Bewusstsein in dem Augenblick, als wir zum ersten Mal auf die Idee kamen, es könnte »Gott« geben. Es brachte uns auf unsere frühesten Theorien über die Natur des Universums und unsere Rolle darin. Es inspirierte uns zu unseren ersten Bildnissen und Darstellungen der transzendenten Welt, der Welt also, in der Gott wohnte und die unsere Wirklichkeit überstieg. Der Glaube an Götter, die den Menschen ähnlich sind, leitete uns einst, als wir Jäger und Sammler waren, und dann, Jahrzehntausende später, veranlasste er uns dazu, unsere Speere gegen Pflugscharen einzutauschen und Landwirtschaft zu betreiben. Unsere ersten Tempel wurden von Menschen geschaffen, die sich die Götter als menschenähnliche, aber übermenschliche Wesen vorstellten – und sie schufen auch unsere ersten Religionen. Mesopotamier, Ägypter, Griechen, Römer, Inder, Perser, Hebräer, Araber, sie alle entwickelten die Götterwelten ihrer theistischen Systeme in menschlichen Begriffen und mit menschenähnlichen Götterdarstellungen. Das Gleiche gilt für die nicht-theistischen Traditionen, etwa den Jainismus und den Buddhismus. Beide verstehen die Geister und Devas, die ihre Theologien bevölkern, als übermenschliche Wesen, die wie ihre menschlichen Gegenüber an die Gesetze des Karma gebunden sind.[4]

Und sogar die Juden, Christen und Muslime der Gegenwart, die sich so intensiv bemühen, theologisch »korrekt« an einen einzigen Gott zu glauben, der körperlos und unfehlbar, allgegenwärtig und allwissend ist, neigen offenbar doch sehr dazu, sich Gott in menschlicher Gestalt vorzustellen und in menschlichen Begriffen über Gott zu sprechen. Zahlreiche von Psychologen und Kognitionswissenschaftlern durchgeführte Studien zeigen, dass auch die hingebungsvollsten Gläubigen, wenn sie ihre Gedanken über Gott mitteilen sollen, über diesen so sprechen wie über einen Menschen, der ihnen auf der Straße begegnet.[5]

Überlegen Sie einmal, wie oft Gläubige Gott als gut oder liebevoll, grausam oder eifersüchtig, vergebend oder gütig beschreiben. Natürlich handelt es sich dabei um menschliche Eigenschaften. Und das Festhalten daran, menschliche Eigenschaften und Emotionen zu nennen, um das Wesen von etwas zu beschreiben, das – was auch immer es sonst noch sein mag – vollkommen *nichtmenschlich* ist, verdeutlicht nur umso klarer unser existentielles Bedürfnis, unsere Menschlichkeit auf Gott zu projizieren. Wir schreiben Gott nicht nur alles zu, was an der menschlichen Natur wertvoll ist – unsere Fähigkeit zu grenzenloser Liebe, unsere Empathie und Bereitschaft, Mitgefühl zu zeigen, unseren Hunger nach Gerechtigkeit –, sondern auch alle unangenehmen menschlichen Eigenschaften: unsere Aggressivität und unsere Gier, unsere Vorurteile und unsere Scheinheiligkeit, unsere Neigung zu extremer Gewalt.

Dieser natürliche Impuls, das Göttliche zu vermenschlichen, hat, wie man sich vorstellen kann, gewisse Konsequenzen. Wenn wir Gott mit menschlichen Eigenschaften ausstatten, *vergöttlichen* wir diese Eigenschaften, so dass alles Gute oder Schlechte an unseren Religionen lediglich ein Spiegelbild dessen darstellt, was an uns selbst gut oder schlecht ist. Unsere Wünsche werden zu Gottes Wünschen, nur ohne Grenzen. Unsere Taten werden zu Gottes Taten, nur ohne Konsequenzen. Wir erschaffen ein übermenschliches Wesen, das mit menschlichen Wesenszügen ausgestattet ist, jedoch keinen menschlichen Einschränkungen unterliegt. Wir formen unsere Religionen und Kulturen, unsere Gesellschaften und Regierungen entsprechend unseren menschlichen Wünschen und Bedürfnissen, während wir uns ständig einreden, es handele sich dabei um Gottes Wünsche und Bedürfnisse.

Das erklärt mehr als alles andere, warum während der gesamten Menschheitsgeschichte die Religion unendlich viel Gutes bewirkt hat, aber auch Böses von unaussprechlichem Ausmaß; warum der gleiche Glaube an den gleichen Gott viele Gläubige zu Liebe und Mitgefühl, andere jedoch zu Hass und Gewalt motiviert; warum zwei Menschen, die zur gleichen Zeit den gleichen religiösen Text lesen, zu radikal unterschiedlichen Interpretationen gelangen. Tatsächlich entstehen die meisten religiösen Konflikte, die unsere Welt bis heute in Aufruhr versetzen, aus unserem angeborenen, unbewussten Wunsch, das, was Gott ist und was Gott will, wen Gott liebt und wen Gott hasst, in uns und unserer Weise, in der Welt zu sein, verwirklicht zu sehen.

Ich brauchte noch viele weitere Jahre, um zu erkennen, dass das Konzept Gottes, nach dem ich suchte, viel zu umfassend war, um durch eine einzige religiöse Tradition definiert werden zu können. Der einzige Weg, das Göttliche wirklich zu erleben, bestand für mich darin, in meinem spirituellen Bewusstsein Gott zu *entmenschlichen*.

Und so ist dieses Buch weit mehr als einfach nur eine Geschichte darüber, wie Menschen Gott vermenschlichten. Es ist auch ein Appell, dem Göttlichen nicht länger unsere menschlichen Wünsche und Motive unterzuschieben, sondern eine *pantheistischere* Sicht Gottes zu entwickeln. Dieses Buch soll deutlich machen, dass wir – ob wir nun an einen Gott, an viele Götter oder an überhaupt keinen Gott glauben – Gott nach unserem Ebenbild geschaffen haben und nicht umgekehrt. Und in dieser Wahrheit liegt der Schlüssel zu einer reiferen, friedlicheren, *ursprünglicheren* Form von Spiritualität.

1. TEIL
Die verkörperte Seele

1. KAPITEL
Adam und Eva im Garten Eden

Am Anfang war die Leere. Dunkelheit. Chaos. Ein gewaltiger Ozean der Gestaltlosigkeit und Formlosigkeit. Kein Himmel, keine Erde, kein Meer, das geteilt werden konnte. Noch hatten sich keine Götter manifestiert, noch waren keine Worte gesprochen, keine Schicksale festgelegt worden, bis ... sich ein Blitz, etwas Licht und eine plötzliche Expansion von Raum und Zeit ereigneten, von Energie und Materie, von Atomen und Molekülen – das waren die Bausteine für hundert Milliarden Galaxien, von denen jede hundert Milliarden Sterne hat.

In der Nähe eines dieser Sterne kollidiert ein Staubteilchen von einem Mikrometer Größe mit einem anderen, und während vielen hundert Millionen Jahren ballt sich immer mehr Staub zusammen, der schließlich anfängt, im Kreis herumzuwirbeln, dabei Masse ansammelt, eine Kruste bildet, Ozeane und Land hervorbringt, und, unerwarteterweise, *Leben*: erst einfache, dann komplexe; erst kriechende, dann auf Beinen laufende Lebewesen.

Jahrtausende vergehen, in denen Gletscher vorrücken, große Teile der Erdoberfläche bedecken und sich wieder zurückziehen. Die Polkappen schmelzen ab, und die Meere steigen. Kontinentale Eisschilde geraten in Bewegung, gleiten über die niedrigen Hügel und Täler Europas und Asiens und verwandeln riesige Wälder in weite, baumlose Ebenen. Und an diesen Zufluchtsort wandern die frühen Ahnen unserer Spezies – Adam und Eva, wie es sie sozusagen »historisch« gab, *Homo sapiens*, übersetzt: »der vernünftige Mensch«.

Groß, aufrecht und kräftig gebaut, mit breiter Nase und hoher Stirn, begannen Adam und Eva ihre Evolution zwischen 300 000 und 200 000 v. Chr. als letzter Zweig des menschlichen Stammbaumes. Ihre Vorfahren waren etwa 100 000 Jahre zuvor aus Afrika eingewandert, zu einer Zeit, als die Sahara noch keine Wüste war, sondern ein Gebiet mit großen Seen und üppiger Vegetation. In Wanderungswellen durchquerten sie die arabische Halbinsel. Dann fächerte sich ihre Wanderungsbewegung auf. Manche zogen durch die Steppen Zentralasiens nach Norden, andere wanderten südlich in den indischen Subkontinent ein, blieben dort oder fuhren übers Meer nach Australien, und ein Teil erreichte, über den Balkan kommend, das südliche Spanien und den Rand Europas.

Unterwegs begegneten ihnen ältere Spezies umherziehender Menschen: der aufrecht gehende *Homo erectus*, der auf ganz ähnlichen Routen nach Europa einwanderte, jedoch mehrere hunderttausend Jahre früher gekommen war; der tüchtige *Homo denisova*, der die Ebenen Sibiriens und Ostasiens durchwanderte, und natürlich *Homo neanderthalensis* – der Neandertaler –, der vom Homo sapiens entweder ausgelöscht wurde oder in dessen Gruppen aufging (was niemand sicher weiß).[1]

Adam ist Jäger. Stellen Sie ihn sich also mit einem Speer vor, ein Mammutfell um die Schultern drapiert. Seine Wandlung vom Opfer, von der Beute jagender Tiere, zum Beutemacher hatte eine genetische Prägung hinterlassen, seinen Jagdinstinkt. Er ist in der Lage, zu allen Jahreszeiten die Spur eines Tieres zu verfolgen und geduldig den richtigen Moment zum Zuschlagen abzuwarten. Wenn er tötet, schlägt er nicht seine Zähne ins Fleisch und verzehrt es sofort. Er bringt die Beute ins Lager, um es mit seiner Gemeinschaft zu teilen. In Zelten aus auf Mammutknochen gespannten Tierhäuten bereitet er sein Essen über mit Steinen eingefassten Feuerstellen zu. Die Reste lagert er in tief in den Permafrost gegrabenen Erdlöchern.

Auch Eva ist Jägerin, doch sie hat als Waffe nicht den Speer gewählt, sondern das Netz, das sie in Monate, vielleicht Jahre dauernder Arbeit aus zarten Pflanzenfasern knüpfte. Sie kauert in der Morgendämmerung auf dem Waldboden, legt auf dem bemoosten Untergrund sorgfältig ihre Schlingen aus und wartet geduldig darauf, dass ein unachtsames Kaninchen oder ein Fuchs in die Falle geht. Währenddessen sammeln ihre Kinder in den Wäldern essbare Pflanzen, graben Pilze und Wurzeln aus, fangen Reptilien und große Insekten und bringen all das ins Lager. Jeder Einzelne leistet seinen Beitrag zur Ernährung der Gemeinschaft.[2]

Die Werkzeuge Adams und Evas sind aus Stein gefertigt. Dabei handelt es sich aber nicht einfach um Steine, die man vom Boden aufsammelt, weil sie für einen bestimmten Zweck taugen, und wieder wegwirft, wenn sie ihren Zweck erfüllt haben. Es sind dauerhaft genutzte Werkzeuge: haltbar und mit großem handwerklichen Geschick hergestellt. Adam und Eva nehmen ihre Werkzeuge mit, wenn sie von einem Lagerplatz zum nächsten weiterziehen. Gelegentlich werden diese gegen bessere Werkzeuge eingetauscht, gegen aus Elfenbein oder Geweihknochen hergestellte Schmuckstücke und Anhänger aus Knochen, Zähnen, Schneckenhäusern oder Muscheln. Solche Dinge sind ihnen kostbar und gehören ihnen individuell, nicht der Gemeinschaft. Verstorbenen wird ihr Schmuck mit ins

Grab gelegt, damit sie sich in dem Leben, das sie nach dem Tod erwartet, weiter daran erfreuen können.[3]

Adam und Eva sind sich sicher, dass es ein Leben nach dem Tod gibt. Warum sonst hätten sie ihre Toten aufwändig begraben sollen? Praktische Gründe gibt es dafür nicht. Es ist viel einfacher, die Körper der Toten offen liegen zu lassen, wie tote Tiere, deren Fleisch von Vögeln weggepickt wird. Doch sie geben sich große Mühe damit, die Körper ihrer verstorbenen Freunde und Familienmitglieder zu begraben, sie dadurch vor Aasfressern zu schützen und ihnen Respekt zu erweisen. Tote werden ausgestreckt oder in einer Haltung, die der des Fötus im Mutterleib ähnelt, bestattet. Das Grab ist oft nach Osten zum Sonnenaufgang hin ausgerichtet. Manche Gemeinschaften trennen Skalp oder Schädel ihrer Toten ab und bestatten diese getrennt, oder sie stellen die Ahnenschädel zur Schau, ausgestattet mit künstlichen Augen, die Blicke simulieren. Es kommt auch vor, dass sie den Schädel öffnen, das Gehirn offenbar herausnehmen und möglicherweise verzehren.

Der tote Körper wird mit blutrotem Ocker (die Farbe symbolisiert das Leben) bestäubt, dann auf ein Bett aus Blumen gelegt und mit Halsketten, Muscheln und Tierknochen geschmückt – Werkzeuge und Gegenstände, die dem oder der Toten etwas bedeuteten oder für das nächste Leben benötigt werden, finden sich in den Gräbern. Die Trauernden zünden rings um den Leichnam Feuer an und bringen dem Toten Gaben. Sie markieren den Bestattungshügel mit Steinen, damit sie das Grab wiederfinden und später immer wieder besuchen können.[4]

Adam und Eva tun dies, so wird vermutet, weil sie glauben, dass die Toten gar nicht tot sind, sondern in einer anderen Welt weiterleben, die von den Lebenden in Träumen und Visionen besucht werden kann. Der Körper verwest zwar, aber ein Teil des Menschen besteht weiter, ein Teil, der sich klar vom Körper unterscheidet und ohne diesen existieren kann, ein Teil, der Seele genannt wird.[5]

Woher Adam und Eva diese Vorstellung haben, wissen wir nicht. Aber sie ist für ihr Selbstbild ganz wesentlich. Sie wissen offenbar *intuitiv*, dass sie verkörperte Seelen sind. Dieser Glaube ist so ursprünglich und angeboren, so tief verwurzelt und weitverbreitet, dass man ihn als ein zentrales Merkmal der menschlichen Erfahrung betrachten muss. Tatsächlich teilen Adam und Eva ihn mit ihren Urahnen, Neandertaler und *Homo erectus*, die bereits rituelle Bestattungen praktizierten, was vermuten lässt, dass sie ebenfalls die Seele als etwas vom Körper unabhängig Existierendes betrachteten.[6]

Wenn die Seele getrennt vom Körper existieren kann, dann kann sie ihn auch überleben. Und wenn die Seele den Körper überlebt, muss es in der sichtbaren Welt von den Seelen aller Wesen, die jemals lebten und starben, geradezu wimmeln. Für Adam und Eva sind diese Seelen wahrnehmbar. Sie existieren in unzähligen Formen. Ohne ihre Körper werden sie zu *Geistern*, die in der Lage sind, alle Dinge zu bewohnen – Vögel, Bäume, Berge, die Sonne, den Mond. All das pulsiert vor Leben. Es ist *animiert*, beseelt.

Es wird eine Zeit kommen, in der man diese Geister vollständig vermenschlicht, sie mit Namen versieht, mythische Geschichten über sie erzählt und sie in übernatürliche Wesen verwandelt, die dann als Götter verehrt und angebetet werden.

Aber so weit sind wir noch nicht.

Dennoch ist es für Adam und Eva kein großer Sprung, zu dem Schluss zu gelangen, dass ihre Seelen – das, wodurch sie *sie* sind – sich in Form und Substanz nicht von den Seelen anderer Menschen, Lebender und Verstorbener, und den Geistern der Bäume und den Geistern der Berge unterscheiden. Was immer Adam und Eva sind, was immer ihr Wesen, ihre Essenz, sein mag, sie teilen es mit der gesamten Schöpfung. Sie sind Teil des Ganzen.

Diesen Glauben, wonach allem, was existiert, Gegenstand oder Lebewesen, eine spirituelle Essenz oder »Seele« innewohnt, nennt man *Animismus*. Und es ist sehr wahrscheinlich, dass es sich dabei um die früheste Ausdrucksform von Religion überhaupt handelt.[7]

Adam und Eva, unsere Vorfahren, erscheinen im Hinblick auf ihre Werkzeuge und Technologien aus heutiger Sicht primitiv. Ihr Gehirn ist aber ebenso groß und so entwickelt wie das unsrige. Sie sind in der Lage, abstrakt zu denken und ihre Gedanken einander mit Hilfe der Sprache mitzuteilen. Sie sprechen wie wir. Sie denken wie wir. Wie wir verfügen sie über Phantasie, Kreativität und Verstand. Kurz gesagt, sie sind *wir*: voll entwickelte menschliche Wesen.

Als solche sind sie zu kritischer Analyse in der Lage und können experimentieren. Sie können mit Hilfe analogen Denkens komplexe Theorien über die Natur der Wirklichkeit entwickeln. Und auf Grundlage dieser Theorien können sie zu kohärenten Glaubensüberzeugungen gelangen. Und sie können diese Glaubensüberzeugungen bewahren und von Generation zu Generation weitergeben.

Tatsächlich hinterließ *Homo sapiens* fast überall Hinweise auf diesen Glauben, die wir nur aufspüren müssen. Zum einen gibt es Monumente unter freiem Himmel, von denen die meisten aber der Zeit zum Opfer fielen. Hügelgräber liefern dagegen auch nach Jahrzehntausenden noch eindeutige Beweise für rituelle Aktivitäten. Doch nichts bringt uns unseren Vorfahren so nah – macht sie für uns ganz und gar als *Menschen* sichtbar und lebendig –

wie die spektakulären Höhlenmalereien, die an vielen Orten in Europa und Asien anzutreffen sind und die Wanderungsbewegungen des frühen *Homo sapiens* markieren wie Fußspuren.[8]

Soweit wir wissen, ist für das Glaubenssystem Adams und Evas die Vorstellung fundamental, dass der Kosmos mehrere Ebenen hat. Die Erde befindet sich in der Mitte, zwischen dem Himmelsgewölbe und der flachen Schale der Unterwelt. Die oberen Regionen lassen sich nur in Träumen oder in veränderten Bewusstseinszuständen erreichen. Hierhin zu gelangen ist für gewöhnlich Aufgabe des *Schamanen* – einer Person, die als Mittler zwischen der Welt der Seelen und Geister und der materiellen Welt agiert. Die Unterwelt dagegen ist für alle erreichbar, einfach indem man tief in die Erde hinabsteigt – manchmal einen Kilometer oder noch weiter in Höhlen vordringt, um dort den eigenen Glauben auf die Felswand zu malen, zu ritzen oder einzumeißeln. Und die Felswand ist eine »Membran« zwischen der Menschenwelt und der jenseitigen Welt.[9]

Diese Höhlenmalereien finden sich in Australien und Indonesien. Sie finden sich jenseits des Kaukasus – von der Kapowa-Höhle im südlichen Ural zur Cuciulat-Höhle in Rumänien und am Oberlauf der Lena in Sibirien. Einige der ältesten und besonders gut erhaltenen Beispiele für prähistorische Höhlenmalkunst gibt es in den Bergregionen Westeuropas. In Nordspanien lässt sich eine große rote Scheibe auf einer Höhlenwand in El Castillo auf ein Alter von etwa 41 000 Jahren datieren, also etwa in die Zeit, als der *Homo sapiens* in dieser Region eintraf. Südfrankreich ist geradezu von solchen Höhlen durchlöchert – von Font de Gaume und Les Combarelles im Vézère-Tal zu den Höhlen von Chauvet, Lascaux und Volp in den Pyrenäen.[10]

Die Volp-Höhlen ermöglichen einen einzigartigen Blick in Zweck und Funktion dieser unterirdischen Heiligtümer. Hier gibt es drei miteinander verbundene Höhlen, die der Fluss Volp in den Kalkstein gegraben hat: *Enlène* im Osten, *Tuc d'Audoubert* im Westen und in der Mitte *Trois-Frères*, benannt nach den drei Brüdern, die die Höhlen im Jahr 1912 entdeckten.

Der französische Archäologe und Priester Henri Breuil, bekannt als Abbé Breuil, erforschte die Höhlen als Erster und kopierte den reichen Schatz an Bildern, den er dort entdeckte, akribisch mit der Hand. Dadurch öffnete er ein Fenster in eine ferne Vergangenheit und ermöglichte uns eine plausible Rekonstruktion und Interpretation der erstaunlichen spirituellen Reise, die unsere prähistorischen Ahnen dort vor Jahrzehntausenden unternommen haben müssen.[11]

Diese Reise beginnt etwa hundertfünfzig Meter hinter dem Eingang der ersten Höhle des Volp-Komplexes – Enlène – in einem Vorraum, der heute Salle des Morts genannt wird. Es ist wichtig, sich darüber im Klaren zu sein, dass Adam und Eva nicht in diesen Höhlen wohnen. Sie sind keine »Höhlenmenschen«. Die meisten Höhlenmalereien finden sich in schwer zugänglichen, nicht als Wohnquartiere geeigneten Höhlen. Um hineinzugelangen, muss man oft eine enge Passage durchqueren, die wie eine Schwelle zwischen der sichtbaren und der übersinnlichen Welt wirkt. In manchen Höhlen gibt es Beweise dafür, dass Menschen sich dort für längere Zeit aufhielten. Andere Höhlen haben einen Vorraum. Archäologische Funde, die dort gemacht wurden, zeigen, dass die Menschen, die diese Höhle zu kultischen Zwecken aufsuchten, in dem Vorraum aßen und übernachteten, aber dort nicht dauerhaft wohnten. Die Höhlen mit den Malereien waren heilige Räume, was auch erklärt, warum die Bilder in großem Abstand zum Höhleneingang positioniert wurden. Um sie betrachten zu können, musste man zunächst ein gefährliches Höhlenlabyrinth durchqueren.

In den Volp-Höhlen dient der Salle des Morts als eine Art Übergangsraum, wo Adam und Eva sich auf die Erfahrung vorbereiten können, die sie erwartet. Hier reinigen sie sich im beißenden Gestank brennender Knochen. Im Boden des Vorraums sind zahlreiche Feuerstellen eingelassen, in denen haufenweise Tierknochen brennen. Knochen sind ein sehr gutes Brennmaterial, aber das ist nicht der Grund, warum sie hier verbrannt werden. Am Fuß der Pyrenäen gibt es genug Wald, man hätte also viel einfacher auf Holz als Brennstoff zurückgreifen können.

Doch man glaubt, dass Tierknochen sich gut als verbindendes Medium eignen – sie sind von Fleisch umgeben, bestehen aber selbst nicht aus Fleisch. Deswegen werden sie so häufig gesammelt, poliert und als Schmuck getragen. Deswegen schnitzt man aus ihnen Talismane, in die Bilder von Bisons, Rentieren oder Fischen eingraviert werden, obwohl die Knochen selbst nur selten von diesen Tieren stammen. Manchmal werden die Knochen direkt in die Spalten und Risse der Höhlenwände gesteckt. Vielleicht ist das eine Form des Gebets, ein Mittel, um Botschaften in die Welt der Geister zu schicken.

Wenn in diesen Feuerstellen Tierknochen verbrannt werden, will man damit vermutlich die Essenz des betreffenden Tieres absorbieren. Das Verbrennen von Knochen und Mark mit seinem penetranten Geruch dient als Räucherzeremonie und Weihe. Stellen Sie sich vor, wie Adam und Eva, an diesem engen, schlecht belüfteten Ort sitzend, stundenlang im Rauch baden und sich im Rhythmus mit Tierhäuten bespannter Trommeln wiegen, während sie dem Klang von Flöten aus Adlerknochen und Feuerstein-Xylophonen lauschen, denn all das hat man in solchen Höhlen gefunden. Nach diesen vorbereitenden Weihen sind sie dann bereit, ihre unterirdische Reise fortzusetzen.[12]

Adam und Eva spazieren nicht ziellos in diesen Höhlen herum. Jede Kammer, jede Nische, jeder Korridor hat einen bestimmten Zweck – alles ist dafür entworfen, eine ekstatische Erfahrung zu erzeugen. Wir haben es also mit einem sorgsam kontrollierten Prozess zu tun: Durch das Abschreiten dieser Nischen und Gänge und das Betrachten der Malereien auf Wänden, Boden und Decke wird eine bestimmte emotionale Reaktion auslöst, ganz ähnlich, wie es beim rituellen Abschreiten des Kreuzweges in einer mittelalterlichen Kirche geschieht.

Als Erstes müssen sie auf allen Vieren durch einen etwa sechzig Meter langen Tunnel kriechen, der Enlène mit Les Trois-Frères, der zweiten Höhle des Volp-Komplexes, verbindet. So gelangen sie in eine ganz neue Zone, markiert durch etwas, das in der ersten Höhle so offensichtlich fehlt, dass es kein Zufall sein kann. Denn erst in der zweiten Höhle erblicken Adam und Eva die Felsmalereien, durch die ihr spirituelles Leben definiert ist.

Der Hauptgang in der Höhle Les Trois-Frères gabelt sich in zwei enge Pfade. Der linke führt in eine lange Kammer, deren Wände mit in Reihen angeordneten schwarzen und roten Punkten unterschiedlicher Größe bemalt sind. Solche Punkte stellen die früheste Form der Höhlenmalerei dar. In manchen Höhlen wurden sie auf ein Alter von über 40 000 Jahren datiert. Niemand weiß wirklich, was die Punkte bedeuten. Es könnte sich um Aufzeichnungen spiritueller Visionen handeln. Sie können männliche und weibliche Symbole repräsentieren. Klar ist aber, dass die Punkte nicht zufällig verstreut aufgemalt wurden. Ganz im Gegenteil: Sie sind oft in einem deutlich erkennbaren Muster angeordnet, das sich von Kammer zu Kamer unterscheidet. Es ist also davon auszugehen, dass die Punkte eine Botschaft übermitteln sollten oder dass es sich um verschlüsselte Anweisungen für Rituale handelt, eine Art Code, der den Ritualteilnehmern wichtige Informationen für ihre Reise in die Eingeweide der Erde übermittelte.[13]

Über den Pfad, der vom Hauptgang der Höhle Les Trois-Frères nach rechts abzweigt, gelangt man in einen kleinen, dunklen Raum, der heute »Galerie des Mains« genannt wird. Hier sind die Höhlenwände nicht mit Punkten, sondern mit Handabdrücken übersät – es gibt Dutzende davon. Solche Handabdrücke sind die am weitesten verbreitete Form prähistorischer Felsenmalerei. Die ältesten Handabdrücke entstanden vor etwa 39 000 Jahren. Es gibt sie nicht nur in Europa, sondern auch in Australien, auf Borneo, in Mexiko, Argentinien, der Sahara und auch in den USA. Die Abdrücke werden entweder angefertigt, indem man die Hand in nasses Pigment taucht und sie dann gegen die Höhlenwand drückt, oder indem man die Hand auf die Wand legt und mit Hilfe eines ausgehöhlten Knochens um sie herum Ocker auf das Gestein bläst. Auf diese Weise wird der Umriss der Hand auf der Wand sichtbar und eine Art Negativ erzeugt. Der Ocker besitzt auch selbst eine heilige Funktion. Die blutrote Farbe dient als Brücke zwischen der materiellen und der spirituellen Welt.[14]

Bemerkenswert ist an diesen Handabdrücken, dass sie sich fast nie auf glatten und leicht zugänglichen Flächen finden, wie man es doch eigentlich erwarten würde. Stattdessen tauchen sie an bestimmten, topographisch auffälligen Bereichen auf: Über oder neben Spalten und Rissen im Gestein, in Mulden oder zwischen Stalagmiten, an hohen Höhlendecken oder anderen schwierig zu erreichenden Stellen. Manche Abdrücke sind so geformt, als würden die Finger nach dem Gestein greifen. Bei anderen sind die

Finger gekrümmt oder einzelne Finger fehlen. Mehrere Abdrücke stammen eindeutig von derselben Hand, wobei von Abdruck zu Abdruck andere Finger fehlen, was vermuten lässt, dass es sich bei den Handabdrücken wie bei den schwarzen und roten Punkten um eine uralte Form symbolischer Kommunikation handelt – eine primitive »Zeichensprache«. Tatsächlich weist die geradezu unheimliche Ähnlichkeit dieser Praxis, Handabrücke auf Höhlenwände zu bringen, die sich auf gegenüberliegenden Seiten des Globus findet, darauf hin, dass sie aus der Zeit stammen muss, bevor *Homo sapiens* vor fast 100 000 Jahren aus Afrika in andere Erdteile einwanderte. Es ist gut möglich, dass die Menschen, die in Indonesien ihre Handabdrücke verewigten, die gleiche symbolische Sprache verwendeten wie die Schöpfer der Handabdrücke in Westeuropa.

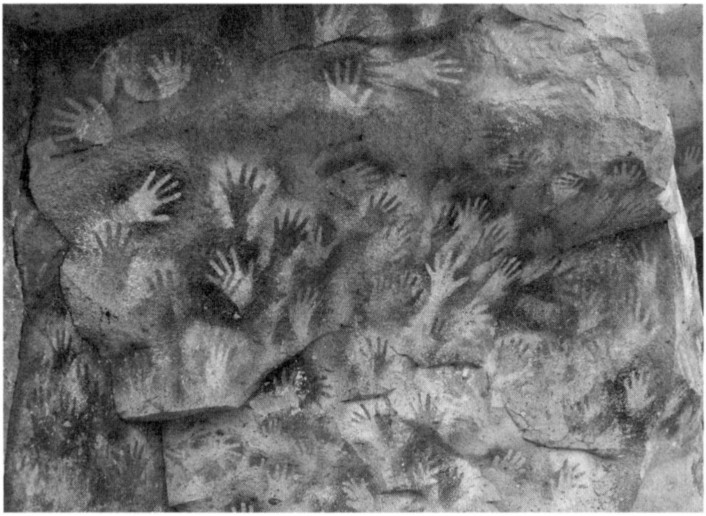

Negative und positive Handabdrücke in der Cueva de las Manos, Santa Cruz, Argentinien (circa 15 000 bis 11 000 v. Chr.).
Mariano / CC-BY-3.0 / *Wikimedia Commons*

Interessanterweise geht die Wissenschaft heute davon aus, dass die Mehrzahl der in den Höhlen Europas und Asiens gefundenen Abdrücke von Frauenhänden stammen. Das straft die Behauptung Lügen, die Rituale und Malereien in den Höhlen seien in erster Linie Männersache gewesen. Zwar mag der Zugang zu bestimmten Höhlenbereichen oder Aktivitäten eingeschränkt gewesen sein, vielleicht nur denen gestattet, die an einem Ritual oder einer Initiation teilnahmen, aber die heiligen Stätten an sich standen wohl allen Mitgliedern der Gemeinschaft offen: beiden Geschlechtern, jung und alt.[15]

Im schwachen Lichtschein einer flackernden Flamme tasten sich Adam und Eva vorsichtig durch diese Kammer und spüren den Strukturen der Wände nach – den Formen und warmen und kalten Stellen. Sie suchen die richtige Stelle, um ihre eigenen Handabdrücke anzubringen. Das ist ein zeitaufwendiger und sehr persönlicher Prozess, der eine Vertrautheit mit den Steinflächen erfordert. Erst nachdem sie ihre Abdrücke hinterlassen haben, sind sie bereit, ihre Reise fortzusetzen, hinein ins eigentliche Herz der Höhle: eine kleine, enge, schwer zugänglich in einem gefährlich abschüssigen Teil des Höhlenkomplexes gelegene Kammer, die Breuil das *Heiligtum* nannte.

Hier pulsieren die Wände geradezu, bedeckt mit leuchtend farbigen Tierdarstellungen, teilweise gezeichnet, teilweise in den Felsen geritzt. Es gibt in der Kammer Hunderte von ihnen, teilweise einander überlagernd, die Tiere bei allen möglichen Aktivitäten zeigen: Bisons, Bären, Pferde, Rentiere, Mammuts, Hirsche, Steinböcke und einige mysteriöse, nicht identifizierbare Geschöpfe – manche sind zu phantastisch, um real gewesen sein zu können, und bei anderen verwischen sich die Grenzen zwischen Mensch und Tier.

Es ist nicht ganz richtig, diese Zeichnungen »Bilder« zu nennen. Sie sind, wie die Punkte und Handabdrücke, Symbole, in denen sich der animistische Glaube unserer Vorfahren widerspiegelt, dass alle lebendigen Wesen miteinander verbunden sind, dass sie alle Teil des einen universellen Geistes sind. Das ist auch der Grund, warum die Umwelt, in der die Tiere lebten, nur sehr selten mit abgebildet wird. Oft sieht man die wilden Tiere in einer Art dynamischen Unschärfe dargestellt, die Bewegung ausdrücken soll. Aber es gibt kein Gras, keine Bäume, Sträucher oder Bäche, kein Gelände, in dem die Tiere sich bewegen; es gibt überhaupt keinen »festen Untergrund«. Die Tiere scheinen frei im Raum zu schweben, auf dem Kopf stehend oder in für den Betrachter merkwürdig schrägen Winkeln. Sie wirken wie aus einer Halluzination, ohne äußere Bezugspunkte, *irreal*.[16]

Die gängige Theorie besagt, dass diese Höhlenmalereien dem »Jagdzauber« gedient hätten, einer Magie, die den Jägern helfen sollte, ihre Beute zu erlegen. Doch handelt es sich bei den in den Höhlen abgebildeten Tieren überwiegend nicht um jene Tierarten, die außerhalb der Höhlen vor allem anzutreffen waren. Archäologische Ausgrabungen haben gezeigt, dass die in den Höhlen dargestellten Tierarten größtenteils nicht die waren, von denen die Höhlenmaler sich ernährten. Selten werden Tiere gezeigt, die gejagt und erlegt werden oder Schmerzen erleiden. Manche Tiere sind von schwarzen Linien durchkreuzt. Häufig deutet man diese Linien als Speere oder Pfeile, die dem Tier die Flanken durchbohren. Doch betrachtet man die Zeichnungen genauer, zeigt sich, dass die Linien nicht wirklich in den Körper des Tieres eindringen. Vielmehr strahlen die Linien von dem Tier aus. Sie symbolisieren offenbar die Aura oder den Geist des Tieres – seine *Seele*. Wie der französische Anthropologe Claude

Lévi-Strauss beobachtete, wählten unsere prähistorischen Artgenossen die Tiere, die sie auf die Wände zeichneten, nicht danach aus, welche »gut zu essen« waren, sondern danach, welche »sich gut zum Denken eigneten«.[17]

Adam und Eva gehen nicht in diese Höhlen, um die Welt zu malen, die sie kennen. Welchen Sinn sollte das haben? Sie gehen dorthin, um sich die Welt vorzustellen, die jenseits der ihren existiert. Tatsächlich malen sie nicht einfach Bilder von Bisons und Bären auf den Fels, vielmehr *holen* sie die Bilder aus dem Stein. Adam und Eva stehen in einem spärlich beleuchteten schmalen Höhlengang. Sie lassen ihren Blick über die Wände gleiten, streichen zärtlich mit den Händen über das Gestein und warten darauf, dass sich ihnen das Bild offenbart, das sie zeichnen sollen. Eine zarte Wölbung im Stein wird zum Bein einer Antilope. Ein schmaler Riss wird zum Ausgangspunkt für ein Rentiergeweih. Manchmal braucht es nur wenige Ergänzungen – ein Strich hier, eine tiefe Kerbe dort –, um die natürliche Form des Gesteins in ein Mammut oder einen Steinbock zu verwandeln. Die Aufgabe besteht also nicht darin, das Bild zu zeichnen, sondern es zu vervollständigen.

Die Zeichnungen sind oft so angebracht, dass sie nur aus einem bestimmten Blickwinkel und nur von wenigen Personen gleichzeitig betrachtet werden können, was darauf hindeutet, dass die Höhle – nicht nur die in ihr geschaffenen Zeichnungen, sondern die Höhle selbst – zum Teil der spirituellen Erfahrung gemacht wurde. Die Höhle wird zu einem *Mythogramm*. Sie soll gelesen werden, so wie man heilige Texte liest.[18]

Wenn die Volp-Höhlen eine Art heiliger Text sind, dann erwartet Adam und Eva jetzt der dramatischste Teil ihrer Erfahrung. Das Mysterium dieser heiligen Stätte wird sich ihnen in einem spektakulären Höhepunkt offenbaren.

Am anderen Ende des *Heiligtums* mit den Tierzeichnungen folgt ein so enger Gang, dass darin nur ein bis zwei Personen Platz finden. Sie müssen auf Händen und Knien vorwärts kriechen. Der Gang führt in einer Biegung aufwärts zu einer schmalen Felskante, nicht sehr hoch über dem Höhlenboden. Wenn die beiden dort angekommen sind, gehen sie, mit dem Rücken zur Wand, vorsichtig seitwärts über die Kante, sich mit den Händen an das Gestein klammernd, um nicht hinunterzufallen. Nach ein paar Metern wird der Felssims breiter. Nun können sie sich umdrehen und die Wand betrachten. Erst jetzt können sie, wenn sie den Blick zur Höhlendecke richten, das Bild sehen, das die Reise durch die Höhle krönt – ein so ehrfurchtgebietendes, atemberaubendes Bild, dass es sich kaum mit Worten beschreiben lässt.

Es handelt sich um die Darstellung eines Mannes – so viel ist sicher. Aber da ist noch mehr. Dieses Wesen hat die Unterschenkel und Füße eines Menschen, aber die Ohren eines Hirsches und die Augen einer Eule. Ein langer, buschiger Bart hängt ihm über die Brust. Seine Hände ähneln Bärentatzen. Sein muskulöser Rumpf und die Oberschenkel erinnern an eine Antilope oder Gazelle. Zwischen seinen Hinterbeinen reckt sich ein halb erigierter Penis nach hinten, so dass er fast den buschigen Pferdeschwanz des Geschöpfes berührt. Die Gestalt tanzt offenbar und scheint sich dabei nach links zu neigen. Doch ihr Gesicht ist dem Betrachter zugewandt, sie fixiert ihn mit den kleinen weißen Pupillen ihrer weit geöffneten, schwarz umrandeten Eulenaugen.

Die Gestalt ist sowohl gemalt als auch geritzt, etwas in diesen Höhlen Einzigartiges. Sie wurde, vielleicht über Jahrtausende, immer wieder zeichnerisch und malerisch umgestaltet. An Nase und Stirn finden sich schwache Farbspuren. An manchen Stellen ist das Bild hervorragend ausgearbeitet; so ist die Kniescheibe des linken Beines gekonnt dargestellt. Andere Bereiche sehen grob und skizzenhaft aus. Besonders die Vorderpfoten wirken eilig hingeworfen und unfertig. Die Figur ist etwa fünfundsiebzig Zentimeter groß, weit größer als alle anderen Bilder in diesem Raum. Was auch immer dort verewigt wurde, in der Dunkelheit schwebend überragt diese Figur alles andere in dieser Kammer der Höhle.

Der Zauberer (Interpretation einer Zeichnung von Henri Breuil). Les Trois-Frères, Montesquieu-Avantes, Frankreich (circa 18 000 bis 16 000 v. Chr.).
Copyright © David Lindroth, Inc.

Als Henri Breuil diese Figur vor einem Jahrhundert zum ersten Mal erblickte, war er sprachlos. Offensichtlich handelte es sich um ein Kultbild, das zur Verehrung, vielleicht sogar Anbetung diente. Eine einzelne, die gesamte Umgebung dominierende menschenähnliche Figur, die so markant in der Höhlenmalerei absolut einmalig ist. Ihre Position in der Höhle erweckt den Eindruck, dass sie über die zahlreichen dort gezeichneten Tiere herrscht. Zuerst nahm Breuil an, bei der Figur handele es sich um einen Schamanen, der ein hybrides Tierkostüm trägt. Er gab ihr den Namen »Der Zauberer«, der sich bis heute gehalten hat.[19]

Breuils anfängliche Deutung der Figur ist verständlich. In traditionellen Kulturen glaubte man, Schamanen stünden mit einem Bein in dieser Welt und mit dem anderen in der nächsten. Sie besaßen die Fähigkeit, sich in veränderte Bewusstseinszustände zu versetzen (oft mit Hilfe halluzinogener Substanzen wie beispielsweise getrockneten Fliegenpilzen). So konnten sie ihren Körper zurücklassen und in die Geisterwelt reisen, um Botschaften aus dem Jenseits zu übermitteln, meistens mit Hilfe eines Tieres als Geistführer.[20]

Die Verbindung zu den Tieren veranlasste Breuil dazu, in dem Mischwesen aus Mensch und Tier einen Schamanen zu sehen, vielleicht im Moment seiner Verwandlung dargestellt, als er seinen Körper verlässt, um in die andere Welt zu reisen. In Höhlen an vielen Orten Europas und Asiens wurden mindestens siebzig weitere Darstellungen von Mensch-Tier-Mischwesen entdeckt, und bei den meisten wird ebenfalls vermutet, dass es sich um Schamanen handelt. Auf einen von der Decke herabhängenden, tränenförmigen Stein in der Chauvet-Höhle in Frankreich wurde ein Wesen geritzt, das halb Mann und halb Bison ist. Sein Körper beugt sich über die eindeutige Darstellung einer von dichtem schwarzen Schamhaar bedeckten Vagina, die auf den Scheitelpunkt des Steins gezeichnet wurde. An den Wänden in der Höhle von Lascaux ist ein

Mann mit Pferdekopf und ein anderer mit einem Vogelkopf abgebildet, die sich vor einen angreifenden Stier legen. In den Volp-Höhlen, nicht weit entfernt von der Stelle, wo der Zauberer imposant von der Decke herunterschaut, gibt es die deutlich kleinere Zeichnung eines Bisons mit menschlichen Armen und Beinen, der auf etwas spielt, das wie eine an seinen Nüstern befestigte Flöte aussieht.[21]

Doch diese Hybridbilder repräsentieren ebensowenig Schamanen, wie Tierbilder echte Tiere repräsentieren. Wie die Punkte, die Handabdrücke und fast alles andere in diesen Höhlen sind die Hybridfiguren Symbole für »die andere Welt« – die Welt jenseits des Materiellen.

Auch Breuil erkannte, dass von dem Zauberer etwas Einzigartiges ausging. Schließlich handelt es sich hier nicht nur um ein Mensch-Tier-Mischwesen, sondern um eine regelrechte Collage aus mehreren Spezies, die zu einem einzigen, aktiven, lebendigen Wesen verschmolzen wurden, das sich von sämtlichen Darstellungen in allen anderen Höhlen unterscheidet. Daher änderte er, nach einigem Nachdenken, seine Ansicht bezüglich seiner Entdeckung und gelangte zu dem Schluss, dass diese sonderbare, hypnagoge Kreatur, die ihn von der Decke anstarrte, kein Schamane war. Es sei, so schrieb er in sein Notizbuch, das älteste jemals entdeckte Bildnis Gottes.[22]

2. KAPITEL
Der Herr der Tiere

Der Gott, von dem Breuil meinte, ihn in den Volp-Höhlen entdeckt zu haben, war Religionswissenschaftlern damals schon seit Jahren bekannt. Es handelt sich um eine uralte Gottheit, vielleicht die erste, der das menschliche Bewusstsein jemals eine Gestalt gab. Die Menschen dachten sich diesen Gott als Meister der Tiere, als Hüter des Waldes. Man kann ihn durch Gebete beschwören, den Jäger zu seiner Beute zu führen, und durch Opfergaben milde stimmen, falls sein Zorn erregt wurde und deshalb die Jäger mit leeren Händen heimkehren. Er ist Herr über die Seelen aller Tiere. Er allein besitzt die Macht, die Tiere hinaus in die Wildnis zu entsenden, und nachdem sie dann gejagt und erlegt wurden, kann nur er allein ihre Seelen wieder zu sich zurückholen. Man kennt ihn als den Herrn der Tiere.[1]

Der Herr der Tiere ist nicht nur einer der ältesten Götter der Religionsgeschichte, sondern auch ein besonders weit verbreiteter. Fast überall auf der Welt gibt es Versionen dieser Gottheit – von Eurasien bis nach Nord- und Mittelamerika. Ihr Bildnis findet sich auf mesopotamischen Steingefäßen vom Ende des vierten vorchristlichen Jahrtausends. Auf dem Griff eines Messers aus Elfenbein und Feuerstein, das um etwa 3450 v. Chr. lange vor dem Aufstieg der Pharaonen in Ägypten gefertigt wurde, ist ein Bildnis des Herrn der Tiere eingraviert, der mit jeder Hand einen Löwen festhält. Im Industal wird der Herr der Tiere mit dem zoroastrischen Gott Ahura Mazda und der Hindugottheit Shiva assoziiert, wobei Shiva als Pashupati, als Herr aller Tiere, inkarniert sein kann. Enkidu, der stark behaarte Held des babylonischen *Gilgamesch-Epos* – eines der ersten schriftlich aufgezeichneten Mythen –, ist eine Verkörperung des Herrn der Tiere, ebenso wie Hermes, oder manchmal Pan, der Gott aus der griechischen Mythologie, der halb Ziegenbock, halb Mann ist.

Selbst der hebräische Gott Jahwe wird in der Bibel gelegentlich als Herr der Tiere präsentiert. Im Buch Hiob brüstet sich Jahwe, er habe die Macht, dem Wildesel seine Fesseln aufzuschließen und die Straußenhenne ihre Eier preisgeben zu lassen, so dass die Menschen sie aufsammeln können (Hiob 39). Und er habe dem Wildstier befohlen, an der Krippe des Menschen zu bleiben und sich vor den Pflug spannen zu lassen. In der modernen Welt verehren bestimmte Wicca-Anhänger und Neuheiden den Herrn der Tiere als den gehörnten Gott, ein mythisches Wesen aus der keltischen Mythologie.

Messergriff, auf dem der Herr der Tiere dargestellt ist.
Gefunden in Ägypten (circa 3450 v. Chr.).
Rama / CC BY-SA 2.0 FR / Wikimedia Commons

Wie konnte diese eigenartige prähistorische Gottheit, die der Mensch des Paläolithikum vor mehreren Jahrzehntausenden ersann, sich bis nach Mesopotamien und Ägypten, in den Iran und nach Indien, zu den Griechen und den Hebräern und bis zu heutigen amerikanischen Hexen und europäischen Neuheiden ausbreiten? Oder, anders und schärfer gefragt: Wie gelang es unseren prähistorischen Vorfahren, aus einem Zustand des primitiven Animismus heraus ein hochentwickeltes Glaubenssystem zu gestalten, das die Erschaffung einer Gottheit wie dem Herrn der Tiere überhaupt erst ermöglichte?

Mit solchen Fragen plagen sich Theologen und Wissenschaftler seit Jahrhunderten. Was brachte die frühen Menschen dazu, an »spirituelle Wesen« zu glauben? Verschaffte der religiöse Impuls uns einen Vorteil im Bemühen, alle anderen Spezies zu beherrschen? War der *Homo sapiens* der Erste der Gattung *Homo*, der einen religiösen Glauben entwickelte, oder kannten seine Vorfahren auch schon religiöse Deutungen der Welt?

Die meisten Wissenschaftler sind sich einig, dass der religiöse Impuls tief in unsere paläolithische Vergangenheit zurückreicht. Wie tief, darüber tobt allerdings eine heftige Debatte. Das Paläolithikum, die Altsteinzeit, wird offiziell in drei Perioden unterteilt: Das Altpaläolithikum begann vor zweieinhalb Millionen Jahren und endete vor 200 000 Jahren, als der *Homo sapiens* auf der Bildfläche erschien. Das sich daran anschließende Mittelpaläolithikum erstreckt sich bis zu einem Zeitraum vor 40 000 Jahren, als die ersten Höhlenzeichnungen angefertigt wurden. Dann folgt das vor etwa 10 000 Jahren endende Jungpaläolithikum, in dem die ersten voll entwickelten Religionen aufblühten und sich Beweise für komplexes Ritualverhalten finden lassen.

Es überrascht nicht, dass die Mehrzahl der bis heute gefundenen religiösen Artefakte – einschließlich des Zauberers, der auf ein Alter von 18 000 bis 16 000 Jahren datiert wurde – aus dem Jungpaläolithikum stammen. Doch zwingen neue Funde und verbesserte Datierungsmethoden uns dazu, unsere Annahmen darüber, wann in der menschlichen Evolution erstmals religiöse Ausdrucksformen auftauchten, ständig zu überprüfen. Beispielsweise entdeckten Forscher auf abgelegenen indonesischen Inseln kürzlich Höhlenmalereien, die fast so alt sind wie jene von El Castillo in Spanien (41 000 Jahre). In den indonesischen Höhlen finden sich aber im Gegensatz zu denen in Spanien keine abstrakten Symbole, sondern klar identifizierbare Tierfiguren, zum Beispiel der Hirscheber (Babirusa). Der Fund solcher Zeichnungen von beachtlicher handwerklicher Qualität am anderen Ende der Welt deutet darauf hin, dass die Höhlenmalerei viel älter sein könnte, als wir bisher dachten, vielleicht mehrere Jahrzehntausende älter.[2]

Diese Auffassung wird durch eine neu entdeckte Höhle in Malaga unterstützt. Dort fand man auf einem Stalaktiten eine Zeichnung, die eine Prozession von Robben zeigt, die an dem Tropfstein herablaufen. Die Robbenzeichnung wurde mit Hilfe der Radiokarbonmethode auf ein Alter von 43 500 bis 42 300 Jahren v. Chr. datiert. Die Robben können darum nicht vom *Homo sapiens* gezeichnet worden sein, der zu diesem Zeitpunkt noch gar nicht nach Europa eingewandert war. Als Künstler kommen hier nur Neandertaler in Frage. 2016 wurde in der Nähe des Aveyron-Tals in Frankreich in einer noch älteren Höhle, die nachweislich von Neandertalern genutzt wurde, ein »Altar« entdeckt, bestehend aus zerbrochenen Stalagmiten, die in zwei konzentrischen Ringen auf dem Höhlenboden arrangiert waren – eine Art paläolithisches

Stonehenge. Eine erste Radiokarbondatierung des Fundes ergab, dass dieser mutmaßliche Kultplatz vor über 176 000 Jahren angelegt wurde, also im ausgehenden Altpaläolithikum![3]

Von Neandertalern in Ringform errichteter Altar aus der Höhle von Bruniquel in der Nähe von Aveyron, Frankreich
Luc-Henri FAGE / CC BY-SA 4.0 / Wikimedia Commons

Viele Forscher sind heute der Ansicht, dass wir sogar für die Zeit vor dem Auftauchen unserer Verwandten aus dem Neandertal nach Spuren für religiöse Ausdrucksformen suchen sollten. Bei Ausgrabungen auf den Golanhöhen entdeckten Archäologen 1981 die dreieinhalb Zentimeter große Steinfigur einer großbusigen, vermutlich schwangeren Frau. Diese so genannte Venus von Berekhat Ram soll mindestens 300 000 Jahre alt sein. Zu dieser Zeit existierte unsere Spezies noch gar nicht. Und die ältesten Grabstätten des *Homo sapiens* datieren auf ein Alter von etwa 100 000 Jahren. Man hat aber noch viel ältere Gräber gefunden, die deutliche Anzeichen für Bestattungsrituale aufweisen, so zum Beispiel in China ein Grab von *Homo erectus*, das vermutlich eine halbe Million Jahre alt ist.[4]

Wenn wir uns bei der Datierung der frühesten religiösen Ausdrucksformen ausschließlich auf archäologische Funde verlassen, stehen wir allerdings vor einem Problem: Glaube versteinert nicht, wie Knochen es tun. Ideen lassen sich nicht bestatten und später von Archäologen wieder ausgraben. Wenn wir in einer Höhle oder an einem Begräbnisplatz auf Beweise für rituelles Verhalten stoßen, wäre es dumm anzunehmen, dieses Verhalten sei plötzlich und zeitgleich mit dem Glauben entstanden, der es motivierte. Die frühen Menschen müssen bestimmte Auffassungen über die Natur des Universums und ihren Platz darin gehabt haben, lange bevor sie anfingen, Bilder dieses Glaubens in die Wände ihrer Höhlen zu ritzen. Unsere Vorfahren Adam und Eva liefen nicht in einem nihilistischen Nebel umher, aus dem sie plötzlich emporgehoben wurden wie Propheten, die eine Offenbarung überfällt. Viel eher werden Adam und Eva ihre Sicht der Welt genauso ererbt haben wie ihr Jagdwissen oder ihre kognitiven und sprachlichen Fähigkeiten: allmählich im Lauf von Jahrhunderttausenden geistiger und spiritueller Evolution. Wenn sie die Volp-Höhlen betreten, ist das, was sie dort tief unter der Erde sehen, Ausdruck der Blüte eines schon Jahrtausende währenden religiösen Denkens und zugleich die Saat für das Denken der Menschen, die in den kommenden Jahrtausenden leben werden. Alles, was die Volp-Menschen wissen, beruht auf dem Wissen früherer Generationen. Alles, was sie erschaffen, ist das Resultat früherer Schöpfungen.

Wenn wir also religiöse Impulse bis zu ihrem Ursprung zurückverfolgen wollen, dürfen wir uns nicht auf die Suche nach materiellen Beweisen für religiöse Ausdrucksformen beschränken. Wir müssen weiter zurück in unsere evolutionäre Vergangenheit schauen, bis zu jenem Moment, als wir Menschen wurden.

Eine ernsthafte wissenschaftliche Debatte über die Ursprünge der Religion begann im neunzehnten Jahrhundert. Sie wurde genährt von der in der Zeit der Aufklärung geborenen Überzeugung, dass alle Fragen – auch solche, die sich mit dem Göttlichen beschäftigen – mit Hilfe rationaler Analyse und wissenschaftlicher Methodik beantwortet werden könnten. Es war die Zeit Charles Darwins und der Evolutionstheorie. Konzepte wie das der »natürlichen Auslese« oder des »Überlebens des besser Angepassten« – die Vorstellung also, dass bestimmte Merkmale die Überlebenschancen eines Organismus in seinem Lebensraum verbessern und damit auch die Wahrscheinlichkeit erhöhen können, diese Merkmale an seine Nachkommen weiterzugeben – waren in der Biologie bereits weitgehend anerkannt. Zunehmend benutzte man sie nun auch dazu, ökonomische und politische Sachverhalte zu erklären, mit zum Teil verheerenden Konsequenzen. Warum sollte man also Darwins Theorien nicht auch anwenden, um Religion zu erklären?

Religiöser Glaube ist ohne Zweifel so weit verbreitet, dass man ihn als ein Grundelement der Welterfahrung des Menschen betrachten muss. Der Mensch ist ein *Homo religiosus*, und zwar nicht, weil wir Glaubensbekenntnisse brauchen oder uns religiöse Institutionen wünschen, bestimmten Göttern anhängen oder konkrete theologische Konzepte vertreten, sondern weil uns ein existentielles Streben nach *Transzendenz* eigen ist, ein Sich-Ausstrecken nach dem, was wir als jenseits der manifesten Welt erfahren. Wenn aber die Neigung zur Religiosität unserer Spezies sozusagen innewohnt, dann, so argumentierten die Wissenschaftler im neunzehnten Jahrhundert, muss sie ein Produkt der menschlichen Evolution sein. Sie muss einen evolutionären Überlebensvorteil mit sich bringen. Denn anders ließe sich die Existenz der Religion nicht erklären.

Zu den Ersten, die sich ab der Mitte des neunzehnten Jahrhunderts ernsthaft mit diesem Problem auseinandersetzten, gehörte der englische Anthropologe Edward Burnett Tylor. Tylor zufolge entstanden der religiöse Impuls und die aus ihm resultierenden Verhaltensweisen durch den erstaunlichen und rätselhaften Glauben der Menschheit daran, dass die Seele getrennt vom Körper existieren kann – einen Glauben, der in der einen oder anderen Form in allen Gesellschaften und Kulturen auftrat. Wie gelangten die Menschen zu dieser Vorstellung, fragte sich Tylor. Was gab unseren fernen Vorfahren die Überzeugung, wir seien unsterbliche Seelen, die in einem sterblichen Körper gefangen sind?

In seinem einflussreichen Werk *Die Anfänge der Cultur* entwickelte Tylor die Hypothese, dass die Idee von der Seele als »animierte, vom Körper trennbare, ihn überlebende Entität und Vehikel der individuellen persönlichen Existenz«, uns nur im Schlaf gekommen sein kann. »Ich bin der Ansicht«, schrieb er, »dass nur durch Träume und Visionen dem Menschen in den Sinn gekommen sein kann, die Seele wäre ein ewiges Abbild des Körpers.«[5]

Stellen Sie sich vor, wie Adam, in sein Mammutfell gehüllt, im Licht der Glut eines heruntergebrannten Feuers seine Mahlzeit beendet. Er schläft ein, und im Traum reist er in eine andere Welt – eine Welt, real und doch zugleich unvertraut, eine Welt, deren Grenzen zu Adams Alltagswelt fließend sind. Sagen wir, dass ihm in diesem Traum ein verstorbener Verwandter begegnet – sein Vater oder seine Schwester. Wie, fragte Tylor, würde er die Tatsache, dass diese Verstorbenen in seinem Traum auftauchen, interpretieren? Würde er nicht einfach annehmen, dass sie gar nicht tot sind? Dass sie in einer anderen Welt weiterleben, die so real wie diese ist? Würde Adam dadurch nicht zu dem Schluss gelangen, dass die Seelen der Toten offenbar noch lange nach dem Zerfall des Körpers als Geister weiterexistieren? Und würde er dann nicht an das Grab seines Vaters oder seiner Schwester gehen und diese Geister der Verstorbenen bitten, ihm bei der Jagd zu helfen, den Regen zu beenden oder seine Kinder zu heilen? Das, schloss Tylor, muss der Beginn der Religion gewesen sein.

Nur wenige seiner wissenschaftlichen Kollegen stimmten Tylors Traumhypothese zu. Der deutsche Forscher Max Müller, ein Zeitgenosse Tylors, glaubte, die ersten religiösen Erfahrungen der Menschheit seien das Resultat von Begegnungen mit der Natur. Müller argumentierte, dass die religiöse Imagination nicht durch Adams nächtliche Träume angeregt werde, sondern durch das, was er im wachen Zustand sehe. Schließlich lebt Adam in einer gewaltigen, schwer fassbaren Welt voller Rätsel, die er sich kaum erklären kann. Er sieht endlose Ozeane; er wandert durch Wälder, deren Baumwipfel bis in den Himmel reichen und die so alt sind, dass schon seine Vorfahren Geschichten über sie erzählten; er beobachtet, wie die Sonne ewig den Mond über das Firmament verfolgt; und er weiß, dass er selbst das alles nicht geschaffen hat. Und so nimmt er an, dass jemand Anderer – *etwas* anderes – diese Welt für ihn gemacht haben muss.

Der englische Ethnologe Robert Marett bezeichnete dieses Gefühl des Staunens als *Supranaturalismus*: »eine Geisteshaltung, die von der Ehrfurcht vor dem Unerklärlichen diktiert ist«. Marett argumentierte, dass der frühe Mensch an eine unsichtbare Macht glaubte, eine Art »universelle Seele«, die sich unmittelbar hinter der sichtbaren Welt befand. Er benutzte für diese Kraft das alte polynesische Wort *Mana*, das »Macht« bedeutet.[6]

Mana ist jene unpersönliche, immaterielle, übernatürliche Kraft, die laut Marett »allen unbelebten und belebten Objekten innewohnt«. Dass die prähistorischen Menschen Manas Gegenwart in Meer und Bäumen, in Sonne und Mond erkannten, veranlasste sie, diese Dinge zu verehren und anzubeten – oder vielmehr die Macht *in* diesen Dingen. Schließlich entwickelten sich aus dem unpersönlichen Mana persönliche Seelen. Jede aus einem Körper freigesetzte Seele wurde zu einem Geist. Manche dieser Geister konnten Steine oder Knochenstücke besetzen und sie so in Totems, Talismane und Kultbilder verwandeln, die dann aktiv angebetet wurden. Aus anderen Geistern wurden individualisierte Götter, die für bestimmte Aufgaben zuständig waren, sodass die Menschen sie gezielt um Hilfe bitten konnten (ein Regengott, ein Jagdgott und so weiter). Und dann, so geht Maretts Erzählung, entstand nach vielen Jahren spiritueller Entwicklung aus diesen individualisierten Göttern ein einziger allmächtiger Universalgott – eine im späten neunzehnten und bis ins frühe zwanzigste Jahrhundert übliche Schlussfolgerung. Wissenschaftler wie Marett, Tylor und Müller betrachteten die Entwicklung hin zum Monotheismus als eine unaufhaltsame Bewegung hinaus aus der heidnischen Unzivilisiertheit hinein in die christliche Erleuchtung.

Ob nun Träume, die Begegnung mit der Natur oder Spekulationen über verstorbene Verwandte als Auslöser betrachtet werden, alle diese Erklärungen gehen von der Annahme aus, dass im Verlauf der menschlichen Evolution die Religion entstand, weil Antworten auf ungeklärte Rätsel gesucht wurden und weil religiöse Deutungen den frühen Menschen halfen, in einer gefährlichen, unberechenbaren Welt besser zurechtzukommen. Und diese Erklärung für religiöses Erleben ist bis heute populär.

Zweifellos hilft Religion sehr vielen Menschen, Sinn in einem als rätselhaft und unbeständig empfundenen Dasein zu finden. Die Frage ist aber, welcher Überlebensvorteil den primitiven Menschen in ihrer frühen Entwicklung daraus entstehen konnte. Wie genau wurde das Überleben der Spezies dadurch erleichtert, dass Religion zwar tröstliche, sich aber immer wieder verändernde Antworten auf die Rätsel des Universums bot?

Manche Gelehrte argumentierten, dass durch rituelle Praktiken bestimmte Gefühle aktiviert werden konnten, die einem primitiven »Gläubigen« die Fähigkeit verliehen, zum Beispiel seine Ängste besser kontrollieren und dadurch bei der Jagd erfolgreicher sein zu können als ein »Ungläubiger«. Aber selbst wenn der Glaube an übernatürliche Mächte sich körperlich oder psychologisch positiv auswirkt, muss daraus nicht unbedingt ein evolutionärer Vorteil entstehen. Im Gegenteil: Wer an ein Weiterleben im Jenseits glaubt, deshalb den Tod nicht fürchtet und sich bei der Bisonjagd besonders wagemutig verhält, verbessert nicht gerade die Chancen, seine Gene an zukünftige Generationen weitergeben zu können.[7]

Außerdem müsste, damit diese Theorie überzeugt, der Beweis erbracht werden können, dass bestimmte Emotionen nur bei religiösen Menschen auftreten oder dass alle religiösen Ausdrucksformen die gleichen Emotionen auslösen – was aber beides nicht zutrifft. In fast allen nicht religiösen Kontexten können Menschen ebenso Ehrfurcht, Trost oder Furchtlosigkeit empfinden. Es handelt sich dabei demnach nicht um *speziell* religiöse Empfindungen, und viele Religionen wecken gar keine solchen Gefühle. Auch wenn die gegenteilige Ansicht weitverbreitet ist: Es gibt einfach keinen Beweis für die

Existenz ausschließlich religiös motivierter Emotionen und daher auch keinen Grund, warum religiöse Gefühle einen einzigartigen Vorteil für das Überleben des Menschen darstellen sollten.[8]

Wenn der religiöse Impuls nicht angemessen dadurch erklärt werden kann, dass er für den einzelnen Menschen aus Gründen der Sinnstiftung attraktiv ist, sollten wir stattdessen vielleicht untersuchen, wie Religion dazu beiträgt, Gemeinschaftsgefühl zu stiften und aufrechtzuerhalten. Dass hier der Ursprung der Religion liegt, war die zentrale These des Begründers der Religionssoziologie im neunzehnten Jahrhundert: Émile Durkheim.

Durkheim lehnte die Theorie ab, wonach Religion entstanden sei, weil sie dem primitiven Menschen half, Antworten auf das Mysterium der Existenz zu finden. Tatsächlich bestritt Durkheim, dass Religion überhaupt etwas mit Übernatürlichem zu tun habe. Für Durkheim ist sie »in erster Linie etwas Soziales«. Demnach muss sie, um in der frühen Menschheitsentwicklung als soziales Konstrukt überhaupt Fuß fassen zu können, fest in der *Wirklichkeit* verankert gewesen sein: keine unrealistischen Mythologien oder wilden Spekulationen, keine Phantasiegebilde oder mystischen Glaubensvorstellungen, sondern die Auseinandersetzung mit realen Sachverhalten und Erfahrungen.[9]

Träume sind nicht real. Mana ist nicht real. Geister sind nicht real. Für Durkheim waren aber die konkreten Handlungen einer durch Blutsverwandtschaft verbundenen Gemeinschaft real, deren Mitglieder zusammenarbeiten mussten, um in einer feindlichen Umwelt zu überleben. Die Ursprünge des religiösen Impulses müssen deshalb im sozialen Leben verwurzelt sein, in den Riten und Ritualen, die einer Gemeinschaft helfen, ein kollektives Bewusstsein zu entwickeln.

Unser Vorfahr Adam sitzt schließlich nicht allein am Feuer. Er ist von einer Gemeinschaft umgeben. Das Fleisch, das er isst, wird innerhalb der Gruppe geteilt. Andere haben ihm bei der Jagd geholfen, und später beim Ausnehmen und Zerteilen des erlegten Wildes. Die Jagd ist in sich selbst eine Art von spiritueller Übung, mit festgelegten Ritualen, die von einer Generation zur nächsten weitergegeben werden. Jede Handlung ist den Jägern genau vorgeschrieben – wie sie ihre Speere schnitzen ebenso wie die Bewegungen, die sie beim Anschleichen im Wald machen müssen. Diese Jäger pflegen ein Gefühl mystischer Verbundenheit zu ihren Waffen, die als heilig gelten und mit der spirituellen Kraft aufgeladen sind, die ansonsten alltägliche Objekte – Steine, Stöcke und Knochen – in Instrumente verwandelt, die das Überleben der Gemeinschaft sichern helfen. Und dieses Überleben ist keine Kleinigkeit! Darum ist es nachvollziehbar, dass Alltagsgegenstände wie Speere oder Messer für die Gemeinschaft allmählich zu etwas Heiligem werden, nicht weil ihnen tatsächlich irgendeine besondere Macht innewohnt, sondern weil sie *nützlich* sind. Durkheim zufolge wird ein Ding allein durch die Art, wie Menschen mit ihm umgehen, heilig.

Dies gilt auch für die kollektiven Handlungen der Jäger. Es ist aus strategischen Gründen sinnvoll, dass sie ein gejagtes Tier umzingeln und gemeinsam angreifen. Und deshalb wurde diese Vorgehensweise entwickelt und an die nächste Generation weitergegeben. Aber es fällt nicht schwer, sich vorzustellen, wie aus einem Kreis, den die Jäger bilden, ein religiöses Ritual entstanden sein könnte.

Stellen wir uns vor, dass vor dem Beginn der Jagd Adam und seine Mitjäger sich im Kreis zusammenstellen, sich dabei an den Händen fassen und sich so gemeinsam auf die Gefahren der Jagd einstimmen. Vielleicht legen sie den Knochen eines erlegten Tieres in die Mitte des Kreises, um sich besser auf ihr Ziel zu konzentrieren. Vielleicht wird irgendwann anstelle des Knochens ein lebendiges, gefesseltes Tier in den Kreis gelegt, das man dann in der Hoffnung opfert, sein Blut würde bewirken, dass bei der Jagd das Blut neuer Beutetiere fließt. Bevor sie das Tier opfern, bitten die Jäger vielleicht den Geist des Tieres, sie zu führen und ihnen beim Aufspüren der Beute zu helfen. Auf diese Weise entsteht allmählich eine Jagd-Mythologie, die darum kreist, Leben zu opfern, um so die Geister zufriedenzustellen, die Hilfe der Götter zu erflehen und vielleicht sogar zur Vergebung der Sünden. Und so wird aus der Tätigkeit des Jagens (etwas *Realem*) nach und nach eine spirituelle Aktivität (etwas *Übernatürliches*). Es wird der Weg bereitet für den Glauben an die Existenz individueller Seelen und göttlicher Geister.

Durkheims Theorie, dass Religion als sozialer Klebstoff entstand, als Mittel zur Stärkung des Zusammenhalts und der Solidarität in primitiven Gesellschaften, ist bis heute die am weitesten verbreitete Erklärung für die Entstehung des religiösen Impulses. Auch aus der Perspektive der Evolutionstheorie erscheint die Annahme durchaus vernünftig, dass unsere prähistorischen Vorfahren ihre kollektive Überlebensfähigkeit in einer wilden, gefährlichen Umwelt erhöhen konnten, indem sie durch gemeinsame Symbole und Rituale den Zusammenhalt der Gemeinschaft stärkten.

Doch es ergibt sich auch bei dieser Argumentation ein Problem: Religion hat, für sich genommen, keine einigende und verbindende Wirkung. Sicherlich hat Religion die Kraft, Menschen zusammenzuführen. Aber sie kann genauso, wie sie verbindend wirkt, auch trennende Kräfte entfalten. Religion schließt nicht nur ein, sondern auch aus. Sie kann den Zusammenhalt fördern, aber auch gesellschaftliche Konflikte erzeugen. Manche Mitglieder einer Gemeinschaft profitieren von der Religion mehr als andere – und häufig auf deren Kosten. Sie delegitimiert ebenso, wie sie legitimiert.[10]

Die Theorie, dass Religion sozialen Zusammenhalt fördert, beruht außerdem auf der Idee, dass sie die erste und wichtigste Quelle für soziale Bindungen in prähistorischen Gesellschaften gewesen sei. Das ist aber eindeutig nicht der Fall. Miteinander verwandt zu sein spielt als soziales Bindeglied eine viel stärkere und ursprünglichere Rolle in unserer Evolution. Unsere Vorfahren im Paläolithikum lebten in kleinen Gemeinschaften – einer erweiterten Familie oder Sippe, die zusammenwohnte und umherzog. Ihr Gefühl der Solidarität beruhte in erster Linie auf Verwandtschaftsbeziehungen, nicht auf Symbolen und Ritualen. Das Argument, Religion habe sich in der menschlichen Evolution deshalb herausgebildet, weil »gläubige« Gemeinschaften gegenüber »ungläubigen« einen evolutionären Überlebensvorteil hatten, wäre nur stichhaltig, wenn Religion eine einzigartige Bindekraft besäße. Das ist aber nicht der Fall. Zweifelsohne haben die gemeinschaftsfördernden Eigenschaften der Religion es ihr ermöglicht, die Zeiten zu überdauern. Ob diese Eigenschaften religiös eingestellten Menschen aber beim Überleben halfen, bleibt fraglich.

Während intensive Debatten über anthropologische und soziologische Erklärungsmodelle für die Rolle des religiösen Glaubens in der menschlichen Evolution geführt wurden, erschien Ende des neunzehnten und Anfang des zwanzigsten Jahrhunderts eine weitere neue Disziplin auf der Bildfläche, die Psychoanalyse. Ihre berühmtesten Pioniere, Sigmund Freud und Carl Gustav Jung, suchten beide den Ursprung des religiösen Impulses in der Psyche des Menschen, in dem unscharfen Feld zwischen Bewusstsein und Unterbewusstsein. Tatsächlich setzten beide Forscher die Seele und die Psyche gleich. Während Jung der Religion grundsätzlich positiv gegenüberstand und hauptsächlich versuchte, traditionelle religiöse Konzepte, zum Beispiel das der »Seele«, zu »psychologisieren«, hielt Freud Religion für eine Neurose: eine geistige Störung, die den Glauben an unsichtbare, unmögliche Dinge fördert und zu zwanghaftem Verhalten führt.[11]

In »*Die Zukunft einer Illusion*« schreibt Freud über den religiösen Glauben, er sei aus dem Wunsch geboren, »die menschliche Hilflosigkeit erträglich zu machen«. Freud glaubte, der religiöse Impuls sei aus dem angeborenen Wunsch des primitiven Menschen entstanden, sich eine »Vaterfigur« zu erschaffen, vollkommen und allmächtig. Menschen beten Götter aus dem gleichen Grund an, aus denen ein Kind seinen Vater vergöttert: Wir brauchen Liebe und Schutz. Wir wollen vor dem beschützt werden, was in uns die tiefsten und dunkelsten Ängste auslöst.

Nach Freuds Auffassung interessiert sich unser Vorfahr Adam nicht für Träume, die Natur, Rituale oder Zeremonien. Sein beherrschender Wunsch ist es, seinen animalischen Instinkt auszuleben. Er will Sex mit seiner Mutter und seinen Schwestern. Er will seinen Vater töten und aufessen. Aber weil er erkennt, welche sozialen und psychischen Folgen das hätte, unterdrückt er seine Libido und erfindet die Religion als ein Mittel, die Schuldgefühle zu lindern, die sein Begehren, seine grundlegende menschliche Natur zu verleugnen, in ihm auslöst.

Mit der Auffassung, Angst oder Gewalt seien die Ursache für religiöse Impulse, stand Freud durchaus nicht allein. Über ein Jahrhundert vor ihm schrieb der schottische Philosoph David Hume: »Die Religion der Menschheit entsteht vor allem aus einer sorgenvollen Angst vor zukünftigen Ereignissen.« Ein Jahrhundert nach Freud stellte der französische Philosoph René Girard die Theorie auf, dass bei den primitiven Menschen Religion entstand, um Gewalt zu reduzieren, indem diese Gewalt auf ein rituelles Opfer fokussiert wurde – einen »Sündenbock«, wie er es nannte. Allgemeiner betrachtet ist Freuds Annahme, religiöse Vorstellungen seien »Illusionen, Erfüllungen der ältesten, stärksten, dringendsten Wünsche der Menschheit« lediglich ein Echo dessen, was vor ihm Karl Marx über Religion sagte, nämlich dass sie »Opium des Volkes« ist, und von Ludwig Feuerbachs Theorie, wonach der Mensch alles, woran ihm selbst mangelt, auf ein Gottesbild projiziert. In *»Das Wesen des Christentums«* schrieb Feuerbach: »Was der Mensch vermisst ... das ist Gott«.[12]

Fast alles, was Freud über die Entstehung des religiösen Impulses schrieb, gilt heute als überholt. Doch seine Meinung, Religion diene vor allem dazu, die Gefährdungen des Lebens erträglich zu machen, spielt weiterhin eine große Rolle für Religionskritiker in der Gegenwart. Viele von ihnen würden der These enthusiastisch zustimmen, dass der wesentliche Zweck der Religion in der menschlichen Evolution darin bestehe, Unzufriedenheit, Leiden und Sorge zu lindern und die Angst vor dem Unbekannten zu verringern. Doch auch das ist eine viel zu simple und höchst fehlerhafte Erklärung für den religiösen Impuls.

Nehmen wir einmal für einen Moment an, die Linderung von Ängsten und Schuldgefühlen brächte dem Menschen einen evolutionären Anpassungsvorteil, auch wenn es dafür keine wissenschaftliche Begründung gibt. Trotzdem lässt sich Religion in keinem Fall als eine *wesenhafte* Quelle des Trostes betrachten. Ganz im Gegenteil: Religion mag zwar im Leben vieler Menschen Angst und Schuldgefühle lindern, aber genauso oft erzeugt sie selbst diese Gefühle. Dazu schrieb der große amerikanische Anthropologe Clifford Geertz: »Die Religion hat den Menschen vermutlich immer ebenso viel Verdruss wie Freude bereitet.«[13]

In den Religionen werden oft rachsüchtige, launische Gottheiten angebetet, die von ihren Anhängern physische und psychische Knochenarbeit verlangen. In Begriffen der Evolutionstheorie ausgedrückt: Religion führt zu Praktiken, die enorm viel Energie und Ressourcen verbrauchen, die die Religion Praktizierenden besser dem Überleben und der Fortpflanzung widmen sollten.[14]

Eine Variante der Freudschen Theorie geht davon aus, der hauptsächliche Sinn der Religion im Hinblick auf die Evolution der Spezies bestehe darin, die Menschen zu altruistischem Verhalten zu motivieren und primitiven Gesellschaften Zügel anzulegen, indem Gewalt eingedämmt und das gegenseitige Morden beendet wird. Demzufolge ist das Einzige, was Adam davon abhält, vom Feuer aufzuspringen, seinen Sitznachbarn niederzustechen und ihm sein Stück Fleisch zu stehlen, der Glaube, dass die Geister seiner Ahnen alles sehen. Sie agieren als göttliche Gesetzgeber und zwingen Adam, sich moralisch zu verhalten, denn sonst drohen schwere Strafen. Indem Adam ein Lohn im Jenseits versprochen wird, bringt die Religion ihn dazu, sich zu zügeln oder sein Verhalten zu ändern, was die schädlichen Auswirkungen selbstsüchtigen Verhaltens innerhalb einer Gruppe reduziert.[15]

Gewiss trifft es zu, dass Religion altruistisches Verhalten zwischen Individuen fördern kann (obwohl sie natürlich ebenso auch egoistisches Verhalten verstärken kann). Die Frage ist aber, ob Religion in dieser Hinsicht eine einzigartige Wirkung auf die Gesellschaft hat. Der Kognitionswissenschaftler Paul Bloom hat jahrelang erforscht, wie Religion und religiöser Glaube sich auf die

Moralauffassungen von Menschen auswirken. Sein Fazit lautet, dass sich wenig Beweise für »einen wesentlichen Einfluss der Weltreligionen auf unser Moralverhalten« finden lassen. Tatsächlich belegen wissenschaftliche Studien immer wieder, dass die guten und schlechten moralischen Auswirkungen der Religion nicht stärker oder schwächer als die guten und schlechten moralischen Auswirkungen jeder anderen sozialen Praktik sind.[16]

Selbst wenn man, nur als Gedankenexperiment, der Religion zuerkennt, dass sie die negativen sozialen Folgen selbstsüchtigen Verhaltens verringern kann, erklärt das nicht zufriedenstellend, wie und warum Religionen überhaupt entstanden sind. Das, was wir »religiöse Moral« nennen, spielte im spirituellen Leben primitiver Völker keine Rolle. Der Glaube an einen »göttlichen Gesetzgeber«, der festlegt, welches Verhalten als gut und welches als schlecht angesehen wird, ist erst fünftausend Jahre alt, und der Glaube, für gutes Verhalten im Jenseits belohnt zu werden, ist sogar noch jünger.

Die Götter der antiken Welt galten nicht als »moralisch«. Sie standen hoch über den unbedeutenden moralischen Sorgen der Menschen. Die Götter Mesopotamiens und Ägyptens waren wild und brutal. Der Mensch war für sie nur als Sklave ihrer Launen von Interesse. Die griechischen Götter waren launische, eitle, mit allerlei Sonderrechten ausgestattete Wesen, die zu ihrem Vergnügen mit der Menschheit spielten. Jahwe ist ein eifersüchtiger Gott und fordert immer wieder die Ermordung aller Männer, Frauen und Kinder, die anderen Göttern anhängen. Allah ist ein kriegerischer Gott, der drakonische Strafen über seine Gegner verhängt – in diesem Leben und im nächsten. Wie können solche Götter, die bestenfalls jenseits der Moral stehen und schlimmstenfalls einfach unmoralisch agieren, Menschen zu moralischem Verhalten inspirieren?

Letztendlich ist all diesen scheinbar vernünftigen Theorien über die Entstehung der Religionen gemeinsam, dass sie sich damit beschäftigen, was Religionen *tun*, statt die Frage zu untersuchen, wie und warum sie überhaupt entstanden. Trotz allem, was wir zu wissen glauben, deutet alles darauf hin, dass Religion uns nicht zu guten oder schlechten Menschen macht. Sie zügelt nicht zwangsläufig unser Verhalten oder fördert soziale Kooperation. Sie veranlasst uns nicht stärker zu altruistischem Verhalten als andere soziale Mechanismen und fördert auch nicht in höherem Maße moralisches Verhalten. Religion verschafft keine Vorteile gegenüber konkurrierenden Gruppen. Sie spendet nicht notwendigerweise Trost, reduziert nicht automatisch Angst oder steigert den Fortpflanzungserfolg. Das Überleben des Angepassteren wird durch sie nicht gefördert.[17]

Der Anthropologe Scott Atran schreibt, Religion ist »materiell aufwendig und teuer. Sie widerspricht hartnäckig allen Tatsachen und sogar unserer Intuition. Religiöse Praktiken erfordern großen materiellen und zeitlichen Aufwand (schon allein für Gebete), sind emotional belastend (weil sie Ängste und Hoffnungen wecken) und kognitiv anstrengend (weil Glaubenssysteme aufrechterhalten werden müssen, die den Fakten und der menschlichen Intuition widersprechen).« Und Paul Bloom zieht folgende Schlussfolgerung: »Der religiöse Glaube ist kein wahrscheinlicher Kandidat für eine vom Menschen entwickelte erfolgreiche biologische Anpassungsstrategie.«[18]

Aber wenn das zutrifft – wenn der religiöse Impuls keinen biologischen Anpassungsvorteil bietet und seine Existenz deshalb nicht aus der Evolution begründet werden kann –, warum sind dann überhaupt Religionen entstanden? Was weckte in unseren prähistorischen Vorfahren den ursprünglichen animistischen Glauben, dass sie verkörperte Seelen sind? Wenn Adams religiöser Impuls nicht das Produkt seiner Ängste oder seiner Suche nach Sinn ist, wenn dieser Impuls nicht mit Adams Umwelt und Daseinssorgen verknüpft ist, wenn er keine wesentliche Rolle für das Überleben spielt, wie kann er dann ein evolutionäres Merkmal sein?

Die Antwort muss dann ja wohl lauten, dass er es nicht ist. Das zumindest ist die Position einer neuen Generation von Wissenschaftlern, die während der letzten Jahrzehnte begonnen haben, sich dem Problem des Ursprungs der Religionen auf kognitive Weise zu nähern. Für die Evolutionsforschung ist die weltweite Verbreitung des Glaubens an das Übernatürliche ein Rätsel. Doch diese Wissenschaftler fanden dafür eine innovative Lösung. Religion, sagen sie, ist keine Leistung evolutionärer Anpassung, sondern vielmehr das zufällige Nebenprodukt einer solchen.

3. KAPITEL
Das Gesicht im Baum

Evas Tag beginnt früh – viel früher als der Adams. Noch ehe die Sonne aufgeht und den Waldboden mit Licht flutet, weckt sie ihre Kinder und geht mit ihnen in den Wald. Sie kontrollieren die Fallen, die sie am Abend zuvor aufgestellt hat. Während die Kinder auf Bäume klettern, um Obst, Nüsse und Vogeleier zu sammeln, erschlägt Eva die gefangenen Tiere. Anschließend watet die Familie knietief durch den in der Nähe liegenden Fluss, um Krebse und Schnecken zu sammeln, und was es sonst an Essbarem im Wasser gibt. Mit etwas Glück stoßen sie auf die Überreste eines Tieres, dessen Fleisch bereits von Raubvögeln verspeist wurde. Eva und ihre Kinder sammeln die Knochen, brechen sie auf, kratzen das Mark heraus und nehmen es mit ins Lager.

Auf diese Weise beschaffen Eva und die Kinder den größten Teil der von der Familie benötigten Nahrung. Bis es Adam gelingt, einen Bison zu erlegen, können Tage vergehen. Eva dagegen kann immer etwas Essen nach Hause bringen. Ein Pfund Nüsse hat dabei genauso viel Fett und Eiweiß wie ein Pfund Fleisch – und Nüsse laufen nicht weg. Unsere Vorfahren in der Altsteinzeit waren in erster Linie Jäger, aber das Sammeln von Essbarem erhielt sie am Leben. Und diese Aufgabe übernahmen vor allem die Frauen und Kinder.

Stellen Sie sich jetzt vor, dass Eva sich mit ihren Kindern auf den Rückweg zum Lager macht. Plötzlich sieht sie im fahlen Licht des Morgens aus den Augenwinkeln ein Gesicht, das sie durch das Laub der Bäume hindurch anschaut. Sie erstarrt. Ihre Muskeln spannen sich an. Ihre Blutgefäße ziehen sich zusammen. Ihr Puls beschleunigt sich. Adrenalin schießt durch ihren Körper. Sie ist bereit, zu kämpfen oder zu fliehen.

Wachsam beobachtet sie, was der Fremde tut, und erkennt, dass das vermeintliche Gesicht nur ein Knoten in der Rinde eines Baumes ist. Ihre Muskeln entspannen. Ihr Puls normalisiert sich. Sie atmet erleichtert aus und setzt ihren Weg durch den Wald fort.

Kognitionswissenschaftler haben einen Namen für das, was Eva erlebte. Sie nennen es Hypersensitive Agency Detection Device, kurz HADD (*deutsch:* Hypersensitive Akteurerkennung). Hierbei handelt es sich um ein Verhaltensmodell, das Hominiden in ihrer evolutionären Vergangenheit ausprägten, als sie noch gebückt gingen und stark behaart waren. Einfach ausgedrückt, veranlasst das HADD uns, einen menschlichen Akteur und somit eine menschliche *Ursache* hinter jedem unerklärlichen Ereignis zu vermuten: hinter einem fernen Geräusch im Wald, einem Lichtblitz am Himmel, einem Nebelschwaden, der sich über den Boden schlängelt. HADD erklärt, warum wir denken, dass jedes nächtliche Poltern von jemandem verursacht wird, der poltert.

Die uns angeborene Bereitschaft, hinter Naturphänomenen aktiv handelnde Wesen zu vermuten, bietet einen eindeutigen Überlebensvorteil. Was, wenn Eva wirklich ein Gesicht und nicht bloß einen Baum gesehen hätte? Was, wenn es ein Bär gewesen wäre? Ist es nicht besser, einmal zu oft alarmiert zu sein, als einmal zu wenig? Es entsteht ja kein Schaden, wenn wir einen Baum irrtümlich für ein Raubtier halten. Ein Raubtier für einen Baum zu halten ist dagegen lebensgefährlich. Ein falscher Alarm ist doch viel besser, als gefressen zu werden.

Das Beispiel zeigt, wie HADD Evas Überleben gefördert haben könnte. Kognitionswissenschaftler, die sich mit der Erforschung von Religiosität beschäftigen, sehen in Evas Erlebnis im Wald aber noch mehr als nur eine unwillkürliche Reaktion auf eine mögliche Gefahr. HADD bildet für diese Wissenschaftler die Basis unseres Glaubens an Gott. Es ist der wahre evolutionsgeschichtliche Ursprung des religiösen Impulses.

Die kognitive Religionswissenschaft geht dabei von einer einfachen Prämisse aus: *Religion ist zuerst und vor allem ein neurologisches Phänomen*. Mit anderen Worten: Der religiöse Impuls ist letztlich ein Resultat komplexer elektrochemischer Reaktionen im Gehirn. Dies festzustellen ist allerdings nicht besonders originell und wertet den religiösen Impuls in keiner Weise ab oder macht ihn »unecht«. Jeder Impuls – ausnahmslos jeder – wird durch komplexe elektrochemische Reaktionen im Gehirn erzeugt. Warum sollte das beim religiösen Impuls anders sein? Dass wir die neuronalen Mechanismen des religiösen Impulses kennen, nimmt dem Phänomen des religiösen Glaubens nicht schon seine Legitimität, wie ja auch das Wissen um die chemischen Vorgänge, die bei einem romantischen Verliebtsein in unseren Hirnen ablaufen, nicht die Gefühle entwerten, die Menschen haben, wenn sie sich zueinander hingezogen fühlen. Michael J. Murray, einer der führenden Denker auf diesem Gebiet, bemerkt dazu: »Die bloße Tatsache, dass wir Glaubensüberzeugungen hegen, die auf durch natürliche Auslese entstandenen mentalen Werkzeugen beruhen, ist im Hinblick darauf, für wie berechtigt wir diese Überzeugungen halten, vollkommen irrelevant.«[1]

Wenn es stimmt, dass Religion ein neurologisches Phänomen ist, sollten wir nach den Ursprüngen des religiösen Impulses dort suchen, wo dieser Impuls tatsächlich seinen Sitz hat: *im Gehirn*.

Kehren wir für einen Moment zu Eva zurück. In der Morgendämmerung sieht sie aufgrund ihrer kognitiven Struktur überall »Akteure« am Werk. Dies veranlasst sie, wenn auch nur für einen Moment, in der Rinde des Baumes das Gesicht eines Raubtieres zu erkennen. Stellen Sie sich nun vor, dass Eva später am Tag noch einmal an dem Baum vorbeikommt. Sie geht näher heran und erkennt, dass der Baumstamm mit seinen Runzeln und Knoten wirklich aussieht, als hätte er ein Gesicht. In diesem Moment wird ein anderer kognitiver Prozess aktiv: die so genannte Theory of Mind.

Diese im Deutschen »Native Theorie« genannte Funktion des Gehirns tritt auf, sobald wir die Fähigkeit erlangen, andere Menschen so zu sehen und zu verstehen, wie wir uns selbst sehen und verstehen: als einzelne und unterscheidbare Individuen, die das Gleiche fühlen wie wir, die gleichen Gedanken denken, die uns also *dem Wesen nach* gleichen. Die Native Theorie veranlasst uns nicht nur, über andere in der gleichen Weise nachzudenken wie über uns selbst. Sie gibt uns außerdem die Möglichkeit, uns selbst als das Modell zu verstehen, nach dem wir unsere Wahrnehmung anderer Menschen ausrichten.

Machen wir uns das ganz klar: Wenn das einzige Bewusstsein, dessen ich mir gewahr bin, mein eigenes ist, dann bleibt mir keine Wahl, als mich selbst als Modell zu verstehen, mit dessen Hilfe ich das Universum verstehen kann. Die Weise, wie ich die inneren Zustände anderer Menschen wahrnehme, basiert auf der Weise, wie ich meinen eigenen Zustand erkenne.

Überraschend an der Nativen Theorie ist nun, dass sie mich außerdem zwingt, nichtmenschliche Phänomene, die menschliche Merkmale zeigen, auf die gleiche Art wahrzunehmen, wie ich Menschen wahrnehme. Wenn ich zum Beispiel auf ein zweibeiniges Wesen treffe, das etwas hat, das wie ein Kopf und ein Gesicht aussieht, denke ich: »Dieses Wesen sieht aus wie ich.« Wenn es wie ich aussieht, veranlasst die Native Theorie mich zu dem Gedanken, dass es dann auch wie ich *sein* muss. Und so unterstelle ich diesem menschenähnlich aussehenden Ding, dass es denkt und fühlt wie ich.[2]

Aus diesem Grund behandeln Kinder bestimmte Spielzeuge so, als wären sie lebendig und verfügten über Persönlichkeit und Willen. Gib einem kleinen Kind ein Modellauto, und es wird die Scheinwerfer für Augen halten und den Kühlergrill für einen Mund. Es wird mit dem Auto spielen, als wäre es lebendig und kein Stück gegossenes Plastik. Selbst wenn es eigentlich schon zwischen belebten und unbelebten Dingen unterscheiden kann, wird es das Spielzeug behandeln, als wäre es lebendig. Es wird das Modellauto wie einen Akteur behandeln.[3]

Und hier kommen wir zu der kognitiven Verbindung, die, wie einige Kognitionstheoretiker glauben, zwischen der Theory of Mind, HADD und dem religiösen Impuls besteht.

Wir wissen, dass Evas Selbstbild darauf beruht, dass sie sich eine Seele zuschreibt, die losgelöst vom Körper existieren kann. Ihr Körper ist nach dieser Vorstellung als Materie gegenwärtig und berührbar; ihre Seele ist unsichtbar und nicht Materie. Stellen wir die Frage, wie Eva zu diesem Selbstbild gelangt ist, für einen Moment zurück. Wichtig ist hier zunächst, dass Eva glaubt, eine Seele zu haben, die losgelöst vom Körper existiert. Durch die Theory of Mind glaubt sie, dass auch alle anderen Menschen eine Seele besitzen. Und durch die Theory of Mind neigt Eva außerdem dazu, nichtmenschliche Wesen und Objekte, die menschenähnliche Merkmale aufweisen, so zu betrachten, wie sie echte Menschen betrachtet. Darum glaubt sie, dass auch bestimmte unbelebte Dinge eine Seele besitzen. Anders formuliert: Wenn der Baum ein »Gesicht« wie Eva hat, muss er, wie Eva, auch eine »Seele« haben.

So wie das Kind sich sein Spielzeugauto als bewussten, mit eigenem Willen ausgestatteten Akteur vorstellt, verfährt Eva mit dem Baum. Sie stellt sich vor, dass dem Baum ein *Geist* innewohnt. Vielleicht nimmt sie ein Feuersteinmesser und bearbeitet den Baumstamm, um das Gesicht deutlicher hervortreten zu lassen. Sie zeichnet das Gesicht nicht. Wie bei den Bildern in der Höhle setzt Eva nur das Gesicht frei, das sie bereits als vorhanden begreift. Sie verwandelt den Baum in ein Totem: ein Objekt der Anbetung. Vielleicht bringt sie ihm Opfergaben. Möglicherweise beginnt sie, dort zu beten, und bittet das Totem, für reichen Fang in ihren Fallen und Fischnetzen zu sorgen. So wird – durch Zufall – eine Religion geboren.

Doch ist dies eigentlich keine echte Religion, solange Evas Glaube nicht von ihrer Sippe oder Gemeinschaft übernommen und geteilt wird. Dass Eva auf der Basis ihres persönlichen Erlebnisses eine innere religiöse Beziehung zu diesem Baum entwickelt, ist eine Sache. Doch die anderen Mitglieder ihrer Gemeinschaft davon zu überzeugen, ihr darin zu folgen, hat eine andere Qualität. HADD und die Theory of Mind können erklären, wie beim einzelnen Menschen ein religiöser Glaube entstehen kann. Aber sie erklären nicht, wie ein solcher Glaube erfolgreich von Mensch zu Mensch, von Kultur zu Kultur, von Jahrhundert zu Jahrhundert weitergegeben werden kann. Warum überleben manche religiösen Vorstellungen – zum Beispiel der Glaube an einen Gott, der über die wilden Tiere herrscht – und werden über Generationen weitervermittelt, während andere schnell wieder in Vergessenheit geraten?

Die Antwort findet sich vermutlich ebenfalls im Gehirn. Dem Kognitionsanthropologen Pascal Boyer zufolge sorgt unser Gehirn dafür, dass nur bestimmte Glaubensvorstellungen »haften bleiben«. Seine Forschungen zeigen, dass wir eine Idee eher aufnehmen, an ihr festhalten und sie an andere weitergeben, wenn sie nicht zu stark, aber doch ein Stück weit von der Norm abweicht. Wenn eine Idee gegen ein oder zwei intuitive Grundannahmen verstößt, die wir über ein Ding oder Phänomen hegen, ist die Wahrscheinlichkeit viel größer, dass wir sie uns einprägen und anderen davon erzählen.[4]

Sagen wir, Eva führt Adam zu ihrem Baum und zeigt ihm das Gesicht, das sie hineingeritzt oder vielmehr »befreit« hat. Evas Theory of Mind hat den Baum mit einer Seele ausgestattet, die Evas Seele gleicht, wodurch eine einzigartige spirituelle Verbindung zwischen Eva und dem Baum entstanden ist. Damit nun Adam sich Evas Baum-Erfahrung zu eigen macht – und anderen erzählt, dass dies ein besonderer Baum ist, an den zu glauben sich lohnt –, muss es eine minimal der Intuition widersprechende physische oder psychologische Eigenschaft geben, die das überschreitet, was Adam bisher bei Bäumen für normal hielt. Mit anderen Worten, der Baum muss ein, zwei Eigenschaften haben, die ein wenig, aber nicht zu radikal gegen die ontologische Kategorie »Baum« verstoßen.[5]

Vielleicht erzählt Eva ihm nicht nur, dass der Baum ein Gesicht hat, sondern dass sie, als sie den Baum einmal spät in der Nacht besuchte, hörte, wie er zu ihr sprach. Indem sie dem Baum eine Eigenschaft zuschreibt, die Adam von einem Baum nicht erwartet – *Der Baum kann sprechen!* –, hat Eva nun die Wahrscheinlichkeit erhöht, dass Adam sich an ihre Geschichte erinnern und anderen davon erzählen wird, auch wenn er selbst den Baum nicht sprechen hörte. Wenn Eva es aber übertreibt und zu viele Dinge über den Baum behauptet, die Adam bei Bäumen für unnormal hält – *Er spricht! Und er läuft herum! Und er kann sich unsichtbar machen!* –, wird die Sache für Adam zu unverständlich und fremdartig. Dann ist es weniger wahrscheinlich, dass er die Geschichte glaubt und anderen auf überzeugende Weise davon berichtet. Damit das Erlebnis mit dem Baum Eingang in das kollektive Bewusstsein ihrer Gemeinschaft findet, darf Eva nur eine geringfügige Veränderung an der vertrauten Natur des Baumes vornehmen – eine einfache, leicht verständliche und weiterzuerzählende und, das ist am wichtigsten, *nützliche* Veränderung.

Diesen letzten Punkt möchte ich noch einmal betonen. Die leichte Veränderung, die Eva an ihrem heiligen Baum vornimmt, muss ihn nützlicher machen, als er es in seinem natürlichen Zustand wäre. Ein Baum, der unsichtbar wird oder herumspaziert, ist nicht nützlich. Dagegen kann ein Baum, der spricht, äußerst nützlich sein. Er könnte Eva und ihrer Sippe wertvolle Informationen aus der nichtmateriellen Welt übermitteln. Er könnte Fragen beantworten, wertvolles Wissen über die Vergangenheit weitergeben oder sogar die Zukunft vorhersagen.

Wenn Eva Adam erzählt, dass ihr Baum sprechen kann, ist es eher wahrscheinlich, dass er den paranormalen Baum nützlich findet. Er würde dann auch eher den Mitgliedern ihrer Sippe oder ihres Stammes davon erzählen, und auch sie würden den Baum dann eher nützlich finden und an seine besondere Fähigkeit glauben. Möglicherweise konstruieren Adam und Eva dann gemeinsam eine ganze Mythologie um den sprechenden Baum, mit Ritualen, die in der Gemeinschaft, in der die beiden leben, immer mehr Anklang finden. Diese Mythen und Rituale könnten dann auch von anderen Stämmen oder Dörfern übernommen werden, weil diese Menschen den sprechenden Baum ebenfalls nützlich finden und dieses religiöse Konzept zum Bestandteil ihrer Kultur machen.

Und so kommt es, dass zum Beispiel im fünften vorchristlichen Jahrhundert der griechische Historiker Herodot über den heiligen Wald von Dedona schreibt, dessen Bäume mit menschlicher Stimme gesprochen hätten und in der Lage gewesen seien, die Zukunft zu weissagen. Fünfhundert Jahre später berichtet das persische Epos *Shahnameh,* das Buch der Könige, ein sprechender Baum habe Alexander dem Großen einen frühen Tod vorhergesagt. »Weder deine Mutter, noch deine Familie, noch die verschleierten Frauen deines Landes werden dich wiedersehen«, sagt der Baum zu dem jungen Eroberer.

Dreihundert Jahre später schrieb Marco Polo über den Baum von Sonne und Mond, der zwei Stämme hatte, von denen der eine am Tag mit männlicher Stimme sprach und der andere in der Nacht mit der Stimme einer Frau. Im Buch Genesis begegnet der Patriarch Abraham seinem Gott zweimal an Orakelbäumen, das eine Mal bei der Eiche von Sichem (Genesis 12,6) und das andere Mal in Hebron bei den Eichen von Mamre (Genesis 18,1). Für die keltische und druidische Spiritualität in weiten Teilen Europas spielten sprechende Bäume über Jahrtausende eine wichtige Rolle, und für die modernen Anhänger des Druidentums und der neuheidnischen Religion gilt das bis heute. Sogar im *Zauberer von Oz* gibt es sprechende Bäume. Und vergessen wir die majestätischen Ents in J.R.R. Tolkiens Mittelerde nicht! So entwickelte sich also aus der in ferner Vergangenheit entstandenen Idee, manche Bäume hätten eine leicht anomale, aber nützliche Fähigkeit, ein erfolgreicher Glaube, der sich in vielen Kulturen und Zivilisationen verbreitete.[6]

Einen *ähnlichen* Ausbreitungsprozess muss es auch beim Herrn der Tiere gegeben haben. Ontologische Kategorien wie »Mensch« und »Tier« gehen mit bestimmten, klar definierten Erwartungen einher. Verletzen Sie nun ein oder zwei dieser Erwartungen auf minimal kontraintuitive Weise (ein Mensch, der mit den Tieren spricht), sorgen Sie dafür, dass diese Veränderung nützlicher Natur ist (ein Mischwesen aus Mensch und Tier, das uns mit der Nahrung versorgt, die wir zum Überleben brauchen), und schon haben Sie einen Glauben, der von seinem Ursprung als uralte geistige Abstraktion über den etwa 18 000 Jahre alten Zauberer in den Volp-Höhlen und das Buch Genesis vor ungefähr 2500 Jahren bis ins moderne Neuheidentum überdauert. Auf diese Weise wird ein spezifischer Gott geboren und bleibt über Jahrtausende in der menschlichen Kultur aktiv.

Aus Erlenholz geschnitzte Göttinnenfigur mit Augen aus Quarzitkieseln, gefunden in Ballachullish, Schottland, (circa 500 v. Chr.).

Wie wir noch sehen werden, gibt es in der Religionsgeschichte eine ganz bestimmte Anomalie – ein minimal kontraintuitives Konzept –, das alle anderen überstrahlte und sich zum fraglos erfolgreichsten, bedeutsamsten, *nützlichsten* religiösen Glauben entwickelte, der je von Menschen ersonnen wurde. Dieses Konzept ist der »Gott-Mensch« – ein menschliches Wesen, das auf gewisse Weise leicht verändert ist und über besondere körperliche oder mentale Eigenschaften verfügt. Es kann zum Beispiel sein, dass dieser Gott-Mensch sich unsichtbar macht, allgegenwärtig ist, Vergangenheit und Zukunft kennt, *alles* weiß. Ein menschliches Wesen, das, mit anderen Worten, ein *Gott* ist. Aber damit werden wir uns in einem späteren Kapitel unserer Geschichte befassen.[7]

Einstweilen halten wir fest, dass die kognitive Religionswissenschaft eine faszinierende Theorie entwickelt hat: Demnach haben sich im Menschen während seiner Millionen Jahre dauernden Evolution bestimmte mentale Prozesse entwickelt, die uns unter den richtigen Umständen veranlassen, unbelebten Objekten menschliche Eigenschaften zuzuschreiben, sie mit einer Seele oder mit Geist auszustatten und dann erfolgreich diesen Glauben an andere Kulturen und Generationen weiterzugeben. Das ist eine überzeugende Erklärung für die Entstehung des religiösen Impulses – eine, die anders als frühere Erklärungsversuche im Einklang mit dem evolutionstheoretischen Konzept der natürlichen Auslese steht.

Allerdings gibt es ein Problem.

So überzeugend die kognitive Theorie der Religionsentstehung sein mag, sie ist nicht in der Lage, unsere anfängliche Frage zu beantworten: Warum kommt Eva überhaupt auf die Idee, eine Seele zu besitzen? HADD kann erklären, warum Eva plötzlich auf den Gedanken kommt, ein Baum, den sie sieht, hätte ein Gesicht. Die

Theory of Mind kann zwar erklären, warum sie glaubt, der Baum hätte wie sie eine Seele, und warum sie ihn dann in ein Objekt der Anbetung verwandelt und die anderen Mitglieder ihrer Sippe erfolgreich dazu animiert, das ebenfalls zu tun. Diese kognitiven Prozesse sind zwar in der Lage, bereits existierende Glaubensideen zu stärken und zu festigen. Aber sie können keinen Glauben *erschaffen*. Damit Eva den kolossalen Sprung von der Akteur-Erkennung (HADD) zur Formulierung religiöser Glaubensvorstellungen überhaupt tun kann, muss bei ihr bereits eine Neigung zu solchen Denkmustern vorhanden sein. Anderenfalls hätte sie einfach angenommen, einen interessant aussehenden Baum bemerkt zu haben, und wäre weitergegangen.[8]

Schließlich besteht Evas kognitive Standardreaktion beim Anblick eines Baumes darin, dass sie einfach nur einen Baum sieht. Damit diese anfängliche, routinemäßige Wahrnehmung ausgehebelt wird, braucht Eva eine andere, gleichermaßen plausible Erklärung. Dass Eva eine »übernatürliche« Erklärung als ebenso plausibel akzeptiert, ist aber nur in zwei Fällen denkbar: Entweder müsste eine andere Person in ihr den Glauben wecken, dass ein Baum mehr ist als einfach nur ein Baum (und woher hat diese andere Person diese Idee dann?). Oder Eva entwickelt diese Vorstellung selbstständig, basierend auf ihrer Überzeugung, dass sie selbst eine verkörperte Seele ist. In beiden Fällen landen wir wieder ganz am Anfang, bei dem Problem, das bereits Edward Burnett Tylor vor zweihundert Jahren präzise erkannte: Woher stammt die Idee, dass es Seelen gibt?[9]

Die Wahrheit ist: Wir wissen es nicht. Klar erscheint aber, dass die Existenz der Seele das *Erste* war, woran die Menschheit glaubte. Wenn die kognitive Religionstheorie richtig ist, war es der Glaube an die Seele, der zum Glauben an Gott führte. Mit anderen Worten erklärt sich das Entstehen des religiösen Impulses nicht aus unserer Suche nach Sinn oder unserer Angst vor dem Unbekannten. Der religiöse Impuls wurde nicht aus unseren unwillkürlichen Reaktionen auf die natürliche Umwelt geboren. Er ist keine zufällige Konsequenz aus der komplexen Aktivität unseres Gehirns. Er ist das Resultat von etwas viel Ursprünglicherem und schwerer zu Erklärendem: unserer tiefsitzenden, intuitiven und gänzlich auf Erfahrung beruhenden Überzeugung, dass wir, was immer wir sonst noch sein mögen, verkörperte Seelen sind.

Die folgenden Kapitel dienen nicht dazu, die Existenz der Seele zu beweisen oder zu widerlegen (das ist auch gar nicht möglich). Ich möchte aber zeigen, wie aus diesem allgemein verbreiteten Glauben an die Seele das Konzept einer aktiv eingreifenden göttlichen Gegenwart entstand, die treibende Kraft hinter der gesamten Schöpfung ist; wie diese göttliche Gegenwart allmählich individuelle Züge erhielt, man ihr Namen gab und sich Geschichten über sie erzählte; wie sie mit menschlichen Charakterzügen und Gefühlen ausgestattet und letztlich in tausend verschiedene Gestalten gegossen wurde, alle mit eigener Persönlichkeit und Aufgabe; und wie, nach vielen Jahren und unter großen Schwierigkeiten, an die Stelle dieser tausend individualisierten Gottheiten schließlich jene eine göttliche Persönlichkeit trat, die wir heute als Gott kennen.

2. TEIL
Der vermenschlichte Gott

4. KAPITEL
Speere zu Pflugscharen

Der Garten Eden liegt irgendwo in der südöstlichen Türkei, nahe bei der prähistorischen Stadt Urfa (die heute Şanlıurfa heißt), ein paar Kilometer nördlich der Grenze zu Syrien. Oder jedenfalls glauben die Bewohner dieser Stadt, dass er dort liegt.

In der Bibel heißt es, nach der Erschaffung Adams habe Gott »im Osten« einen Garten angelegt und den Menschen dort hineingesetzt. Dann schuf Gott einen Fluss, der in dem Garten entspringt und sich in vier Hauptarme teilt. Zwei davon sind heute als Euphrat und Tigris bekannt. Aus dem Ackerboden ließ Gott allerlei Bäume wachsen – verlockend anzusehen und mit köstlichen Früchten. Gott gebot Adam: Von allen Bäumen darfst du essen (nur von einem natürlich nicht). Dann formte Gott aus dem Ackerboden alle Tiere des Feldes und alle Vögel des Himmels, und er gab Adam die Herrschaft über alle Geschöpfe.

Zusammen mit seiner Gefährtin Eva genoss Adam dieses Paradies, in dem es keine Arbeit und Mühsal gab. Sie mussten kein Land bestellen, nicht säen und ernten.

Doch als Adam und Eva Gottes Verbot missachteten und vom Baum der Erkenntnis von Gut und Böse aßen, wurden sie für alle Zeiten aus Eden verbannt und waren von nun an gezwungen, ein mühsames, schweres Dasein zu fristen. Der Ackerboden selbst war verflucht, und es wuchsen Dornen und Disteln auf ihm. Im Schweiße ihres Angesichts mussten Adam und seine Nachfahren ihr Brot essen, bis sie wieder zu dem Staub wurden, aus dem Gott sie erschaffen hatte.

Natürlich gibt es einen Garten Eden nicht wirklich. Wie so viele unserer alten religiösen Texte will auch diese Geschichte als Mythos gelesen werden. Mythen sind aber nicht »falsch« in dem Sinn, wie wir dieses Wort heute verstehen. Die Bedeutung eines Mythos liegt nicht darin, dass er wahre Ereignisse erzählt, sondern darin, eine bestimmte Weltdeutung zu transportieren. Ein Mythos erklärt nicht, wie die Dinge sind, sondern *warum* sie so sind, wie sie sind. Die alten Hebräer organisierten ihre Zeit nicht in Sieben-Tage-Wochen mit dem siebten als Ruhetag, weil Gott diesen Zeitraum benötigt hatte, um die Welt zu erschaffen. Sie behaupteten vielmehr, Gott habe die Welt in sechs Tagen erschaffen und sich am siebten Tag ausgeruht, weil sie diese Zeiteinteilung bereits praktizierten.

Wie die zahlreichen Sintflut-Legenden des Nahen Ostens oder die Geschichten über Götter, die sterben und ins Leben zurückkehren, repräsentiert die Geschichte des Gartens Eden eine besondere Form des Mythos, die man als »mündliche Überlieferung« bezeichnet. Dabei handelt es sich um universelle Mythen, deren Grundlage die – zum Teil sehr phantasievoll ausgeschmückten – kollektiven Erinnerungen einer bestimmten Kultur oder Gesellschaft sind und die mündlich von Generation zu Generation weitergegeben werden. Sie finden sich in der einen oder anderen Form in fast allen Religionen und Kulturen.

In den Mythos vom Garten Eden ist die kollektive Erinnerung an ein Zeitalter eingebettet, in dem die Menschen noch nicht im Schweiße ihres Angesichts Feldarbeit betrieben. Mit anderen Worten: Die Geschichte erinnert an jene Frühzeit der Menschheit vor der Entstehung der Landwirtschaft, als unsere Vorfahren Adam und Eva, um es ganz unbiblisch auszudrücken, noch sammelnd und jagend durch die Savanne zogen.

Dass die antike Stadt Urfa in der kollektiven Erinnerung ihrer Bewohner zu dem Ort wurde, an dem sich einst der Garten Eden befand, hat mit dieser kollektiven Erinnerung zu tun und damit, dass Urfa, wie das biblische Eden, zwischen vier Flüssen liegt, wobei es sich bei zweien tatsächlich um Euphrat und Tigris handelt. Außerdem liegt die Stadt, wie in der Bibel beschrieben, »im Osten« – das heißt westlich des antiken Assyrien.

Der Hauptgrund dafür aber, dass viele Menschen auf der ganzen Welt heute glauben, diese Stadt liege auf den Ruinen von Eden, hat weniger mit Urfas geographischer Lage zu tun, als mit dem, was sich etwa fünfzehn Kilometer nordöstlich befindet, auf einem kargen Felsplateau namens Göbekli Tepe, zu Deutsch: »bauchiger Hügel«. Unter einem von Menschen aufgeschütteten Hügel am höchsten Punkt einer Bergkette liegen dort die Überreste des, darüber herrscht weitgehende Einigkeit, frühesten religiösen Tempels der Menschheit – des »Tempels von Eden«, wie Klaus Schmidt, der leitende Archäologe der Ausgrabungsstätte, ihn scherzhaft nannte.

Dieser Tempel besteht aus zwanzig oder mehr großen, aus Mörtel und Steinen errichteten Anlagen, von denen manche rund, andere oval sind. Einige sind spiralförmig angelegt, wie Galaxien. Der ganze Tempelkomplex ist etwa dreihundert Meter lang und ebenso breit. In der Mitte jeder der gemauerten Gebäuderuinen stehen zwei T-förmige Megalith-Pfeiler, von denen einige rund fünf Meter hoch und zehn Tonnen schwer sind. Auf diesen Pfeilern befinden sich Reliefs von Raubtieren und anderen tödlich gefährlichen Geschöpfen: Löwen, Leoparden und Geiern; Skorpionen, Spinnen und Schlangen – mit den traumartigen, sanftmütigen Tieren der altsteinzeitlichen Höhlenmalerei haben diese Geschöpfe wenig gemeinsam.

Neben den wilden Tieren gibt es auf den Pfeilern kunstvolle geometrische Figuren und abstrakte Symbole. Die vorherrschende Theorie geht davon aus, dass es sich bei diesen Bildern um eine Art Symbolsprache handelt – Piktogramme, vergleichbar mit den ägyptischen Hieroglyphen, aber viel älter. Allerdings ist es den Forschern bislang nicht gelungen, sie zu entziffern.

Graphische Darstellung des Tempelbaus von Göbekli Tepe (circa 12 500 bis 10 000 v. Chr.).
Fernando G. Baptista / National Geographic Creative

Wirklich außergewöhnlich macht den Tempel, dass er am Ende der letzten Eiszeit erbaut wurde, vor 14 000 bis 12 000 Jahren, also mindestens sechstausend Jahre vor

Stonehenge und siebentausend Jahre vor den ältesten ägyptischen Pyramiden. Er ist so alt, dass seine Erbauer noch keine Landwirtschaft betrieben haben können. Diese gewaltige, bautechnisch anspruchsvolle Tempelanlage wurde von halbnomadischen Steinzeitmenschen errichtet, Jägern und Sammlern, die sich in Tierhäute kleideten und das Rad erst noch erfinden mussten.

Noch verblüffender ist die Tatsache, dass in der Anlage niemand wohnte. Am Göbekli Tepe wurden keine Wohnhäuser oder Feuerstellen ausgegraben. Es gibt keine erkennbaren Wasserquellen. Der nächste kleine Fluss liegt viele Kilometer entfernt. Die einzig mögliche Erklärung für das Fehlen jeglicher Infrastruktur ist, dass es sich um eine heilige Stätte handelte, die ausschließlich für religiöse Zeremonien genutzt wurde.

Offenbar kamen die Menschen aus einem Radius von rund hundertfünfzig Kilometern auf den Göbekli Tepe, um dort an wie auch immer gearteten Ritualen teilzunehmen. Man muss davon ausgehen, dass es sich um Mitglieder verschiedener Stämme handelte, die zu unterschiedlichen Göttern beteten. Und doch muss es dieser bunt gemischten Versammlung paläolithischer Volksgruppen irgendwie gelungen sein, ihre Differenzen zu überwinden und sich auf die Anbetung eines vereinenden, gemeinsamen Symbols zu fokussieren. Die auf dem Göbekli Tepe von Schmidt und anderen Archäologen geleistete Forschungsarbeit vermittelt uns eine Ahnung, was für ein Symbol das gewesen sein muss: das höchste Symbol menschlicher Spiritualität, geboren aus dem Rohmaterial unserer kognitiven Prozesse, Ausdruck unserer frühesten Versuche, unserer Idee des Göttlichen Ausdruck zu verleihen. Dieses Symbol war überaus erfolgreich und fand Eingang in fast alle Religionen und Kulturen auf der ganzen Welt. Es handelt sich um den »vermenschlichten Gott« – den Gott, der nach unserem Ebenbild geschaffen wurde. Und er befindet sich im Zentrum jedes gemauerten Raumes des Tempels von Eden.

Die T-Pfeiler, von denen die Tempelanlage beherrscht wird, sind keine bloßen Steinquader. Sieht man genauer hin, erkennt man gemeißelte Arme an den Seiten der Pfeiler. Die Hände treffen sich auf der Vorderseite des Pfeilers über etwas, das wie ein Gürtel oder Lendenschurz aussieht. Auf einigen Pfeilern ist zu erkennen, dass die dargestellten Wesen Schmuck tragen. Die kleinen Blöcke, die die Pfeiler oben krönen und die T-Form bilden, werden von vielen Forschern für Köpfe gehalten. Demnach können wir davon ausgehen, dass wir es hier nicht mit bloßen Pfeilern zu tun haben. Es handelt sich vielmehr um Figuren, die menschenähnliche Wesen darstellen.

T-Pfeiler mit menschlichen Händen und einem Gürtel (Göbekli Tepe, circa 12 500 bis 10 000 v. Chr.).
Vincent J. Musi / National Geographic Creative

Die Figuren sind gesichtslos, Augen, Nase und Mund fehlen, was aber nicht damit zu erklären ist, dass es den steinzeitlichen Bildhauern an Können mangelte. Man muss sich nur einmal die bemerkenswerten Details der Tierreliefs und -figuren vom Göbekli Tepe anschauen, dann wird deutlich, dass wir es hier mit meisterhafter Bildhauerkunst zu tun haben. Ein in die Seite eines Pfeilers gemeißelter Leopard ist so detailreich, dass man die Rippen erkennen kann. Zweifellos wären die Tempelbauer in der Lage gewesen, die Menschengestalten auf den Mittelpfeilern genauso detailreich auszuführen, wenn sie das gewollt hätten. Aber sie entschieden sich für eine abstrakte Form, was darauf hindeutet, dass sie nicht wirklich Menschen darstellen wollten, sondern übernatürliche Wesen in Menschengestalt.

Wir wissen nicht, ob es sich bei den vermenschlichten Göttern auf dem Göbekli Tepe um ein Pantheon aus individuellen, personalisierten Göttern handelt oder um Darstellungen anonymer Gottheiten. Die Antwort verbirgt sich vielleicht in den einzigartigen Glyphen auf jedem Pfeiler. Die Funktion der Glyphen könnte darin bestehen, die jeweilige Gottheit zu identifizieren. Vielleicht werden sein Name und seine Eigenschaften genannt. Vielleicht berichten die Glyphen von den Taten des Gottes oder informieren darüber, für welche Lebensprobleme er aufgrund seiner speziellen Kräfte zuständig war, so wie ein katholisches Heiligenbuch die Gläubigen darüber aufklärt, für welchen Zweck man zu welchem Heiligen beten soll. Doch wenn es uns nicht eines Tages gelingt, die Glyphen zu entschlüsseln, werden wir das niemals erfahren.

Wir wissen aber, warum die Pfeiler von Göbekli Tepe menschenähnliche Darstellungen tragen, und warum die verschiedenen Stämme, die sich dort versammelten, die menschliche Gestalt benutzten, um ihrer im Entstehen begriffenen Idee darüber, wie Götter aussahen, Ausdruck zu verleihen. Sie hatten in dieser Frage wenig Auswahl.

Wie wir gesehen haben, sind wir evolutionsgeschichtlich daran angepasst, unsere eigenen Vorstellungen und Wünsche, unsere mentalen und psychologischen Zustände, unsere *Seele*, auf Anderes zu übertragen, mag dieses Andere nun menschlich sein oder nicht. Unsere Hypersensitive Akteur-Erkennung (HADD) lässt uns hinter Naturphänomenen bewusst handelnde Akteure vermuten. Unsere Theory of Mind bewirkt, dass wir tendenziell alle Phänomene, die uns begegnen, »vermenschlichen«. Wie sollten wir uns also die Götter anders als in menschlicher Gestalt vorstellen? Aus unserem Blickwinkel und mit unseren menschlichen Erkenntnismöglichkeiten versuchen wir, das Universum und alles darin zu verstehen. Damit »vermenschlichen« wir nicht nur die Welt; wir vermenschlichen auch die Götter, von denen sie unserer Auffassung nach erschaffen wurde.

In den Jahrhunderten, die auf den Bau der Anlage auf dem Göbekli Tepe folgten, zeigt die Neigung der Menschen, das Göttliche zu vermenschlichen, positive und negative Folgen. Je klarer wir uns die Götter in menschlicher Gestalt vorstellen, desto intensiver werden wir unsere menschlichen Eigenschaften auf sie projizieren. Unsere Werte werden zu den Werten der Götter, unsere Wesenszüge zu den ihrigen. Nach und nach wird das Reich der Götter so zu einem Spiegelbild der Zustände auf Erden. Die Götter werden den Menschen so ähnlich, dass sie sogar deren Politik und Bürokratie für sich übernehmen. Um die Götter besser zu verstehen, werden wir spirituelle Systeme konstruieren, die auf dem Einzigen gründen, was wir wirklich kennen: *uns selbst*. Die Götter brauchen Nahrung, weil wir Nahrung brauchen, also bringen wir ihnen Speiseopfer dar. Die Götter brauchen ein Dach über dem

Kopf, weil wir ein Dach über dem Kopf brauchen, also bauen wir Tempel für sie. Die Götter brauchen Namen, also geben wir ihnen Namen. Sie brauchen Persönlichkeiten, also statten wir sie mit Persönlichkeiten aus, die so sind wie unsere eigenen. Sie brauchen Mythen, mit denen wir sie in unserer Wirklichkeit verankern können, Rituale, damit sie in unserer Welt erfahrbar werden, Diener und Helfer, die ihre Wünsche füllen (die nichts anderes sind als *unsere* Wünsche), Regeln und Vorschriften, um sie zufriedenzustellen, Gebete und Beschwörungen, um sie milde zu stimmen, wenn wir ihren Zorn erregt haben. Kurz gesagt, sie brauchen Religionen. Und deshalb erfinden wir Religionen.

Eine der wohl bedeutsamsten Folgen unseres Dranges, das Göttliche zu vermenschlichen, ist aber: die Entstehung der Landwirtschaft. Diese, das jedenfalls meinen einige Forscher, die den Göbekli Tepe untersuchten, war eine Folge des Tempelbaus dort. Die Vorstellung, es gäbe individualisierte Götter in menschlicher Gestalt, und die mit dieser Vorstellung einhergehende Institutionalisierung von Mythen, Ritualen und einem regelmäßigen Kult veranlassen Menschen, sesshaft zu werden. Und diese Sesshaftigkeit macht es nötig, dass aus umherziehenden Jägern und Sammlern Bauern werden, die durch Ackerbau und Viehzucht die Natur zu ihrem Nutzen verändern. Indem wir die himmlischen Götter zu Menschen machen, machen wir, spitz formuliert, die Menschen zu den Göttern der Erde.[1]

Über fast zweieinhalb Millionen Jahre unserer Evolutionsgeschichte hinweg – also während mehr als neunzig Prozent der Zeit, in der es Hominiden gibt auf der Welt – führten wir ein Leben als Jäger und Sammler. Wir jagten in Wäldern und Grasland und konkurrierten dabei mit den Tieren, die als Räuber zwar viel besser angepasst waren an das Beutemachen als wir, allerdings weniger schlau. Diese lange Zeit als Jäger und Sammler prägte uns. Sie bewirkte, dass unser Gehirn größer wurde und wir bessere kognitive Fähigkeiten entwickelten, so dass aus impulsiven Wildlingen allmählich intelligente, urteilsfähige Wesen wurden.

Unsere Götter, soweit überhaupt vorhanden, waren Jagdgötter. Unsere Riten und Rituale, unsere Mythen und Legenden, unsere Höhlen-Heiligtümer, ja, unser gesamtes Bild vom Kosmos bezogen ihre Kraft aus der mystischen Verbundenheit zwischen Jägern und Beutetieren. Diese Verbundenheit umfasste die Tiere, die wir töteten, und die Werkzeuge, mit denen wir töteten: Unsere Knochenharpunen und Holzspeere, unsere Angelhaken und Fischnetze wurden mit heiliger Kraft aufgeladen.

Weil unser Überleben von diesen Waffen abhing, galten sie uns nicht bloß als Gegenstände, sie waren Abbilder einer transzendenten Wirklichkeit.

Die Jagd machte uns zu meisterhaften Kennern der Landschaft und unserer natürlichen Lebensräume. Sie nötigte uns, eine mentale Karte der von uns bewohnten Welt anzulegen – ihrer Bergrücken und Hänge, ihrer Täler und Flüsse. Sie inspirierte nicht nur unsere schöpferische Phantasie, sondern verankerte bestimmte gesellschaftliche Werte in unserem Bewusstsein, die wir auch heute erstrebenswert finden: Für Jagdnomaden war es hinderlich, materiellen Besitz anzuhäufen, weil dieser die Mobilität eingeschränkt hätte. So gab es in den damaligen Gesellschaften keine großen sozialen Gegensätze, keine Spaltung in reich und arm.

Dann, vor etwa 12 000 bis 10 000 Jahren, tauschten wir plötzlich unsere Speere gegen Pflugscharen ein. Aus Sammlern und Jägern wurden Bauern. Wir sammelten unsere Nahrung nicht länger, sondern produzierten sie selbst. Statt Tiere zu jagen, züchteten wir sie.

Die Jagd mag uns zu Menschen gemacht haben. Was es aber bedeutete, ein Mensch zu sein, änderte sich durch die Landwirtschaft für immer. Durch die Jagd lernten wir, den Raum zu meistern. Die Landwirtschaft zwang uns, die Zeit zu meistern und die landwirtschaftlichen Zyklen an den Bewegungen der Sterne und der Sonne auszurichten. Die mystische Verbundenheit, die wir mit den von uns bejagten Tieren erlebt hatten, übertrugen wir nun auf die Erde selbst. Wir beteten nicht länger um Hilfe bei der Jagd, sondern um eine reiche Ernte. Unser spiritueller Fokus verlagerte sich vom Himmel – der traditionell mit väterlichen männlichen Gottheiten verbunden wird – zur Erde als Muttergöttin, wodurch die Stellung der Frauen in der Gesellschaft gestärkt wurde. Die Fruchtbarkeit der Erde wurde mit der Fortpflanzungsfähigkeit der Frau verknüpft, die das Mysterium des Lebens in ihrer Gebärmutter birgt. Auf diesem Hintergrund wurde nach Ansicht des berühmten Religionshistorikers Mircea Eliade die körperliche Arbeit des Pflügens mit dem Geschlechtsakt verknüpft.[2]

Der Prozess, das Land zu unserem Vorteil umzugestalten und zu bearbeiten, brachte ganz neue Werte und Verhaltensnormen hervor und neue Mythen, die uns halfen, die von uns selbst veränderte Welt, die wir nun bewohnten, zu verstehen. In dieser Zeit des frühen Landbaus tauchte zum ersten Mal die Idee der »geopferten Gottheit« auf – die Idee eines Gottes, der stirbt und zerstückelt wird und aus dessen Körper die Schöpfung hervorgeht. Denken Sie an Phan Ku, den Schöpfergott Chinas, dessen Schädel zur Himmelskuppel, dessen Blut zu Flüssen und Seen und dessen Knochen zu Bergen und Felsen werden. Oder an den Gott Osiris, der dem Mythos zufolge den alten Ägyptern beibrachte, Landwirtschaft zu betreiben, ehe er von seinem Bruder Seth getötet und zerstückelt wurde. Den zerstückelten Körper verstreute Seth im fruchtbaren Niltal.

Man geht davon aus, dass das Auftreten von Landwirtschaft und die Sesshaftwerdung der Menschen gleichzeitig stattfanden. Wir bauten Dörfer und Tempel. Das Zusammenleben in Dörfern erforderte Regeln, und so verliehen wir einigen Personen das Privileg, Gesetze zu erlassen und deren Einhaltung durchzusetzen (was die Geburt organisierter Gesellschaften bedeutete). Für die Tempel brauchte man Priester, die dann dafür zuständig waren, Regeln für den Gottesdienst festzulegen und in unserem Auftrag mit den Göttern zu sprechen (was die Geburt der organisierten Religion bedeutete). Die Arbeitsteilung in den Dörfern führte zu einer Teilung der Gesellschaft in unterschiedliche Gruppen, von denen einige anfingen, persönlichen Reichtum zu erwerben. Aus dem anfänglichen Austausch von Geschenken entwickelte sich der Tauschhandel und schließlich der Handel mit Kaufen und Verkaufen, Gewinnen und Verlieren, Haben und Nichthaben.

Weil der Zugang zu Nahrungsmitteln sich verstetigte (ohne dass sich die Menge vergrößerte, wie wir noch sehen werden), stieg die Bevölkerungszahl rasch. Immer größere Siedlungen entstanden. Das förderte den schnellen Austausch von Ideen und die Verbreitung neuer Technologien. Die Kunst gedieh, es gab große technische Fortschritte, und die Zivilisation wurde geboren – und das alles aufgrund der schicksalhaften Entscheidung, das Jagen und Sammeln einzustellen und stattdessen Ackerbau und Viehzucht zu betreiben.

Diese dramatische Veränderung in der Menschheitsentwicklung beendete das Paläolithikum, die Altsteinzeit, und kennzeichnete, was nun folgte: die neolithische Revolution. Diese Bezeichnung stammt von dem Archäologen Vere Gordon Childe, der die Erfindung der Landwirtschaft, nach der Beherrschung des Feuers, als den wichtigsten Schritt in der Menschheitsgeschichte betrachtete. Und man kann Childe sicher zustimmen, dass die Domestizierung von Tieren für den Menschen von großem Nutzen und die Landwirtschaft dem Sammeln überlegen war. Es war nicht mehr nötig, lange, kräftezehrende Jagden zu unternehmen oder Wald und Steppe nach Essbarem abzusuchen. Statt zufällig Wildgräser zu finden, konnten wir nun große Mengen Getreide säen und ernten. Statt mühsam und zeitaufwendig wilde Tiere aufzuspüren und zu verfolgen, konnten wir sie einfangen und züchten, so dass wir Fleisch zur Verfügung hatten, wann es uns gefiel.

Doch je mehr wir über die Anfänge der Landwirtschaft herausfinden, desto mehr erkennen wir, dass sie unseren Vorfahren möglicherweise mehr Verdruss als Nutzen bereitete. Da ist zum Beispiel die Knochenarbeit auf den Feldern – von Sonnenaufgang bis Sonnenuntergang musste Tag für Tag gepflügt, geerntet, gesät, bewässert werden. Tag und Nacht mussten die Felder bewacht werden, damit nicht Heuschrecken oder Diebe die Ernte raubten. Das alles war wesentlich zeitaufwendiger und anstrengender, als einfach hinaus in die Wildnis zu gehen und Tiere zu jagen, die damals noch überreich vorkamen.

Landwirtschaft bedeutete, dass man das aus entlegenen Quellen in Tierhäuten herangeschleppte Wasser nun mit unersättlich durstigen Ackerpflanzen zu teilen hatte. Sie bedeutete, dass der Wald, der bisher Schutz vor den Elementen und gefährlichen Raubtieren geboten hatte, niedergebrannt werden musste, um Platz für Felder und Weideflächen zu schaffen. Sie bedeutete, dass wir unser Essen nun mit Tieren teilen mussten. Diese Tiere mussten gefüttert, beschützt und auf die Weide geführt werden. Man musste Ställe ausmisten und das Vieh vor Krankheiten schützen. Und worin bestand der Lohn für diese ganze Plackerei? Überraschenderweise waren die Menge und Güte der Nahrung, die man durch Landwirtschaft erwarb, nicht höher, sondern geringer als die Menge und Güte dessen, was man durch Jagen und Sammeln heranschaffen konnte.[3]

Untersuchungen an Skelettfunden zeigen, dass sich durch die Einführung der Landwirtschaft die Versorgung der Menschen mit Vitaminen, Mineralien und Eiweiß spürbar verschlechterte. In der Anfangszeit des Ackerbaus gab es nur wenige zum Anbau geeignete Getreidearten. Und die Zahl der Tierarten, die für die Domestizierung in Frage kamen, war noch geringer. Den Jägern und Sammlern dagegen stand eine viel größere Auswahl an Jagdtieren und essbaren Pflanzen zur Verfügung. Wenn ein jagdbares Wild gerade nicht zu finden war, konnten sie einfach auf anderes ausweichen.

Der Bauer dagegen war von einer kleinen Zahl Kulturpflanzen und Nutztieren abhängig. Kam es zu Ernteausfällen, zum Beispiel durch Trockenheit, drohte ihm und seiner Familie der Hungertod. Starben ihm seine Schafe, Ziegen oder Hühner an Krankheiten, drohte ebenfalls der Hungertod. Jäger konnten, wenn an einem Ort die Nahrung knapp wurde, einfach ihr Lager abbrechen und sich bessere Jagdgründe suchen. Dem Bauern blieb kaum eine andere Wahl, als auf seinem Land auszuharren, komme, was da wolle.

Es verwundert darum nicht, dass in den meisten alten Agrargesellschaften mindestens jeder dritte Mensch starb, bevor er sein zwanzigstes Lebensjahr erreichte. Der israelische Historiker Yuval Harari weist darauf hin, dass der Körper des Homo sapiens daran angepasst ist, Wild zu verfolgen, nicht an die Arbeit mit Hacke und Pflug. Bei der Untersuchung von Skeletten zeigte sich, welche brutalen Folgen der Übergang zur Landwirtschaft hatte. Bauern litten viel eher als Jäger an Anämie und Vitaminmangel. Sie zogen sich häufiger Infektionskrankheiten zu und starben früher. Sie hatten schlechtere Zähne, erlitten öfter Knochenbrüche und hatten bis dahin kaum bekannte Leiden, etwa Bandscheibenvorfälle, Arthritis und Leistenbrüche. Tatsächlich deuten Untersuchungen an im Nahen Osten ausgegrabenen Skeletten darauf hin, dass während der ersten Jahrtausende der neolithischen Revolution die Menschen um durchschnittlich fünfzehn Zentimeter kleiner waren als davor, was wohl hauptsächlich auf ihre deutlich schlechtere Ernährung zurückzuführen ist. In diesem Licht erscheint der Wechsel vom Dasein als Jäger und Sammler zur Landwirtschaft als schlechter Tausch. Es war, in Hararis Worten, »die größte Mogelpackung der ganzen Menschheitsgeschichte«.[4]

Angesichts des enormen Aufwandes an Zeit, Energie und Ressourcen, den die Landwirtschaft erfordert, stellt sich die Frage, was die Menschen damals veranlasste, die Jagd zugunsten der harten Realitäten eines Bauerndaseins aufzugeben? Childe glaubte, dass sehr abrupte Klimaveränderungen am Ende der letzten Eiszeit vor etwa 11 700 Jahren die Menschen dazu zwangen, nach alternativen Nahrungsquellen zu suchen. Als die Erde wärmer wurde und die Gletscher sich zurückzogen, drängten die sich verändernden Klimabedingungen die Bevölkerung in bestimmten geeigneten geographischen Zonen zusammen. In diesen vergleichsweise kleinen Gebieten experimentierten die Menschen dann damit, bestimmte Getreidearten und Gemüse anzubauen.

Neuere Forschungen über die damaligen Wetterbedingungen haben jedoch gezeigt, dass die Klimaveränderungen am Ende der letzten Eiszeit viel zu langsam erfolgten, um jene plötzlichen Massenwanderungen auszulösen, die Childe sich vorstellte. Childes Annahme, dass die Klimaveränderung günstigere Bedingungen für die Domestizierung von Pflanzen und Tieren schuf, ist richtig. Aber sie kann nicht die Ursache gewesen sein für die Sesshaftwerdung und die Erfindung der Landwirtschaft.[5]

Andere Wissenschaftler argumentierten darum, dass ein Bevölkerungsanstieg in unfruchtbaren Regionen Ursache für die Entwicklung der Landwirtschaft gewesen sein könnte, oder dass eine zu starke Bejagung die Wildbestände gefährlich dezimierte, was die Menschen gezwungen hat, sich andere Nahrungsquellen zu erschließen. Doch keine archäologischen Funde stützen eine dieser Hypothesen. Es gibt keine Beweise dafür, dass bestimmte Wildbestände zurückgegangen sind, und die ersten Beispiele für landwirtschaftliche Aktivität fand man in ressourcenreichen Regionen wie dem Fruchtbaren Halbmond – diesem bogenförmigen wasserreichen Landstrich, der sich vom unteren Niltal durch die Levante und die südliche Türkei bis in den Irak und das westliche iranische Hochland erstreckt.[6]

Das Problem mit den meisten dieser Theorien liegt darin, dass sie auf der weitverbreiteten Annahme beruhen, die Landwirtschaft sei zuerst entstanden und hätte zur Sesshaftigkeit geführt. Wir glauben, unsere neolithischen Vorfahren hätten ihr Nomadenleben aufgegeben, weil sie anfingen, Getreide anzubauen, und deshalb keine andere Wahl hatten, als sesshaft zu werden, um sich um ihre Felder kümmern zu können. Die Entdeckung der Tempelanlage am Göbekli Tepe und andere in der Levante von Jägern und Sammlern errichtete Bauten haben diese Idee jedoch auf den Kopf gestellt. Heute wissen wir, dass die Menschen sich zuerst dauerhaft niederließen und sich dann erst, viele Jahre später, die Landwirtschaft entwickelte. Wir lebten in Dörfern mit rasch wachsender Bevölkerung, bauten gewaltige Tempel, schufen großartige Kunstwerke und entwickelten über Jahrhunderte unsere technischen Fähigkeiten weiter, bis wir schließlich auf die Idee kamen, unsere Nahrung anzubauen.

Wenn die Domestizierung von Pflanzen und Tieren also nicht durch plötzliche Umweltveränderungen, Übernutzung der Wildtierbestände oder einen raschen Bevölkerungsanstieg ausgelöst wurde, was war dann verantwortlich für den Übergang von Jäger-und-Sammler-Kulturen zur Landwirtschaft? Die Entdeckung von Göbekli Tepe und anderen vergleichbaren Tempelanlagen im Nahen Osten legt nahe, dass die Entstehung der organisierten Religion der Auslöser war.

Tempelbauten wie am Göbekli Tepe dauern viele Jahre, und vor Ort werden in großer Zahl Steinbrucharbeiter, Bauleute und Kunsthandwerker benötigt. Diese Arbeiter mussten für die Dauer des Projekts mit Nahrung versorgt werden. Die Jagd auf Auerochsen und Gazellen, Wildschweine und Hirsche hätte nicht ausgereicht, um diese vielen Menschen zu ernähren. Also begann man, die dort vorkommenden Gräser zu kultivieren, um besser für die Ernährung der Arbeiter sorgen zu können. So entwickelte sich Ackerbau. Und jemand kam auf die Idee, Tiere in großer Zahl einzufangen und in Gehegen zu halten, weil sie sich so einfacher töten und schlachten ließen. Daraus entwickelte sich die Kunst, Schafe, Schweine, Ziegen und Rinder zu züchten – die alle, das wissen wir durch die archäologische Forschung, zuerst im Gebiet der heutigen östlichen Türkei domestiziert wurden, in der Nähe des Göbekli Tepe und während die dortigen religiösen Stätten erbaut wurden.[7]

Vermutlich machte der Bau des Tempels es erforderlich, Getreide und andere Nutzpflanzen anzubauen und Tiere zu domestizieren, weil man sonst nicht in der Lage gewesen wäre, die Bauarbeiter und die vielen Gläubigen, die dorthin kamen, zu ernähren. Doch permanent sesshaft zu werden, durch Feldbau aktiv das Land umzuformen, Tieren seinen Willen aufzuzwingen und die Art, wie sie geboren werden und leben, völlig zu verändern – das alles erforderte einen enormen psychologischen Sprung, ein gewaltiges Umdenken im Hinblick auf die Beziehung zwischen Mensch und Tier und unserer Umwelt insgesamt. Es erforderte nicht nur eine technologische Revolution, sondern vor allem eine revolutionäre Änderung unseres Bildes von uns selbst – eine »Revolution der Symbole«, wie es der französische Archäologe Jacques Cauvin nannte. Für unsere altsteinzeitlichen Vorfahren kam diese Revolution in Gestalt eines sich institutionalisierenden religiösen Systems, in dem der Glaube an vermenschlichte Götter vorherrschte.[8]

Um uns Götter in Menschengestalt überhaupt vorstellen und den Gedanken entwickeln zu können, wir selbst hätten die gleichen körperlichen und psychischen Qualitäten wie die Götter, mussten wir die Vorstellung entwickeln, dass der Menschheit in der natürlichen Welt eine besondere Stellung zukam. Zum ersten Mal in unserer Evolution verstanden wir uns nicht mehr einfach als Teil des Universums, sondern als dessen Mittelpunkt. Die animistische Weltsicht, die uns seelisch und geistig mit der natürlichen Welt verbunden hatte, galt nicht länger. Und wenn wir mit den Tieren nicht mehr seelisch verbunden sind, warum sollen wir sie dann nicht für unsere Zwecke ausbeuten? Warum sich nicht die Natur untertan machen und sie zu unserem Vorteil umgestalten?

Der Bau der Tempelanlage auf dem Göbekli Tepe leitete möglicherweise nicht nur das neolithische Zeitalter ein. Dort begann sehr wahrscheinlich auch eine neue Epoche, in der die Menschheit sich selbst in einem völlig anderen Licht sah. Die Menschen stellten sich in den Mittelpunkt der spirituellen Ordnung und beanspruchten gegenüber allen anderen Lebewesen eine herausragende Stellung: Herrscher über die Natur, Götter der Erde. Auf diesen bahnbrechenden Wandel vom primitiven Animismus zur organisierten Religion folgte – in Mesopotamien und Ägypten, in Europa und Griechenland, im Iran und in Indien, in China und darüber hinaus – die Entwicklung ganzer Pantheons individualisierter, vermenschlichter Götter, von denen jeder einen bestimmten menschlichen Wesenszug verkörperte, so dass es schließlich für jede gute und schlechte Eigenschaft des Menschen eine zuständige Gottheit gab.

Aus dem, was als unbewusster kognitiver Impuls begonnen hatte, das Göttliche nach unserem Ebenbild zu formen – ihm unsere Seele zu geben –, wurde im Verlauf der folgenden zehntausend Jahre spiritueller Entwicklung allmählich ein bewusstes Bemühen, die Götter immer menschenähnlicher zu machen – bis schließlich Gott buchstäblich Mensch wurde.

5. KAPITEL
Erhabene Personen

Als die Götter, statt der Menschen, die Arbeit taten und die Lasten trugen, die Kanäle aushoben und schiffbar hielten, die Sümpfe trockenlegten und die Felder pflügten, stöhnten sie über ihr Los und klagten über die Massen an Erdreich, die bewegt werden mussten. Die Arbeit war schwer und das Elend groß. Also zündeten sie ihre Werkzeuge an und gingen zum Tor des großen Gottes Enlil, des Ratgebers der Götter.

»Das ständige Schuften muss ein Ende haben!«, riefen sie. »Die Last ist zu groß. Wir arbeiten uns zu Tode!«

Enlil beriet sich mit Mami, der Hebamme der Götter. »Du bist die Muttergöttin«, sagte er. »Erschaffe einen Sterblichen, auf dass er künftig das Joch trägt. Lasse die Menschen die Last der Götter tragen.«

Mit Hilfe des weisen Gottes Enki mischte Mami Lehm mit Blut und erschuf sieben Männer und sieben Frauen. Sie gab ihnen Hacken und Schaufeln und führte sie hinunter auf die Erde, wo sie die Arbeitslast der Götter übernehmen sollten.

Sechshundert und sechshundert Jahre vergingen, und die Erde wurde zu groß und die Menschen zu zahlreich. Auf dem Land wurde der Lärm laut wie das Gebrüll eines Stieres. Und diese Unruhe machte die Götter ganz rastlos.

»Der Lärm, den die Menschheit macht, wird uns zu viel«, schimpfte Enlil. »Ich finde kaum noch Schlaf.«

Es wurde eine Götterversammlung einberufen, auf der man beschloss, durch eine große Flut die Menschheit vom Antlitz der Erde zu tilgen, damit der schreckliche Lärm ein Ende hatte und die Götter wieder Ruhe fanden.

Nun lebte unten auf der Erde ein frommer Mann namens Atrachasis, der ein offenes Ohr für Enki hatte, seinen Gott. Er sprach mit Enki, und Enki sprach mit ihm.

Enki erschien Atrachasis im Traum und sprach: »Gib dein Haus auf und baue ein Boot. Lass all deinen Besitz zurück und nimm die Samen von allem, was lebt, an Bord. Baue das Boot mit mehreren Decks und so, dass alle Seiten gleich lang sind.«

Also baute Atrachasis ein Boot und belud es mit den Samen von allem, was lebt. Er ließ seine Freunde und Verwandten an Bord gehen. Er holte die Vögel an Bord. Er holte Weidevieh und die wilden Tiere aus der weiten Steppe an Bord, von jeder Tierart ein Paar. Dann stieg auch Atrachasis in das Boot und verriegelte die Tür.

Im ersten Licht des Morgens stieg eine schwarze Wolke am Himmel auf. Alles Licht verwandelte sich in Dunkelheit. Der Sturm erhob sich wie eine gewaltige Streitmacht. Anzu, der Sturmgott – der löwenköpfige Adler –, zerriss mit seinen Klauen den Himmel.

Dann kam die Flut. Der Wind heulte wie ein schreiender Wildesel. Völlige Finsternis herrschte, die Sonne war nicht mehr zu sehen. Die Menschen sahen einander nicht mehr, ihre Silhouetten waren so schwarz wie der Himmel. Selbst die Götter fürchteten sich vor der gewaltigen Flut. Sie zogen sich in den Himmel zurück, wo sie sich zusammenkauerten wie Hunde vor einer Mauer.

Sieben Tage und sieben Nächte dauerte die Sturmflut. Die Wassermassen verheerten das Land. Leichen verstopften den Fluss wie Libellen. Als der siebte Tag kam, ließ der Sturm nach, der getobt hatte wie eine Frau in den Wehen. Das Meer beruhigte sich, und das Wasser auf dem überschwemmten Land wurde flach und unbewegt wie ein Hausdach.

Das Boot lief auf dem Gipfel des Berges Nimush auf Grund, und Atrachasis stieg aus. Er schickte eine Taube aus. Die Taube kehrte zurück, denn sie fand keinen Platz, auf dem sie sich hätte niederlassen können. Er schickte eine Schwalbe aus. Die Schwalbe kehrte zurück, den sie fand keinen Platz, auf dem sie sich hätte niederlassen können. Er schickte einen Raben aus.

Der Rabe kehrte nicht zurück. Und so gingen Atrachasis und seine Freunde und Verwandten und die Vögel des Himmels und das Weidevieh und die wilden Tiere aus der weiten Steppe von Bord. Und dort auf dem Berg brachte Atrachasis ein Opfer dar, um seinem Gott Enki zu danken.

Als aber Enlil das Opferfeuer roch und das Boot sah, wurde er wütend. Wieder berief er die Versammlung der Götter ein. »Wir alle haben einen Eid geleistet. Kein Leben auf der Erde sollte der Flut entkommen. Wie kann es sein, dass Menschen die Katastrophe überlebten?«

Da ergriff Enki, der Weise, das Wort: »Ich habe das getan, und ich beging diesen Ungehorsam, um sicherzustellen, dass das Leben bewahrt wird.«

Enkis Worte beschämten die Götter. Sie weinten und bereuten, was sie getan hatten. Mami, die Hebamme der Götter, rief: »Wie konnte ich nur in der Versammlung der Götter so böse Worte sprechen? Dabei habe ich sie doch zur Welt gebracht. Sie sind mein Volk.«

Also schlossen Enlil und Enki einen Kompromiss. »Lassen wir, statt einer Flut, den Löwen über sie kommen und ihre Zahl klein halten. Lassen wir, statt einer Flut, den Wolf über sie kommen und ihre Zahl klein halten. Lassen wir, statt einer Flut, Hungersnöte über sie kommen und ihre Zahl klein halten. Und auch durch Krieg und Seuchen sollen sie dezimiert werden.«

Als der göttliche Kompromiss erreicht war, kam Enki hinunter zu dem Boot und reichte Atrachasis die Hand. Er reichte Atrachasis' Frau die Hand. Er berührte beide an der Stirn und verkündete:

»Von nun an sollen dieser Mann und diese Frau so sein, wie wir Götter sind.«[1]

Wenn Ihnen dieses uralte sumerische Epos über Atrachasis und die große Flut bekannt vorkommt, ist das kein Zufall. Geschichten über Sintfluten, durch die, bis auf einige Auserwählte, die ganze Menschheit vernichtet wird, gehören zu den ältesten und weitverbreitetsten Legenden. Dieser Mythos ist in zahlreichen Versionen fester Bestandteil der »mündlichen Überlieferung« der Menschheit. Die meisten Forscher glauben, dass er auf einer realen Flutkatastrophe beruht, die sich in ferner Vergangenheit ereignete. Indigene Versionen eines solchen Flut-Epos finden sich in Ägypten, Babylon, Griechenland, Indien, Europa, Ostasien, Nord- und Südamerika und Australien. Die Ursachen für die Flut variieren in den Geschichten, je nachdem, wer sie erzählt. Das gilt auch für die Begleitumstände, die beteiligten Götter und den Ausgang der Geschichte – die konkrete Ausgestaltung ist jeweils an die Kultur und Religion des Geschichtenerzählers angepasst.

Der Held Atrachasis aus unserer Version ist unter vielen Namen bekannt. Im babylonischen Gilgamesch-Epos aus dem zwölften vorchristlichen Jahrhundert heißt er Utnapischtim. In der in griechischer Sprache verfassten *Babyloniaka* des Berossos aus dem dritten Jahrhundert v. Chr. lautet sein Name Xisuthros, und der sumerische Gott Enki ist durch den griechischen Gott Kronos ersetzt. In der Bibel heißt Atrachasis Noah, und Enki wird zum hebräischen Gott Jahwe. Im Koran sind Nuh und Allah die Hauptfiguren.

Doch ganz gleich, um welches Setting, welchen Helden oder Gott es jeweils geht: Alle diese Fluterzählungen lassen sich auf eine einzige Quelle zurückführen, die in der ersten Hochkultur der Menschheitsgeschichte in der ältesten aller Schriftsprachen verfasst wurde – in Sumer und in Sumerisch.

Die landwirtschaftliche Revolution, die sich um 10 000 v. Chr. ereignete, verbreitete sich rasch über den Fruchtbaren Halbmond und erreichte im üppigen Schwemmland Mesopotamiens eine erste Entfaltung. Das Gebiet zwischen den beiden Flüssen Euphrat und Tigris, von denen wir oben im Zusammenhang mit der Paradiesgeschichte schon hörten, lag auf dem Gebiet der heutigen Staaten Irak und Syrien. Dieses so genannte Zweistromland (Mesopotamien heißt auf Griechisch »zwischen zwei Flüssen«) profitierte von einem milden Klima und periodischen Überschwemmungen, die den Boden fruchtbar und bestens geeignet für die Entwicklung der Landwirtschaft machten.

Um 9000 v. Chr. gab es in der gesamten Region ausgedehnte Gebiete, die für den so genannten Trockenfeldbau genutzt wurden. Sie lagen vor allem im Süden, wo kleine Fischerdörfer dicht gedrängt an den Ufern der beiden großen Flüsse lagen, die sich dort vereinigten und in den Persischen Golf mündeten. Um 7000 v. Chr. hatte man in Mesopotamien bereits die meisten heute bekannten landwirtschaftlichen Nutzpflanzen gezüchtet und viele Nutztiere domestiziert. Nur mit Pferden und Kamelen arbeitete man noch nicht. Während der folgenden zweitausend Jahre breitete sich die Landwirtschaft immer weiter aus, im Westen nach Ägypten und im Osten in das Iranische Hochland. Aus den Fischerdörfern an den Flüssen entwickelten sich erste städtische Zentren. In Çatalhöyük im südlichen Anatolien entstand um 7000 v. Chr. eine große landwirtschaftliche Siedlung, in der fast eintausend Haushalte zusammenlebten. Man fand dort kunstvoll bemalte Schreine, die einer Fruchtbarkeitsgöttin gewidmet waren. Um 6000 v. Chr. erschien im nördlichen Mesopotamien die Halaf-Kultur, die für ihre kunstvolle Keramik bekannt ist. Etwa tausend Jahre später verlor die Halaf-Kultur ihre Vormachtstellung in der Region an die Obed-Kultur, deren Einflussgebiet tief in den Süden Mesopotamiens reichte, bis ins heutige Bahrain und Oman.

Die Obed, (und nicht die Götter), legten um 5000 v. Chr. das Schwemmland trocken, bauten Kanäle, um Wasser aus Euphrat und Tigris umzuleiten, und schufen so das weltweit erste Bewässerungssystem. Niemand weiß genau, wann diese Bewohner des südlichen Mesopotamiens als *Sumerer* bekannt wurden, oder ob überhaupt ein Zusammenhang zwischen den Obed und den Sumerern besteht. Das Wort *Sumer* stammt aus dem Akkadischen – einer semitischen Sprache, die in Mesopotamien weit verbreitet war. Es bedeutet: »Land der zivilisierten Könige«. Die Sumerer bezeichneten sich selbst als das »schwarzköpfige Volk«. Doch woher sie auch stammten und wie immer ihr Aufstieg abgelaufen sein mag, um 4500 v. Chr. hatten die Sumerer ihre Herrschaft in Mesopotamien gefestigt und die erste Metropole der Welt erbaut: die Stadt *Uruk*.

Mit Uruk als Zentrum schufen die Sumerer die fortschrittlichste Zivilisation jener Zeit. Sie erfanden das Rad und das Segelschiff. Sie legten ein riesiges Bewässerungssystem an, das es ihnen ermöglichte, ganzjährig Landwirtschaft in enormem Umfang zu betreiben. Landwirtschaftliche Massenproduktion befreite die Sumerer von vielen Mühen des Kleinbauerndaseins und ermöglichte eine kulturelle und religiöse Blütezeit. Es entstanden viele künstlerische und architektonische Meisterleistungen, komplexe Mythen wie das Atrachasis-Epos, und schließlich gelang etwas absolut Bahnbrechendes: die Erfindung der Schrift.

Schrift und Schriftlichkeit verändern alles. Die Kunst, schreiben zu können, markiert die Trennlinie zwischen Vorgeschichte und Geschichte. Dass Mesopotamien als Wiege der Zivilisation gilt, liegt hauptsächlich daran, dass die Sumerer irgendwann im vierten vorchristlichen Jahrtausend begannen, mit stumpfen Griffeln aus Schilfrohr keilförmige Linien in feuchten Ton zu drücken. Diese so genannte Keilschrift ermöglichte es den Menschen zum ersten Mal in der Geschichte, abstrakte Gedanken aufzuzeichnen.[2]

Die sumerische Keilschrift wurde schon bald in die anderen Sprachen Mesopotamiens übernommen, unter anderem ins Akkadische und seine beiden wichtigsten Dialekte: ins Babylonische im Süden, das zur Sprache für literarische Werke und Inschriften wurde, und ins Assyrische im Norden, wo die Schrift vor allem für wirtschaftliche und politische Dokumente verwendet wurde, bis sie dort nach dem Untergang des assyrischen Reichs im siebten Jahrhundert v. Chr. wieder verschwand. Die akkadische Sprache überlebte in gesprochener Form dreitausend Jahre lang im gesamten Nahen Osten, bis es im ersten vorchristlichen Jahrhundert vollständig vom Aramäischen abgelöst wurde.[3]

Dank der Keilschrift verfügen wir heute über einen reichen Schatz an Dokumenten aus Archiven, an Herrscher- und Stadtchroniken sowie an persönlichen Briefen, die ein Licht auf das gesellschaftliche Leben werfen. Regierungsdokumente vermitteln einen Eindruck davon, wie die damaligen Staaten funktionierten. Wir verfügen über Aufzeichnungen aus Tempeln, die detailliert die verschiedenen religiösen Kulte Mesopotamiens beschreiben. Und besonders spektakulär sind die Mythen und Legenden, die uns einen tiefen Einblick in eines der ältesten und einflussreichsten religiösen Systeme ermöglichen, das Menschen je erdachten.

Die Sumerer waren nicht die einzige neolithische Kultur, die eine komplexe Religion schuf, und vermutlich waren sie nicht die Ersten. Aber sie waren die Ersten, die darüber schrieben, und das machte den entscheidenden Unterschied – nicht nur, weil die Verschriftlichung sehr zur Ausbreitung ihrer Religion in Mesopotamien beitrug. Durch die Erfindung der Schrift nahm der tief in unseren kognitiven Prozessen verwurzelte und am Göbekli Tepe noch recht primitiv zum Ausdruck gekommene Drang, das Göttliche zu vermenschlichen, klarere und realere Formen an. Über die Götter zu schreiben, ihre Eigenschaften mit Worten zu definieren, veränderte nicht nur die Art, wie wir uns Götter vorstellen. Unser zuvor unbewusster Wunsch, uns Götter nach unserem Ebenbild zu erschaffen, wurde jetzt bewusst und explizit. Denn wenn wir über die Götter schreiben, wenn wir sie in einer mythischen Erzählung auftreten lassen – am Beginn der Schöpfung oder wenn sie über eine apokalyptische Flut debattieren –, können wir gar nicht anders, als uns vorzustellen, dass die Götter denken und handeln, wie wir selbst denken und handeln würden. Wir statten sie mit unseren Charaktereigenschaften und Gefühlen aus. Wir schreiben ihnen die gleichen Wünsche und Motive zu, die auch uns antreiben.

Schon die Worte, die wir wählen, um die Götter zu beschreiben, beeinflussen unser Bild von ihrem Wesen, ihrer Persönlichkeit, sogar ihrer physischen Gestalt. Zum Beispiel bedeutet *Ilu*, das sumerische Wort für »Gott«, in etwa: »erhabene Person«. Und genau so werden die Götter in den sumerischen Texten beschrieben: als erhabene Wesen von hohem Rang, die menschliche Körper besitzen und sich wie Menschen kleiden, Wesen mit menschlichen Gefühlen und menschlicher Persönlichkeit. Die Götter Sumers kommen wie die Kinder der Menschen zur Welt und werden von ihren Müttern gestillt. Als Heranwachsende haben sie Konflikte mit ihren Vätern. Sie verlieben sich und heirateten. Sie haben Sex und zeugen Kinder. Sie wohnen mit ihren Familien in Häusern und bilden mit ihren Verwandten große himmlische Sippen und Clans. Sie essen und trinken und beklagen sich über ihre Arbeit. Sie streiten und kämpfen miteinander. Hin und wieder wird einer von ihnen verwundet und stirbt. Sie sind zutiefst *menschlich*.

Die weite Verbreitung der Atrachasis-Erzählung beweist, dass die im Zweistromland geborenen Mythen rasch nach Europa und Nordafrika gelangten. Sie breiteten sich jenseits des Kaukasus und in der Ägäis aus. Sie gelangten in den religiösen Systemen der Ägypter und Griechen zu neuer Blüte und ebenso bei den Indern und Persern. Und sie übten einen enormen Einfluss auf Bibel und Koran aus, wo aus dem sumerischen Wort *Ilu* das hebräische *Elohim* und das arabische *Allah* wurde. Da überrascht es nicht, dass überall dort, wo die Mythen Mesopotamiens sich verbreiteten, auch die sumerische Vorstellung von den Göttern als »erhabenen Personen« Fuß fasste.[4]

Die Bewohner Mesopotamiens waren *Polytheisten*, d.h., sie verehrten mehrere Götter. Tatsächlich umfasste das mesopotamische Pantheon über dreitausend Gottheiten. Es gab Aya, die Göttin des Lichts, die mit Schamasch verheiratet war, dem Sonnengott. Es gab Damu, den Heiler, und Girra, den Gott des Feuers und des Schmiedehandwerks; Sin, den mächtigen Mondgott, und Enki, den Weisen. Enki, Enlil, der »Herrscher über das Schicksal«, und An (oder Anu), der Himmelsgott, waren die drei wichtigsten Götter im frühen mesopotamischen Götterhimmel, in dem es so viele Götter gab, dass Schreiber ganze »Götterlisten« erstellen mussten, damit man nicht den Überblick verlor.[5]

Wie es dazu kam, dass die Mesopotamier so viele Götter verehrten, lässt sich schwer beantworten. Die neuntausend Jahre währende spirituelle Entwicklung der Menschheit von den gesichtslosen, menschenähnlichen

Pfeilern am Göbekli Tepe zu den lebendigen, individualisierten Göttergestalten Mesopotamiens liegt wegen des Mangels an materiellen archäologischen Funden weitgehend im Dunkeln. Doch bringt eine bemerkenswerte Fundserie in Jericho zumindest etwas Licht in dieses Zwischenstadium der menschlichen Spiritualität.

Im Jahr 1953 leitete die berühmte britische Archäologin Kathleen Kenyon eine Ausgrabung in Tell es-Sultan, einer Fundstätte nahe der Stadt Jericho im heutigen Westjordanland. Jericho ist eine der ältesten Städte der Erde. Sie wurde gegründet, schon bevor die Stadtstaaten Mesopotamiens existierten. Die Archäologin bemerkte dabei in einer Grube eine gewölbte Form, die wie ein menschlicher Schädel aussah. Als sie das Objekt ausgrub, zeigte sich, dass der Schädel von Gips bedeckt war. Die Gesichtszüge waren mit dem Gips perfekt rekonstruiert worden, so dass sie lebendig wirkten. In die Augenhöhlen hatte man Muscheln eingesetzt. Der Schädel war von den Überresten einer bereits bestatteten Leiche getrennt und dann unter einem Wohnhaus neu bestattet worden. Im Verlauf der Ausgrabungen stießen die Forscher auf sechs weitere Schädel, die alle zwischen 8000 und 6000 v. Chr. unter dem gleichen Haus bestattet worden waren.

Seit Kenyons Fund in Jericho wurden ähnliche Kopfbestattungen in Wohnhäusern unter Fußböden und Feuerstätten, Betten und erhöhten Podesten in einem weiten Gebiet entdeckt, das sich bis nach 'Ain Ghazal in Jordanien, Tell Ramad und Byblos in Syrien und Çatalhöyük in der Türkei erstreckt. Die Schädel sind oft zusammen mit Schmuck und Waffen begraben und alles ist sorgfältig arrangiert: Mehrere Schädel bilden häufig einen engen Kreis. Die Blickrichtung ist entweder in das Innere des Kreises ausgerichtet oder so, dass alle Köpfe nach außen schauen.[6]

Wir wissen, dass die Menschen im Neolithikum glaubten, der Kopf (oder eher das Gehirn) sei Sitz der Seele. Das erklärt, warum sie so oft menschliche Schädel sammelten und aufbewahrten. Doch diese großen Schädelbestattungen unter Wohnhäusern in privaten Schreinen deutet darauf hin, dass im frühen Neolithikum der *Manismus* aufkam – die Verehrung von Ahnen.

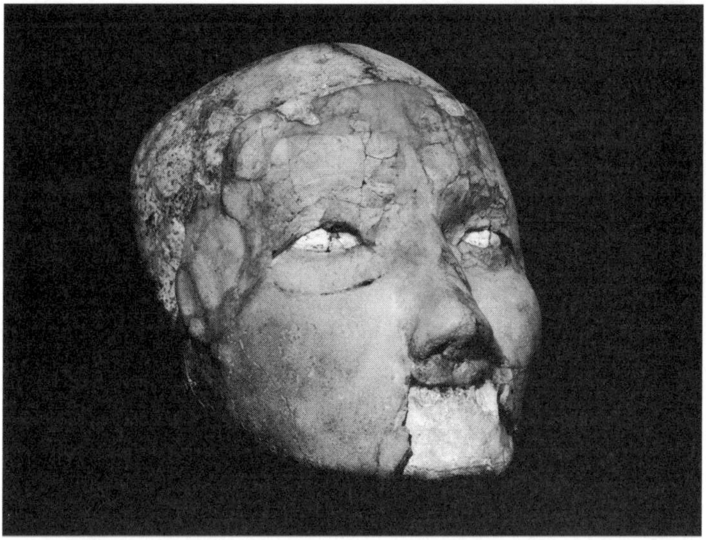

In Jericho gefundener Schädel mit aus Gips modelliertem Gesicht.
Jononmac46 / CC-BY_SA-3.0 / Wikimedia Commons

Wie wir schon gesehen haben, lässt sich der Ahnenkult bis in die Altsteinzeit zurückverfolgen. Er ist eine Folge des animistischen Glaubens, dass die Seelen der Toten als Geister weiterexistieren. Mit der Entstehung der Landwirtschaft wurde die Ahnenverehrung komplexer und sie verbreitete sich stärker. Die Erde, in der die Toten begraben wurden, war nun auch der Boden, auf dem die

Menschen ihre Nahrung anbauten. Daher ergab es Sinn, spirituelle Verbindung zu den Verstorbenen zu suchen, in der Hoffnung, dass sie zum Wohl der Lebenden Fürsprache bei den Mächten der Natur einlegen würden, sei es, um die Ernte zu sichern oder um die Gesundheit des Viehs zu beschützen. Im Lauf der Zeit entwickelten sich einige dieser Ahnen zu Gottheiten – bis man schließlich auf diese »Vermittler« verzichtete und anfing, die Naturkräfte selbst zu vergöttlichen.

Diese Theorie wird durch die Tatsache gestützt, dass viele mesopotamische Götter ursprünglich als Personifizierung der Naturelemente galten. An war der Himmelsgott und der Himmel selbst. Schamasch war der Sonnengott und die Sonne. Vielleicht haben die Menschen Mesopotamiens die Naturelemente als Götter verehrt, weil sie hofften, diese Naturkräfte auf diese Weise beeinflussen zu können. So entstand nach und nach ein Pantheon individueller Gottheiten, die alle eine irdische, kulturelle oder kosmische »Zuständigkeit« hatten und im Leben derer, die ihnen huldigten, jeweils spezifische Funktionen erfüllten. Nun musste man nur noch jeden Gott mit einer Persönlichkeit und Geschiche ausstatten, mit menschlichen Wesenszügen und einer klar unterscheidbaren äußeren Gestalt, und schon waren die »erhabenen Personen« geboren.

Die meisten Hauptgötter Mesopotamiens waren zudem Stadtgötter, d.h., sie waren jeweils mit einem bestimmten Stadtstaat verbunden: Enlil mit Nippur, Sin mit Ur, Inanna mit Uruk und so weiter. Die Tempel in diesen Städten dienten nicht in erster Linie dem Gottesdienst, sondern waren vor allem irdische Wohnstätten für die Götter. Jeder Tempel galt gewissermaßen als Zweitwohnsitz für eine Gottheit – eine Art Residenz mit Gärten, Mauern, Türen und Zäunen, wo die Götter sich unter den Menschen erholen konnten, fernab von ihren

Residenzen im Himmel. Bei den Tempeln handelte es sich häufig um stufenförmige Bauten, so genannte *Zikkurat*. Diese rechteckigen Pyramidentürme aus gebrannten Lehmziegeln gelten als die Wahrzeichen der mesopotamischen Architektur. Anders als die ägyptischen Pyramiden, die später errichtet wurden, hatten die mesopotamischen Tempel keine Hohlräume in ihrem Innern. Sie verjüngten sich nach oben Stockwerk um Stockwerk, als seien sie Treppen, auf denen die Götter zwischen Himmel und Erde auf- und absteigen konnten. Oben an der Spitze einer Zikkurat gab es eine kleine Kammer, in der die Götter wohnten.[7]

Dass ein Gott in der Kammer anwesend war, wurde durch das Aufstellen einer Kultfigur angezeigt. Die Verwendung von Bildern und Statuen war aber keine mesopotamische Erfindung. Wie die Ahnenverehrung lässt sich auch das Anfertigen von Götterfiguren bis in das Paläolithikum zurückverfolgen. An altsteinzeitlichen Fundstätten in ganz Europa und Asien wurden Dutzende Figuren gefunden, von denen die meisten schwangere Frauen zeigen, mit runden Bäuchen, die sich unter großen Brüsten wölben.[8]

In Mesopotamien jedoch ermöglichten Fortschritte in den Techniken der Bildhauerei und des Metallgusses, Statuen und andere Götterbilder in viel größerer Zahl für öffentliche religiöse Zeremonien zu verwenden. Täglich betrat ein Priester oder eine Priesterin – das hing vom Geschlecht der jeweiligen Gottheit ab – eine Tempelkammer, wusch die Götterfigur, kleidete sie an und vollzog ein Speiseopfer. Die Figur wurde mit Parfüm und Weihrauch gesalbt, mit Kosmetik eingerieben, und bei besonderen Anlässen wurde mit dem Götterbild eine Prozession veranstaltet. Nur bei diesen Gelegenheiten bekam das Volk seine Götter zu Gesicht. Die Laien durften die Tempel nicht betreten, hatten also keinen direkten Zugang zu der Gottheit, die jeweils darin wohnte.

Und dennoch: Kein Mensch in Mesopotamien wäre auf die Idee gekommen, dass die kleine Götterfigur, die der Priester bei einer Zeremonie zur Schau stellte, tatsächlich ein Gott war. Damit würde man das, was wir gerne »Götzenanbetung« nennen, völlig missverstehen. Die Menschen der damaligen Zeit beteten keine Steine an. Sie beteten die Geister an, die darin wohnten. Das Götzenbild war selbst kein Gott, aber es war *erfüllt* vom Geist dieses Gottes, von seiner Macht und Kraft. Man glaubte, der Gott würde in der Figur Gestalt annehmen und die Figur würde den Gott repräsentieren.

Aus diesem Glauben folgte, dass die Skulptur, wenn eine der »erhabenen Personen« in sie eintrat, zum Körper dieses Geistes wurde. Die physische Erscheinung des Gottes auf der Erde spiegelte sich darin wider. Anders ausgedrückt: Zwar glaubte niemand in Mesopotamien, dass die Götterfigur wirklich der Gott war, aber die meisten Mesopotamier dürften bereitwillig die Idee akzeptiert haben, dass das Götterbild wie der Gott aussah.[9]

Diese Unterscheidung ist komplex, aber außerordentlich wichtig. So, wie wir einem Gott, über den wir schreiben, instinktiv menschliche Emotionen und Motive beimessen, sehen wir einen Gott, wenn wir ihn uns bildlich vorstellen – und sein Abbild modellieren oder auf eine Glasscheibe malen, instinktiv in menschlicher Gestalt. Vielleicht statten wir diese Gestalt mit Flügeln aus, wie es bei Enlil der Fall ist, oder lassen aus seinen Schultern Flammen lodern wie bei Schamasch. Vielleicht übertreiben wir die Körpergröße des Gottes oder stellen ihn mit vielen Armen und Beinen dar. Doch bilden solche Ausschmückungen lediglich das *minimal kontraintuitive* Element, das notwendig ist, damit die Menschen sich an den Gott erinnern und die Kunde über ihn verbreiten (wie bei Evas sprechendem Baum). Wenn wir diese übernatürlichen Schnörkel etwas zurücknehmen, dann bleibt keine ätherische Naturkraft übrig, sondern ein Mensch mit übermenschlichen Kräften.

Mesopotamische Gottheiten auf dem Adda-Siegel, darunter Ischtar (mit Flügeln), Schamasch (mit erhobenem Schwert) und Enki.

Das zeigt sich sehr deutlich am Beispiel Ägyptens, das in der zivilisatorischen Entwicklung die Nachfolge der Stadtstaaten Mesopotamiens antrat. In der frühen ägyptischen Geschichte, in der so genannten prädynastischen Zeit (circa 5000-3000 v. Chr.), war die religiöse Kultur Ägyptens eine animistische. Die Ägypter glaubten an eine einzige göttliche Kraft, die allen Wesen Leben einhauchte und das gesamte Universum durchdrang. Diese Kraft manifestierte sich bis zu einem gewissen Grad in Göttern und Geistern, war selbst aber amorph – ohne Gestalt, Substanz oder Willen. Doch mit der Erfindung der ägyptischen Hieroglyphenschrift um etwa 3300 v. Chr. – nicht lange nach und vermutlich beeinflusst durch die sumerische Keilschrift – entstand das Bedürfnis, dieser abstrakten Kraft konkretere Formen zu geben. Sie musste nun bildlich darstellbar werden, um sie in Tempelwände ritzen oder auf Papyrusrollen verewigen zu können. Sie musste in ihrer Beziehung zur Welt erkennbar werden, wollte man sie verstehen, anbeten und ihre Kraft um Hilfe und Schutz erbitten. Und so nahm diese abstrakte göttliche Kraft wie in Mesopotamien schließlich menschliche Gestalt an. Am Anfang des Alten Reiches (etwa 2686-2181 v. Chr.) hatte sich das ägyptische Pantheon der vermenschlichten Götter vollständig herausgebildet und die altägyptische Religion fest etabliert.[10]

Anders als in Mesopotamien waren die Darstellungen der ägyptischen Götter aber oft facettenreich – mal wurden sie als Mensch, dann als Tier oder, die häufigste Variante, als Mensch-Tier-Mischwesen abgebildet. So konnte Hathor, die ägyptische Göttin von Musik, Tanz und Fruchtbarkeit, als Kuh dargestellt werden, die einen menschlichen Halsschmuck trägt, als Kuh-Mensch-Mischwesen oder als Frau mit Kuhohren. Und Anubis, der Gott der Mumifizierung und Beschützer der Verstorbenen, konnte ein Schakal sein oder ein Mensch mit Schakalkopf.

Diese Ausschmückungen sorgten nicht nur für das minimal kontraintuitive Element, sondern ermöglichten es den Ägyptern außerdem, die symbolische Funktion ihrer Götter zu manipulieren. Anubis wurde als schakalköpfiger Mensch dargestellt, weil der Schakal ein Aasfresser ist, der manchmal in der Wüste beerdigte Leichen ausgräbt und frisst. Indem die Ägypter den Beschützer der Gräber als Schakal in Menschengestalt darstellten, versuchten sie, die Kontrolle über eine gefürchtete Naturkraft zu erlangen, die jene Bestattungsriten gefährdete, welche für die ägyptische Spiritualität von so großer Bedeutung waren.[11]

Doch welche Gestalt den Göttern Ägyptens auch gegeben wurde, stets beschrieb man sie, wie die mesopotamischen Götter auch, in menschlichen Begriffen und stattete sie mit menschlichen Trieben, Wünschen und Instinkten aus. Selbst wenn die Götter in der ägyptischen Kunst und Literatur als Tiere porträtiert wurden, versah man sie immer noch mit menschlichen Wesenszügen und Verhaltensweisen. Sie aßen, tranken und schliefen wie Menschen. Sie stritten sich und waren eifersüchtig. Sie hatten Familienprobleme und waren mal gut, mal schlecht gelaunt. Sie konnten allwissend sein oder auch einfach nur dumm.

Fast genau der gleiche Prozess vollzog sich tausend Jahre später erneut, dieses Mal bei den lose miteinander verbundenen Stämmen der Indoeuropäer. Wohl bereits um etwa 5000 v. Chr. wanderten die Indoeuropäer aus ihren Ursprungsgebieten, die vermutlich in der Nähe des Kaukasus lagen (was aber umstritten ist), ostwärts in Gebiete am Kaspischen Meer und in das iranische Hochland ein. Südwärts drangen sie bis ans Schwarze Meer und nach Griechenland vor, westlich bis an die Ostsee und in das übrige Europa. Während sie sich dort niederließen und sich mit der indigenen Bevölkerung entweder vermischten oder diese unterwarfen, bewirkten die Indoeuropäer in diesem riesigen Siedlungsgebiet einen tiefgreifenden Wandel der religiösen Traditionen. Ob es sich um das hierarchische Pantheon der kanaanäischen Kulte, die Naturspiritualität der Kelten, das religiös inspirierte Kastensystem Indiens, die Ritualpraktiken im alten Iran, die hellenistischen Mythen von Homer und Hesiod, die philosophischen Ideale des Platon und des Aristoteles handelt – durch den Einfluss der Indoeuropäer formte sich jene spirituelle Landschaft, in der sich Judentum, Christentum und Islam entwickelten.[12]

Das indoeuropäische Götterpantheon entstand auf die gleiche Weise wie das mesopotamische und ägyptische, nämlich indem man die Kräfte der Natur vergöttlichte: Dyaus, der Himmelsgott, Agni, der Gott des Feuers, Indra, der Sonnengott, Varuna, der Gott des Urwassers, und so weiter. Und als zum ersten Mal Texte über diese Götter aufgeschrieben wurden – im Rigveda, der ältesten heiligen Schrift Indiens, verfasst in Sanskrit um 1500 v. Chr. –, verloren sie ihre luftige, ätherische Natur und nahmen ein menschliches Aussehen und menschliche Wesenszüge an. Als sich dann in den folgenden Jahrhunderten diese vedischen Göttergestalten zu den vor Lebendigkeit sprühenden Idolen der hinduistischen Religiosität entwickelten, war die Transformation dieser indoeuropäischen Gottheiten von vergöttlichten Naturkräften hin zu vermenschlichten Göttern abgeschlossen: Indra mit seiner goldenen Haut, goldenem Haar und Bart, gehüllt in parfümierte Kleidung; der zweiköpfige Agni mit seinen vielen Armen und Beinen; der prunkvolle Varuna, der auf einem Krokodil reitet.[13]

In allen diesen frühen Zivilisationen verhielt es sich ähnlich: Je stärker die Menschen sich daran gewöhnten, Bildnisse ihrer Götter in öffentlichen Tempeln und Schreinen zu sehen, und je öfter sie während öffentlicher Feiern und Zeremonien Geschichten und Legenden hörten, desto leichter fiel es ihnen, jene abstrakten Naturkräfte, die schon von ihren Vorfahren angebetet worden waren, zu personifizieren und zu vermenschlichen. So wie die Erfindung der Druckerpresse Ideen für die breite Masse leichter zugänglich machte, bewirkte die Massenproduktion personifizierter Götterbildnisse und das zunehmende technische Können der Kunsthandwerker, dass die Götter immer menschenähnlichere Züge entwickelten – bis sie im antiken Griechenland schließlich so menschlich erschienen, dass man sie als Götter kaum noch ernst nehmen konnte.

Am Anfang der griechischen Geschichte stehen nicht die großen Epen Homers und Hesiods Werk, die uns ein Bild von der Religiosität und vom Charakter einer alten Zivilisation vermitteln, wie es vollständiger wohl nicht sein kann. Sie beginnt vielmehr in der mittleren Bronzezeit, um etwa 1600 v. Chr., mit der rätselhaften seefahrenden Kultur der Mykener. Die Mykener besiedelten als Erste die Ägäis, und vieles, was wir heute dem antiken Griechenland zuschreiben, verdanken wir in Wahrheit ihnen, darunter vermutlich auch die klassische griechische Schrift.[14]

Auch viele griechische Götter sind mykenischen Ursprungs, vor allem Poseidon, der Meeresgott, der vermutlich der höchste Gott des mykenischen Pantheons war. Zeus, ein Kriegsgott, war vom indoeuropäischen Himmelsgott Dyaus abgeleitet und scheint erst zu einem viel späteren Zeitpunkt an die Spitze der griechischen Götterwelt gerückt zu sein. Als Vergöttlichung des schöpferischen Urwassers war Poseidon mit Gaia verbunden, der Erdgöttin, einer anderen wichtigen mykenischen Gottheit. Poseidon bedeutet darum auch: »Gemahl der Erde«. Es überrascht nicht, dass die Mykener auch den Wind vergöttlichten, ein Naturelement, das für das spirituelle Leben eines Seefahrervolkes so wesentlich war wie Wasser und Erde. Auch andere uns vertraute griechische Götter, einschließlich Athene und Hera, waren bereits den Mykenern bekannt und begannen ihre Existenz ebenfalls als Vergöttlichungen der natürlichen Welt: Athene war vermutlich ursprünglich eine Sonnengöttin, während Hera die Luft repräsentierte.

Doch in den griechischen Epen wurden diese Gottheiten statt als Personifizierung von Naturkräften immer mehr als Vergöttlichungen verschiedener menschlicher Eigenschaften verstanden: Athene, die Göttin der Weisheit; Hera, die Göttin der mütterlichen Liebe. Und während das griechische Pantheon ursprünglich aus Dutzenden verschiedener Gottheiten bestand, alle mit spezifischer Herkunft und Funktion, waren die Götter zu der Zeit, als Homer und Hesiod über sie schrieben, mehr oder weniger auf zwölf Hauptgottheiten reduziert – bekannt als die *Olympier*. Und sie wurden als Mitglieder einer großen Familie dargestellt.

In der griechischen Vorstellungswelt war der Berg Olymp nicht nur der Wohnsitz der Götter, die über die Menschheit herrschten. Er war auch das Zuhause einer äußerst dysfunktionalen göttlichen Familie, die miteinander ein endloses kosmisches Drama aufführten, wie die Charaktere einer über viele Jahre ausgestrahlten Seifenoper, die sich in immer neue wechselseitige Intrigen und Konflikte verwickeln. Da war Zeus, der Patriarch, Vater von Göttern und Menschen; Hera, aus der die Griechen Zeus' Schwester und Frau gemacht hatten; und ihr erstgeborener Sohn Ares, der Kriegsgott. Dann gab es die beiden Brüder des Zeus: Poseidon, der seinen einstigen, aus mykenischer Zeit stammenden Platz als oberster Gott eingebüßt hatte, und Hades, der Gott der Unterwelt. Dann haben wir noch Zeus' zweite Schwester Demeter, die Göttin der Landwirtschaft, Hermes, der andere Sohn des Zeus, den dieser mit Maia gezeugt hatte; Zeus' Zwillingskinder Apollo und Artemis, die seiner Affäre mit der Titanentochter Leto entstammten; Dionysos, der Gott des Weines und der Ekstase, den der Göttervater mit einer sterblichen Frau gezeugt hatte; Athene, die in ihrer Entwicklung von der mykenischen zur griechischen Göttin eine Tochter des Zeus geworden war und direkt aus seinem Kopf geboren wurde, nachdem er seine schwangere

Frau Metis verschluckt hatte; und Zeus' Lieblingskind Aphrodite, Göttin von Liebe und Sex.

Die alten Ägypter organisierten ihre Götter ebenfalls als Familie, modelliert nach der Beziehung zwischen dem beliebtesten Trio des ägyptischen Pantheons: Osiris, seiner Schwester und Frau Isis, und ihrem heroischen Sohn, dem falkenköpfigen Horus. Die Griechen aber perfektionierten das Konzept der göttlichen Familie. Und warum auch nicht? Gibt es denn einen besseren Weg, die Götter untereinander in Beziehung zu setzen? Wenn sie selbst in familiären Beziehungen leben, werden sie gewiss die Probleme verstehen, derentwegen wir sie um Hilfe bitten. Sie können sich dann darum kümmern, als wären es ihre eigenen. In ihrem höchst lesenswerten Buch »*The Gods of Olympus*« schreibt Barbara Graziosi dazu: »Die griechischen Götter erscheinen uns so familiär und vertraut, weil sie, ganz einfach, eine Familie sind.«[15]

Die Versammlung der Götter von Raffael und seinen Schülern, Loggia von Armor und Psyche in der Villa Farnesina, Rom (1517-18). *Wikimedia Commons*

Manche Griechen empfanden aber genau das als Problem. Die Götter, von denen die Poeten im antiken Griechenland erzählten, waren in moralischer Hinsicht viel zu verkommen, ihre Heldentaten zu rührselig, ihre Sorgen zu menschlich, so dass sie als Gottheiten kaum noch Respekt einflößten. Wie kann man Respekt für einen Gott wie Zeus empfinden, der ständig damit beschäftigt ist, kleinliche Streitigkeiten zwischen seinen Frauen und Kindern zu schlichten, und sich heimlich vom Berg Olymp herunterschleicht, um seinen Affären mit diversen Göttinnen, Menschenfrauen und -knaben nachzugehen?

Wenn man die Vermenschlichung der Götter auf die Spitze treibt, kann das Ganze schnell albern wirken. Einer Gottheit gewisse menschliche Eigenschaften zuzuschreiben ist die eine Sache. Die Götter aber mit der gesamten Bandbreite menschlicher Emotionen und Charaktereigenschaften auszustatten ist etwas ganz Anderes. Sollen wir uns wirklich vorstellen, diese übernatürlichen Wesen würden sich so verhalten wie in den homerischen Mythen: als zwar durch eine Laune des Schicksals unsterbliche, ansonsten aber ehebrecherische, diebische, eifersüchtige, lüsterne, leicht zu täuschende und korrumpierbare Geschöpfe?

Ebenso wie die Griechen mit dem Dilemma der perfekten Vermenschlichung ihrer Götter in ihrer Literatur rangen, taten sie sich auch mit den immer menschengleicher und zahlreicher werdenden Bildnissen ihrer Götter in den Tempeln schwer. Bei den frühesten Darstellungen der griechischen Götter handelte es sich nicht um die heroischen Statuen, die wir heute in Museen bewundern, sondern um eher abstrakte Repräsentationen, die aus wenig gestaltetem Stein oder Holz gefertigt wurden und den Geist eines Gottes verkörpern sollten, nicht seine physische Erscheinung. Zum Beispiel wurde Hera in der Hafenstadt Argos als Säule dargestellt, und auf der Insel Samos als Holzplanke. Athene wurde ursprünglich in Form eines flachen Stückes Olivenholz verehrt, das von Priesterinnen umsorgt, mit Edelsteinen geschmückt und in Gewänder gehüllt wurde.[16]

Doch zu der Zeit, als der griechische Meisterbildhauer Phidias die großartige Statue der Athene für das Parthenon schuf – die berühmteste Götterfigur auf allen griechischen Inseln –, war die Göttin mit dem Schild in der Hand und dem Helm, der eine Darstellung der Sphinx zeigte, zu der einzigen Form geworden, in der man Athene anbetete und verehrte. So geschah es auch mit den Bildnissen der Hera, des Poseidon und aller anderen großen Götter Griechenlands.[17]

Zusammen mit der kunstvoll ausgeschmückten Darstellung der Götter in der griechischen Literatur sorgte auch das hoch entwickelte Können der griechischen Bildhauer dafür, dass die so überaus realistische Vermenschlichung der Götter Zweifel an der Natur des gesamten griechischen Pantheons weckte – bis hin zu der Frage, ob diese Götter überhaupt existierten. Konnten die Götter tatsächlich ganz und gar wie Menschen aussehen? Und dann auch noch wie Menschen griechischer Ethnie, mit Vollbärten, Locken und Adlernase? Konnten jene unsterblichen, universellen Götter, die für die gesamte Schöpfung verantwortlich waren, tatsächlich aussehen wie ein gut gebauter Fischhändler aus Kreta?

Für viele Griechen lag in der so perfekt vollzogenen Vermenschlichung der Götter in Literatur und Marmor ein logischer Trugschluss, der unserem natürlichen Wunsch innewohnt, die Götter nach unserem Ebenbild zu formen. Xenophanes von Kolophon, einer der frühesten Kritiker der griechischen Religion, brachte das Problem auf den Punkt: »Hätten Pferde oder Ochsen Hände, würden sie die Götter pferdeähnlich oder ochsenähnlich darstellen.«[18]

Xenophanes stand mit seiner Kritik an der Prämisse, auf der Jahrzehntausende menschlicher Spiritualität beruhten – von den Pfeilern auf dem Göbekli Tepe zurück zu der Felszeichnung des Zauberers in den Volp-Höhlen und den ersten Ursprüngen des religiösen Impulses überhaupt –, nicht allein. Zahlreiche andere griechische Denker – Thales von Milet, Heraklit von Ephesos, Platon und Pythagoras, um nur einige zu nennen – begannen ebenfalls, fundamental neu über die Natur der Götter nachzudenken. Diese Griechen wünschten sich von ihren Göttern mehr als bloße Vertrautheit. Sie strebten nach einer Religion, die nicht durch die verkitscht dargestellten Ausschweifungen des Zeus und seiner Sippe gekennzeichnet war, sondern von der Idee eines vollständig *nichtmenschlichen* Gottes – Gott gedacht als das vereinigende Prinzip, das die gesamte Schöpfung lenkt: unveränderlich, körperlos und, vor allem, *einzigartig*.

»Ein Gott«, schrieb Xenophanes, »weder in Gestalt noch Denken den Sterblichen gleich.«[19]

Für Xenophanes und ihm gleichgesinnte Griechen beruhte der Glaube an »einen Gott« weniger auf theologischen Argumenten als darauf, dass sie die natürliche Welt als singulär und unveränderlich betrachteten. Schließlich kann es, wenn die Natur eine Singularität ist, auch nur einen Gott geben, ein einziges, wie Thales es nannte, »Bewusstsein, das alle Dinge formte und erschuf«. Diese Sichtweise war durch das Bedürfnis dieser Griechen nach mathematischer Einfachheit motiviert: Wenn die Eins der Ursprung aller Zahlen und die Essenz mathematischen Einsseins ist – die *Monade*, wie Pythagoras das nannte –, dann muss auch Gott »der Eine« sein. Schlussendlich war diese Sichtweise durch ihre Vorstellung davon motiviert, was Wahrheit ist: Wenn Platon damit recht hatte, dass es, in ihrer idealen, ewigen Form, nur eine einzige Wahrheit gibt, dann konnte es auch nur einen Gott geben.

In ihrem Streben nach dem »einen Gott« versuchten diese griechischen Denker, Gott als reine Substanz umzudefinieren, als die aller Schöpfung zugrundeliegende alles durchdringende Realität. Sie bemühten sich, das Göttliche *gerade nicht* zu vermenschlichen. Stattdessen bevorzugten sie ein ursprünglicheres, animistischeres Gotteskonzept: einen *nichtmenschlichen* Gott ohne Gestalt oder Körper, ohne Persönlichkeit oder Willen, einen Gott, den, wie wir sehen werden, die meisten Menschen nicht gerne anbeten mochten, weder in Griechenland noch irgendwo sonst auf der Welt.

6. KAPITEL
Der höchste Gott

Der »ketzerische Pharao«, den die Geschichte als Echnaton kennt, wurde als Amenhotep geboren. In seiner Familie war er der Vierte, der diesen Namen trug, der zehnte Pharao der achtzehnten Dynastie, welche das Neue Reich begründete (circa 1570-1070 v. Chr.), eine Periode des Friedens und Wohlstandes, in der das alte Ägypten kulturell und politisch seine höchste Blüte erlebte.

Echnaton, dessen Regentschaft um das Jahr 1353 v. Chr. begann, muss, nach allem, was über ihn bekannt ist, ein sonderbar aussehender Pharao gewesen sein. Seine körperliche Erscheinung – groß, langgliedrig, mit schmalem Gesicht, spitzem Kinn und hängenden Augenlidern – ist so eigentümlich, dass die Wissenschaftler nicht recht wissen, was sie davon halten sollen. Manche seiner Statuen wirken fast androgyn, andere zeigen ihn mit Brüsten und femininen Hüften – ein Anblick, der auf die alten Ägypter so seltsam und skandalös gewirkt haben muss wie auf viele Betrachter heute auch. Auf Reliefs, die den Pharao mit seiner berühmten Gemahlin Nofretete zeigen, ist es manchmal schwierig, die beiden körperlich zu unterscheiden.[1]

Echnatons Eigenarten beschränken sich nicht auf seine körperliche Erscheinung. Schon als junger Mann zeigte er eine ungewöhnliche religiöse Hinwendung zur Sonne. Die Sonnenverehrung war immer schon ein fester Bestandteil der ägyptischen Spiritualität gewesen. Wie die Mesopotamier vor und die Indoeuropäer nach ihnen vergötterten die Ägypter die Sonne. Sie nahm für sie unter den neun ursprünglichen Schöpfergöttern, der Neunheit oder *Enneade*, einen herausgehobenen Rang ein. Von diesen Neun war Schu der Sonnengott. Doch verehrten die Ägypter die

Sonne noch in vielen anderen Inkarnationen, von denen *Re* die populärste war. Bei Re handelte es sich um die lokale Gottheit einer Stadt in Unterägypten, die von den Griechen Heliopolis, Sonnenstadt, genannt wurde. (*Re* ist außerdem das ägyptische Wort für »Sonne«.)[2]

Zu Beginn der achtzehnten Dynastie, als Ägypten seine Grenzen rasch ausdehnte, wurde eine universellere Gottheit benötigt, um dem Großmachtstreben des Reiches Ausdruck zu verleihen. Während dieser Zeit wurde der im Süden des Reiches dominierende Gott Re mit dem Gott Amun verschmolzen, den man in der Hauptstadt Theben im Norden Ägyptens verehrte. Vereint wurden diese beiden Götter zur neuen allmächtigen Nationalgottheit *Amun-Re* (»Amun, der Re ist«).[3]

Als zweihundert Jahre später Echnaton Pharao wurde, hatte man Amun-Re inzwischen zum Hochgott des ägyptischen Pantheons befördert. Er galt nun als König der Götter, nicht nur in Ägypten, sondern auch in allen Vasallenstaaten und kolonialisierten Gebieten. Sein Tempelkomplex in Theben war der prächtigste im ganzen Reich und seine Priesterschaft die reichste und mächtigste.[4]

Echnaton brachte Amun-Re nie viel Verehrung entgegen, obwohl es sich bei diesem doch ursprünglich um einen Sonnengott handelte. Der junge Pharao betete die Sonne auf ganz andere Weise an, nämlich in Gestalt der uralten, aber verhältnismäßig obskuren Gottheit *Aton*. Diese repräsentierte die Sonnenscheibe, jenen blendenden Himmelskörper, der seine Strahlen über allen Menschen in jedem Winkel der Welt leuchten ließ. Die Verehrung Atons hatte in Echnatons Familie Tradition. Sein Vater Amenophis III. wurde vor und nach seinem Tod mit diesem Gott in Verbindung gebracht. Doch Echnatons Beziehung zu Aton war einzigartig. Sie war *intim*. Echnaton behauptete, er hätte »den Aton gefunden«. In seinen Hymnen an seinen Gott beschreibt er ganz klar ein Bekehrungserlebnis – eine *Theophanie* oder sichtbare Manifestation Gottes, während der Aton zu Echnaton sprach und dem zukünftigen Pharao seine Natur offenbarte. Dieses Erlebnis prägte den jungen Echnaton, denn nach seiner Thronbesteigung und auf Verlangen seines Gottes machte Echnaton im Alleingang aus Aton, einem bis dahin eher unbedeutenden Gott, den die meisten Ägypter nur dem Namen nach kannten, den Hochgott des ägyptischen Pantheons und dann, ein paar Jahre später, den alleinigen Gott des Universums. »Lebendiger Aton, es gibt keinen anderen außer ihm!«, verfügte der junge Pharao.[5]

Dass ein Pharao einen bestimmten Gott gegenüber anderen Göttern favorisierte, war nicht ungewöhnlich. Dann erhielt der Tempel dieses Gottes höhere Zuwendungen, oder es wurden mehr Priester eingestellt, die sich um die Bedürfnisse des bevorzugten Gottes kümmerten. Aber die ausschließliche Anbetung eines einzigen Gottes und die Leugnung der Existenz der anderen Götter, das hatte es in Ägypten noch nie gegeben. Genau das aber forderte Echnaton für Aton. Der junge Pharao war der erste *Monotheist* der Menschheitsgeschichte.

Echnatons monotheistische Revolution vollzog sich aber nicht über Nacht. Als Erstes änderte er seinen Namen von Amenophis IV. zu Echnaton I.: Aus »Amun ist zufrieden« wurde »Der Aton nützlich ist«. Dann gab er Theben, wo in Karnak der Tempel des Amun-Re stand, als traditionellen Regierungssitz seiner Dynastie auf und verlegte die Hauptstadt in eine unterentwickelte und kaum bewohnte Region Ägyptens, die ihm von Aton gezeigt worden war. Er taufte die neue Stadt Achet-Aton (Atons Horizont). Von dort aus begann er ein umfangreiches Tempel-Bauprogramm für den Gott Aton in ganz Ägypten. Auch wenn er den Tempeln der anderen Götter seine Unterstützung entzog, vor allem dem Amun-Re-Tempel in Karnak, und dadurch ihren Niedergang zuließ, verfolgte er zu diesem Zeitpunkt die Anhänger anderer Götter noch nicht aktiv.

Dann aber, im fünften Jahr seiner Herrschaft, verwandelte sich Echnatons monotheistische Revolution in eindeutige religiöse Repression und entpuppte sich als nie zuvor dagewesener Versuch, einem ganzen Königreich eine monotheistische Vision aufzuzwingen. Die Verehrung aller anderen Götter wurde in ganz Ägypten verboten. Alle Tempel außer denen des Aton wurden geschlossen und ihre Priesterschaften aufgelöst. Eine große militärische Streitmacht marschierte von Tempel zu Tempel, von Stadt zu Stadt – von Nubien im Süden bis zum Sinai im Osten – und zerstörte die Bildnisse und Statuen der anderen Götter. Weil die alten Ägypter glaubten, der Name eines Dinges spiegele seine Essenz wider, so dass man, wenn man den Namen eines Gottes ausradierte, auch die Existenz dieses Gottes auslöschte, wurden Inschriften mit Götternamen an den Wänden öffentlicher Gebäude herausgemeißelt und in Dokumenten getilgt. Es gab also ein regelrechtes Pogrom gegen die Götter Ägyptens. Doch diese ganze gewalttätige, destruktive, gnadenlose Aktion erwies sich letztlich als erfolglos.

Denn Echnatons Religion starb mit ihm. Der religiöse Eifer, mit dem der Pharao die Bildnisse der anderen Götter zerstört hatte, traf nun Echnatons Gott. Schon kurze Zeit nach dem Tod des Pharaos wurde der Monotheismus zur Ketzerei erklärt, als ein Sakrileg, das dem sich dagegen sträubenden Volk aufgezwungen worden war. Die Aton-Tempel wurden abgerissen und Tausende neue Amun-Re-Statuen überall im Reich aufgestellt. Die meisten Statuen des Echnaton wurden entweder zerstört oder mit dem Gesicht nach unten in der Wüste vergraben – eine besondere Form der Schändung. Echnatons Grab wurde entweiht und der Sarkophag mit seiner Mumie in Stücke gehackt. Sein Bild wurde von öffentlichen Gebäuden entfernt, sein Name aus der offiziellen Liste der Pharaonen der achtzehnten Dynastie ausradiert. Es grenzt an ein Wunder, dass wir heute überhaupt noch von Echnatons Existenz wissen. In einem ostentativen Versuch, die Erinnerung an den Vater und die von ihm begangene Ketzerei auszulöschen, änderte sein Sohn und späterer Nachfolger Tutanchaton (»lebendes Abbild des Aton«) seinen Namen in Tutanchamun (»lebendes Abbild des Amun«). So wurde der erste Versuch, den Monotheismus zu etablieren, im Wüstensand Ägyptens begraben und geriet in Vergessenheit.

Stele aus Tell el-Amarna, die Echnaton und Nofretete bei der Anbetung des Aton zeigt (etwa 1340 v. Chr.).
Wikimedia Commons

Etwas mehr als zweihundert Jahre später, um 1100 v. Chr., trat der Monotheismus erneut in Erscheinung, diesmal in Gestalt der Lehren des iranischen Propheten Zarathustra Spitama.[6]

Dieser Prophet, den die Griechen *Zoroaster* nannten, kam in den fruchtbaren Ebenen im Nordosten des Iran zur Welt, in einem der indo-iranischen, oder *arischen*, Stämme indoeuropäischer Herkunft, die die zentralasiatischen Steppen besiedelt hatten. Zur Zeit des Zarathustra war die arische Gesellschaft strikt in drei Klassen unterteilt. Die Krieger beschützten den Stamm vor Angreifern, die Bauern und Hirten waren für die Ernährung zuständig, und die Priester – *Magi* genannt – leiteten das stark ritualisierte Religionswesen.

In der altiranischen Religion gab es ein reich bevölkertes Pantheon. Bei vielen dieser Götter handelte es sich um iranische Versionen vedischer Gottheiten (Indra, Varuna, Soma, Mithra). Doch im Gegensatz zu anderen antiken Zivilisationen gründete der Ursprung der iranischen Götter nicht in einer Vergöttlichung der Naturelemente, sondern in der Personifizierung abstrakter Begriffe wie Wahrheit, Tugend oder Gerechtigkeit. Mary Boyce, eine herausragende Kennerin der iranischen Religionen, verglich den Prozess, durch den diese Abstraktionen vergöttlicht wurden, eine Persönlichkeit und klar unterscheidbare körperliche Merkmale erhielten, mit der Entstehung einer Perle: »Immer neue Schichten aus Glauben und religiösen Regeln wurden dem Sandkorn der ursprünglichen Idee hinzugefügt.«[7]

Den meisten Zeugnissen zufolge gehörte Zarathustra der iranischen Priesterkaste an, eine erbliche Stellung, in die er vermutlich im Alter von sieben Jahren initiiert wurde. Seine Jugend verbrachte er damit, fleißig jede Silbe und Zäsur der heiligen Hymnen und Mantras (*Yashts* genannt) auswendig zu lernen. Diese Verse dienten dazu, die Götter zu erfreuen und sie dazu zu bewegen, den Menschen ihre Gunst zu erweisen. Mit fünfzehn Jahren war seine Ausbildung abgeschlossen, und er erhielt die vollständige Priester-Initiation.

Im alten Iran waren die Priester im Allgemeinen einzelnen Familien zugeteilt und wurden von diesen für die zeitaufwendigen und starr festgelegten Rituale und Opfer bezahlt, die sie zum Wohl der Familie durchführten. Überraschend gab Zarathustra diese feste Anstellung auf. Im Alter von zwanzig Jahren ging er auf Wanderschaft durch die Steppen und Täler des Iran, auf der Suche nach tieferen Einsichten über jene Götter, die er nur durch die auswendig gelernten Mantras und mechanischen Rituale der Priesterkaste kannte.

Als Zarathustra eines Tages in der Nähe des Berges Sabalan im nordwestlichen Iran an einem heiligen Frühlingsfest teilnahm, watete er in einen Fluss, um Wasser für ein Morgenritual zu schöpfen. Als er sich umdrehte und zum Ufer zurückgehen wollte, traf ihn ein blendend heller Lichtblitz. In einer Vision wurde er vor einen fremden Gott gebracht, der zu keinem der ihm bekannten Pantheons gehörte.

Dieser Gott war insofern einzigartig, als es sich nicht um eine Stammesgottheit handelte, die an die Spitze eines Pantheons anderer Götter befördert worden war. *Es gab keine anderen Götter*. Es gab auch keine Verbindung zu einem bestimmten Stamm oder Stadtstaat. Der Gott wohnte nicht in einem Tempel. Er existierte überall, in der gesamten Schöpfung, und jenseits von Zeit und Raum. Zwar nannte Zarathustra den Gott später *Ahura Mazda*, was übersetzt »der weise Herr« bedeutet, aber dabei handelte es sich lediglich um einen umschreibenden Beinamen. Einen eigentlichen Namen hatte dieser Gott nicht.[8] Erfahrbar war die Gottheit ausschließlich durch sechs göttliche »Anrufungen«, die sie aus sich heraus in die Welt gebracht hatte: Weisheit, Wahrheit, Macht, Liebe, Einheit und Unsterblichkeit. Dabei handelt es sich weniger um Ahura Mazdas Eigenschaften als um die sechs Substanzen, aus denen sich seine Essenz zusammensetzt. Sie sind, anders ausgedrückt, die Widerspiegelungen Ahura Mazdas in der Welt.[9]

Die Begegnung zwischen Zarathustra und Ahura Mazda stellt einen Wendepunkt in der Religionsgeschichte dar. Nicht nur weil es sich um erst den zweiten historisch nachweisbaren Versuch handelte, eine monotheistische Religion zu etablieren, sondern weil sie eine neue Beziehung zwischen Gott und Mensch einleitete: Denn Zarathustra erlebte nicht bloß eine Begegnung mit Mazda, sondern kehrte mit einer *Offenbarung* von seinem Gott zurück. Mazda sprach zu Zarathustra, und dann schrieb Zarathustra diese Worte auf, damit andere sie lesen konnten. Dadurch wurde Zarathustra Spitama zum ersten *Propheten* in der Geschichte der Menschheit.

Wie bei den meisten Propheten, die in späteren Zeiten auftraten, reagierte auch bei ihm seine Umgebung ablehnend auf seine neue monotheistische Botschaft. Während der ersten zehn Jahre seiner Predigttätigkeit gelang es ihm lediglich, eine einzige Person zu seiner neuen Religion zu bekehren – seinen Cousin. Zarathustras Landsleute waren generell nicht dazu bereit, ihren Stammesgöttern untreu zu werden, aber vor allem sträubten sie sich dagegen, diesen einen Gott als die Quelle all der abstrakten Begriffe zu akzeptieren, auf denen ihr iranisches Pantheon aufbaute: Dunkelheit und Licht, Tugend und Untugend, Wahrheit und Falschheit. Wie konnte ein einziger Gott zugleich Quelle von Gut und Böse sein?

Zarathustra machte dieses Dilemma auch selbst zu schaffen, und er fand einen genialen Ausweg. Er argumentierte, dass das Böse keine äußere, erschaffene Kraft ist, sondern lediglich das Nebenprodukt des Guten. Mazda hatte das Böse nicht erschaffen. Mazda erschuf das Gute. Aber Gutes kann nicht ohne Nicht-Gutes (Böses) existieren, so wie das Licht nicht ohne Nicht-Licht, also Dunkelheit, existieren kann. Gut und Böse waren daher widerstreitende spirituelle Kräfte, die aus Ahura Mazdas positiver Schöpfung und ihrem negativen Gegenteil geboren wurden.

Zarathustra nannte den »guten« oder »positiven« Geist Spenta Mainyu und den »schlechten« oder »negativen« Geist Angra Mainyu. Obgleich er diese die »Zwillingskinder« Mazdas nannte, existierten sie nicht getrennt von Ahura Mazda. Sie waren die spirituellen Verkörperungen von Wahrheit und Unwahrheit. So bewahrte Zarathustra sein *monotheistisches* System, indem er es durch eine dualistische Kosmologie ergänzte.

Doch trotz dieses klugen Einfalls fand Zarathustras Religion in seinem Volk keinen Anklang. Auch wenn Zarathustra im späteren Leben zu einem gewissen Ansehen gelangte, geriet der Zoroastrismus nach dem Tod seines Gründers in Vergessenheit, wie zuvor schon der von Pharao Echnaton eingeführte Aton-Kult.

Anders als Letzterer wurde der Zoroastrismus einige Jahrhunderte später unerwarteterweise aber wiederbelebt, als er sich zur Staatsreligion des Achämenidenreiches entwickelte – eines im 6. Jahrhundert v. Chr. durch Kyros den Großen geschaffenen persischen Großreiches. Der Magi an Kyros' Königshof, der Zarathustras Theologie wiederbelebte, erfand sie dabei allerdings in gewisser Weise neu – erstens indem er Ahura Mazdas sechs göttliche Anrufungen zu sechs göttlichen *Wesen* umgestaltete, die, zusammen mit Mazda, als die *Amescha Spentas*, die »Heiligen Unsterblichen«, bezeichnet wurden. Und zweitens transformierte er Zarathustras ursprüngliche Geister – Spenta Mainyu und Angra Mainyu – in zwei ursprüngliche *Gottheiten*: einen guten Gott namens Ohrmazd (eine Kurzfassung des Namens Ahura Mazda) und einen bösen Gott namens Ahriman. Aus dem zarathustrischen Monotheismus wurde der zoroastrische Dualismus. Aus dem Glauben an einen Gott, dem Gut und Böse innewohnten, wurde der Glaube an zwei Götter – einen guten und einen bösen –, die gegeneinander um die Seelen der Menschen kämpfen. Und damit war erneut ein Experiment mit dem Monotheismus gescheitert.[10]

Relief des Zoroaster / Zarathustra auf der Tür eines iranischen Schreines (5. Jahrhundert v. Chr.)
Kuni Takahashi / Contributor / Getty Images

Es ist erstaunlich, dass die Menschheit ihrem religiösen Impuls über Jahrhunderttausende hinweg im Glauben an die Seele, in der Ahnenverehrung, der Verehrung von Geistern, Göttern und Pantheons und im Bau von Tempeln und Schreinen Ausdruck verlieh, während das, was wir heute *Monotheismus* nennen – der Glaube an einen einzigen Gott –, noch keine dreitausend Jahre alt ist. Zwar erschienen im Lauf der Geschichte sporadisch monotheistische Religionen auf der Bildfläche, wie wir an den Versuchen Echnatons und Zarathustras gesehen haben. Doch fanden sie in der Regel wenig Anklang oder wurden sogar gewaltsam bekämpft. Wie kommt es, dass sich der Monotheismus während des größten Teils der Religionsgeschichte nicht durchsetzte?

Teilweise hat das mit seinem exklusivistischen Beigeschmack zu tun. Monotheismus bedeutet nicht, dass ausschließlich ein Gott angebetet wird: Das nennt man *Monolatrie*. Sie ist in der Religionsgeschichte ein recht häufiges Phänomen. Monotheismus bedeutet die ausschließliche Verehrung eines Gottes *und die Leugnung aller anderen Götter*. Er verlangt von uns, den Glauben an alle anderen Götter für falsch zu halten. Tatsächlich leugnet der Monotheismus die Existenz einer subjektiven Wahrheit, was erklärt, dass, wie wir bei Echnaton sahen, monotheistische Systeme oft brutal durchgesetzt werden müssen, um die natürlichen Glaubensüberzeugungen und Annahmen der Menschen zu überwinden.

Echnaton gab sich nicht damit zufrieden, seine Untertanen dazu zu zwingen, seinen Gott und keine anderen Götter anzubeten. Unter seiner Herrschaft wurde die Pluralform des Wortes »Gott«, in den ägyptischen Hieroglyphen als drei Fahnen dargestellt, aus dem ägyptischen Vokabular getilgt. Indem Echnaton den Polytheismus als Denkkategorie auszulöschen versuchte, proklamierte der Pharao, dass es von nun an nur noch einen wahren Weg geben sollte, die Natur des Universums zu betrachten.[11]

Zarathustra verfügte nicht über die militärische Macht des ägyptischen Herrschers und war daher nicht in der Lage, den Menschen seinen exklusiven Wahrheitsanspruch gewaltsam aufzuzwingen. Aber er stellte seinen Gott als die alleinige Quelle der menschlichen Moral dar – »den einen Schöpfer von Wahrheit und Recht«. Er schwor, Ahura Mazda werde über jeden Menschen auf Erden richten und alle nach ihren Gedanken, Worten und Taten beurteilen. So würden sie nach ihrem Tod entweder belohnt oder bestraft werden. Das war eine außerordentliche Idee. Zwar hatte es schon in Ägypten eine Vorstellung vom Totengericht für den Herrscher gegeben. Aber dass es einen Himmel und eine Hölle gab – denn genau das propagierte Zarathustra im Wesentlichen – und alle Menschen nach ihrem Tod dem Gericht anheimfielen, das war in der menschlichen Spiritualität damals noch neu. Bis zu diesem Zeitpunkt akzeptierten die meisten Menschen die Vorstellung, dass es sich bei der Welt der Toten einfach um eine Fortführung der Welt der Lebenden handelte: War jemand in diesem Leben ein Krieger gewesen, würde er auch in der nächsten Schlachten schlagen. Ein Bauer auf Erden würde auch im Himmel wieder den Acker bestellen. Dabei, was einen Menschen im Jenseits erwartete, spielte Moral keine Rolle. Zarathustra stellte diese Ordnung in Frage, indem er behauptete, das moralische Verhalten eines Menschen auf Erden – *und zwar ausschließlich aufgrund des Urteils von Zarathustras Gott* – würde im nächsten Leben Konsequenzen in Form ewiger Belohnung oder ewiger Strafe nach sich ziehen.[12]

Die keine andere Götter neben sich duldende Natur des Monotheismus mag erklären, warum die Menschen dieser Religionsform mit Widerwillen begegneten. Der Grund dafür, dass er jahrtausendelang keinen Eingang in unsere religiöse Vorstellungswelt fand, ist aber in dem

Konflikt zu suchen, der zwischen der Idee des einen, einzigen Gottes und unserem universellen Drang besteht, das Göttliche zu vermenschlichen.

In hochentwickelten polytheistischen Systemen wie denen Mesopotamiens, Ägyptens, Persiens und Griechenlands kann unser angeborener, unbewusster Wunsch, unsere menschlichen Eigenschaften auf die Götter zu projizieren, auf eine große Schar göttlicher Wesen verteilt werden, bis es für jede menschliche Tugend und Schwäche einen Gott gibt. So haben wir Götter, in denen sich unsere verschiedenen Ansichten bezüglich Liebe und Lust widerspiegeln (Ischtar in Mesopotamien, Kama bei den Indoeuropäern, Eros und Aphrodite in Griechenland); Götter, die unseren Hang zu Krieg und Gewalt widerspiegeln (Innana, Anhur, Indra, Ares); Götter, die unsere mütterlichen (Hathor und Hera) und väterlichen (Osiris und Zeus) Qualitäten repräsentieren, und so weiter.

Dagegen ergab die Idee, ein einziger Gott könne in sich all unsere Tugenden und Schwächen, all unsere Attribute und Qualitäten vereinen, für das antike Denken keinen Sinn. Wie konnte ein Gott zugleich Mutter und Vater sein? Wie konnte ein Gott Dunkelheit und Licht erschaffen? Die Menschen der Antike waren sehr wohl bereit, die Existenz solcher widersprüchlicher Eigenschaften in den Menschen anzuerkennen. Aber bei ihren Göttern zogen sie es offenbar vor, die einzelnen Eigenschaften klar voneinander zu trennen, um sie dann gezielt anrufen zu können, so wie sie es gerade brauchten.

Echnaton reagierte auf diese Haltung, indem er argumentierte, die anderen »Götter« und ihre Eigenschaften seien lediglich Spiegelbilder des Aton und seiner Eigenschaften. »Allein du«, sang der Pharao seinem Gott, »fließt über in deinen Gestalten … du steigst empor und leuchtest, du entfernst und näherst dich. *Aus dir selbst erschaffst du Millionen Gestalten.*« Doch diese Erklärung schien seine Untertanen nicht zu befriedigen.

Zarathustra fand eine kreativere Lösung für dieses Problem. Er machte aus den alten Göttern des polytheistischen Iran die ersten »Engel« und »Dämonen« der Religionsgeschichte. Jene Götter, die menschliche Tugenden repräsentiert hatten, wurden zu Engeln, während jene, die negative menschliche Eigenschaften verkörperten, zu Dämonen wurden. Doch auch das stellte die Arier nicht zufrieden, weswegen es dem Magi Jahrhunderte nach Zarathustra gelang, im Zoroastrismus fast alle Götter des alten Iran erfolgreich wiederzubeleben.

Akzeptabel für das antike Denken war offenbar die Existenz eines allmächtigen, alles umfassenden »Obergottes«, der ein Pantheon untergeordneter Götter regierte, die aber ebenfalls als würdig erachtet wurden, von den Gläubigen angebetet und verehrt zu werden. Diese Art der Religion nennt man *Henotheismus*. Sie entwickelte sich rasch zur vorherrschenden spirituellen Praxis, nicht nur im Nahen Osten, sondern in fast allen alten Zivilisationen weltweit.[13]

Dass der Henotheismus so erfolgreich war, hängt unmittelbar mit einer unvermeidlichen Konsequenz unseres unbewussten Impulses zusammen, das Göttliche zu vermenschlichen: Dass wir uns das Göttliche in menschlichen Begriffen denken, veranlasst uns dazu, uns die Welt der Götter als ein transzendentes Abbild unserer eigenen vorzustellen. Das Himmelreich wird zum Spiegel für die sozialen und politischen Zustände auf Erden. Und so, wie sich diese Zustände wandeln, verändert sich auch unsere Vorstellung vom Himmel.

Als wir uns als kleine, umherziehende Gruppen von Jägern und Sammlern organisierten, die durch Verwandtschaftsbeziehungen zusammengehalten wurden, stellten wir uns die jenseitige Welt als traumartige Version unserer eigenen vor, mit zahmen Wildtieren, über die der Herr der Tiere herrschte, so dass unsere verstorbenen Ahnen dort friedvoll umherwandern konnten. Als wir sesshaft wurden und erste kleine Siedlungen gründeten, wo wir unsere Nahrung landwirtschaftlich erzeugten, statt sie zu jagen und zu sammeln, musste der Herr der Tiere seine Macht an die Mutter Erde abgegeben, und wir stellten uns den Himmel nun als Ort vor, wo Fruchtbarkeitsgötter herrschten, die unseren Ahnen eine ewige Ernte sicherten. Als diese kleinen Dörfer sich zu Stadtstaaten weiterentwickelten, von denen jede ihre eigene Gottheit besaß und die ständig gegeneinander Krieg führten, musste im Himmel Platz geschaffen werden für ein Pantheon zahlreicher Kriegsgottheiten, von denen jede ihren jeweiligen irdischen Stadtstaat beschützte. Und als die Stadtstaaten zu riesigen Königreichen verschmolzen, die von allmächtigen Herrschern regiert wurden, schufen wir uns hierarchische Götterordnungen, in denen sich die neue politische Ordnung auf Erden widerspiegelte.

Dieses Phänomen bezeichnet man als die »Vergöttlichung (Divinisierung) irdischer Politik«. Bis heute ist sie ein zentrales Element fast aller Religionen.

Ein kurzer Blick in die Geschichte Mesopotamiens verdeutlicht, wie diese Divinisierung funktioniert und warum sie so häufig in den Henotheismus führt. Im vierten vorchristlichen Jahrtausend, in den frühen Entwicklungsstadien der mesopotamischen Zivilisation, lag die weltliche Macht noch nicht ausschließlich bei den Königen. Stattdessen wurde diese Macht von einer »Vollversammlung« aller männlichen Bürger eines Stadtstaates ausgeübt. Diese Versammlung übte die Gerichtsbarkeit bei Zivil- und Kriminalfällen aus, hatte die Befugnis, mit anderen Stadtstaaten zu verhandeln, und konnte, wenn diese Verhandlungen scheiterten, diesen Nachbarstaaten den Krieg erklären. Sie durfte sogar den König ernennen und absetzen.[14]

Diese bemerkenswert demokratische Struktur der frühen mesopotamischen Zivilisation spiegelt sich, wie wir im vorigen Kapitel sahen, perfekt in den religiösen Vorstellungen wider, was sich zum Beispiel im Atrachasis-Epos zeigt. Hier sind die Götter ganz klar demokratisch organisiert. Sie entscheiden über weltliche und himmlische Fragen gemeinsam, in einer »Götterversammlung«, die in Enlils überdachtem Hof stattfindet. Als »erhabene Personen« pflegen sie zu Beginn der Versammlung zunächst etwas die sozialen Kontakte zu ihren Mitgöttern. Sie unterhalten und umarmen sich. Sie essen etwas, füllen ihre Krüge mit Wein und dann, wenn der Smalltalk vorüber ist, werden die Probleme des Universums besprochen. Kein einzelner Gott hat die Macht, gegen den Willen dieser Götterversammlung zu entscheiden, obwohl manche von ihnen hin und wieder Entscheidungen der Versammlung missachten, wie zum Beispiel Enki, der Atrachasis vor der Flut rettet.

Dann, in der Mitte des dritten Jahrtausends v. Chr., in der so genannten frühdynastischen Zeit, entstanden in Mesopotamien erste despotisch regierte Großmächte. Die Stadtstaaten Lagasch und Umma begannen einen hundert Jahre dauernden Grenzkonflikt. Der legendäre König Sargon von Akkad eroberte fast alle südlichen sumerischen Stadtstaaten und schuf Mesopotamiens erstes Großreich. Nach dem Zusammenbruch von Sargons akkadischem Reich begann im Süden der Aufstieg Babyloniens und im Norden formierte sich das Reich der Assyrer. Zur gleichen Zeit überfielen immer wieder kriegerische Nomadenstämme aus den Wüsten im Süden und den Bergen im Norden die Stadtstaaten. Überall in der Region führten

Überbevölkerung und Nahrungsknappheit zu einem nahezu permanenten Kriegszustand.

Die wahnwitzigen damaligen Verhältnisse in Mesopotamien wurden von einer Handvoll Autokraten geschickt ausgenutzt, die nach absoluter Macht strebten, um ihr Volk zu schützen und ihre Feinde zu vernichten. Die politische Macht wurde zentralisiert, und es entstand eine neue, despotische Form der Monarchie. Die frühere demokratische Vollversammlung der Bürger gehörte der Vergangenheit an.

Die mesopotamischen Mythen, die nach dieser Phase verfasst wurden, spiegeln die neue politische Realität wider. So lesen wir im Enuma Elisch, dem großen babylonischen Schöpfungsmythos, der etwa in der Mitte des zweiten vorchristlichen Jahrtausends entstand, von einer vollkommen anderen Himmelsordnung, beherrscht von einem babylonischen Gott, der in der sumerischen Zeit kaum bekannt und völlig unbedeutend gewesen war: *Marduk*.

Dieses Epos erzählt, wie die Götter des Himmels von einem uralten Seeungeheuer namens *Tiamat* angegriffen werden. Sie berufen eine Götterversammlung ein, auf der sie eine Art Staatsnotstand feststellen. Der junge Gott Marduk erklärt sich bereit, gegen Tiamat zu kämpfen, aber nur unter der Bedingung, dass die Götter ihn zu ihrem König ernennen und ihm absolute Macht über Himmel und Erde verleihen. »Wenn ich euer Rächer werden, wenn ich Tiamat bezwingen und euch aus der Gefahr retten soll, dann beruft eine Versammlung ein, in der ihr meine Herrschaft anerkennt«, fordert Marduk. »Alle meine Anordnungen müsst ihr befolgen. Keinen meiner Befehle dürft ihr missachten oder verändern.«[15]

Voller Angst und verzweifelt bestrebt, im Himmel Frieden und Ordnung wiederherzustellen, gehorchen ihm die Götter. »Marduk ist König!« rufen sie, als sie begeistert die

Götterversammlung auflösen. »Was immer du befiehlst, wir gehorchen dir!« Die Götter statten Marduk mit Zepter und Thron aus, um seinen neuen Status an der Spitze des mesopotamischen Pantheons zu bezeugen, und er zieht in den Kampf gegen Tiamat.

Genau die gleiche Mythologie entwickelten auch die Assyrer, die sich im Norden einer ähnlichen Bedrohung ausgesetzt sahen wie die Babylonier im Süden – nur wird in ihrer Version nicht Marduk, sondern ihr lokaler Gott Aschschur zum König der Götter gekrönt. Im Königreich Isin, das gut dreißig Kilometer südlich der Stadt Nippur lag, wurde zur gleichen Zeit aus dem Himmelsgott An der unangefochtene Alleinherrscher unter den Göttern.[16]

In jedem dieser Fälle, in jedem irdischen Reich in ganz Mesopotamien veränderten sich die politischen Verhältnisse im Himmel analog zu denen auf Erden. So wie die freien Bürger der unabhängigen Stadtstaaten Mesopotamiens aus Angst vor Krieg und Zerstörung ihre frühe Form der Demokratie aufgaben und die absolute Macht freiwillig ihren Königen übertrugen, krönten die Bürger des Himmels einen der Ihren zum Alleinherrscher. Die Theologie wurde an die veränderte Wirklichkeit angepasst, und der Himmel wurde zu einer reich ausgeschmückten Projektion der irdischen Verhältnisse.

In einer solchen Weltordnung erscheint der Henotheismus – der Glaube an einen Hochgott, der über alle anderen Götter herrscht – vollkommen folgerichtig und sinnvoll. Je mehr Macht einem weltlichen Herrscher übertragen wird, desto mehr Autorität bekommt dann auch im Himmel ein einziger Gott, sei es Marduk in Babylon, Aschschur in Assyrien, An in Isin, Amon-Re in Ägypten, Humban in Elam, Chaldi in Hurartu, Zeus in Griechenland, Jupiter in Rom, Odin in Skandinavien, Tian während der Zhou-Dynastie in China und so weiter.

Dabei entsteht aber ein Problem: Je höher eine Gottheit in ihrem Pantheon aufsteigt und je mehr andere Götter sie verdrängt, desto mehr muss sie in sich auch jene Wesenszüge vereinigen, die traditionell diesen anderen Göttern zugeschrieben wurden. So nimmt dann der Charakter des höchsten Gottes immer widersprüchlichere Züge an. Ein gutes Beispiel hierfür ist der hinduistische Gott Shiva, der Hochgott des *Shivaismus*, der mit Brahma und Vishnu außerdem das Triumvirat der höchsten Götter bildet, die so genannte Hindu-Trinität oder *Trimurti*. Shivas Laufbahn begann als relativ unbedeutender Gott, der im Rigveda überhaupt nicht namentlich erwähnt wird. Doch in der nachvedischen Literatur, besonders in den Upanischaden und dem berühmten Mahabharata-Epos, absorbiert Shiva, je höher er im Hindu-Pantheon aufsteigt, die Eigenschaften der Götter, die er verdrängt, so dass Shiva heute als Schöpfer und Zerstörer, Heiler und Krankheitsbringer, Asket und Hedonist, Gott der Stürme und Herr des Tanzes bekannt ist.[17]

Dass der Henotheismus sich nur selten zum Monotheismus weiterentwickelt, liegt an dem dann doch zu großen Umschwung, den das mit sich brächte. Es ist eine Sache, dass ein oberster Gott nach und nach bestimmte Eigenschaften niederer Götter übernimmt, auch wenn diese Eigenschaften nicht recht zu seinen Hauptmerkmalen passen oder gar in völligem Widerspruch zu ihnen stehen. Sich dagegen vorzustellen, dass es nur einen einzigen Gott gibt, der *alle* diese Eigenschaften in sich vereinigt, ist etwas ganz anderes.

Natürlich gibt es eine ziemlich einfache Lösung für dieses Dilemma: Gott *entmenschlichen* – das Göttliche von seinen menschlichen Eigenschaften befreien und, wie Xenophanes, Platon und andere griechische Philosophen, Gott als die schöpferische Substanz definieren, die dem gesamten Universum zugrundeliegt. Genau das versuchten auch Echnaton und Zarathustra. Zarathustra stellte Ahura Mazda als den reinen Geist dar, der alles belebt und dabei selbst formlos, völlig transzendent und unpersönlich ist. In den Gathas werden in poetischer Weise die belohnenden Hände und alles sehenden Augen Mazdas beschrieben, aber das sind lediglich Metaphern. Tatsächlich werden in den Gathas viel seltener als in jeder anderen heiligen Schrift dem Göttlichen menschliche Eigenschaften zugeschrieben.

Echnaton zerstörte nicht nur die Bildnisse der anderen Götter. Er untersagte seinen Künstlern, Statuen oder Bildnisse Atons herzustellen. Bei der einzigen offiziell zulässigen Aton-Darstellung handelte es sich um eine blanke Scheibe. Von ihr gehen zur Erde weisende Lichtstrahlen aus, die in menschlichen Händen enden. (Diese die ganze Schöpfung segnenden Hände waren das einzige menschliche Attribut, das Echnaton gestattete.) Obwohl Aton in den großen, in Echnatons Zeit verfassten Hymnen mit dem männlichen Pronomen »er« bezeichnet wird, werden dem Gott in diesen Gedichten keinerlei menschliche Eigenschaften, Emotionen oder Motive zugeschrieben. Und das ist einer der Hauptgründe dafür, dass Echnatons monotheistische Bewegung letztlich ebenso scheiterte wie die Zarathustras.

Die Schwierigkeit bestand für Echnaton und Zarathustra darin, dass es den Menschen im Allgemeinen schwerfällt, eine Beziehung zu einem Gott zu entwickeln, der, weil er keine menschlichen Eigenschaften aufweist, auch keine menschlichen Bedürfnisse und Wünsche hat. Wenn ein Gott keine menschliche Gestalt und keine menschlichen Attribute hat, wie sollen Menschen dann mit ihm kommunizieren und ein Gefühl der Verbundenheit zu ihm entwickeln? Das Konzept eines nichtmenschlichen Gottes steht im Widerspruch zu jenen kognitiven Prozessen, durch die wir überhaupt erst eine Vorstellung von Gott entwickelten. Es wäre so, als versuche man, sich das Unvorstellbare vorzustellen, sich ein Bild von einem Wesen zu machen, das gestaltlos ist. Das ist zu unsicher und unwirklich, um ernsthaft damit arbeiten zu können.

Damit Gläubige die Idee akzeptieren, es gäbe nur einen einzigen Gott, einen Gott ohne menschliche Gestalt und Eigenschaften, müssen sie entweder eine enorme kognitive Anstrengung aufbringen, oder es muss sich in der spirituellen Entwicklung einer religiösen Gemeinschaft ein Bruch ereignen – eine so große spirituelle Krise, dass die Menschen gezwungen sind, über all die zwangsläufigen Widersprüche, die dieser Idee innewohnen, hinwegzusehen und ihre natürliche Neigung abzulegen, diesen Gott nach ihrem eigenen Bild zu formen.

Zufällig geriet – achthundert Jahre nach Echnaton und sechshundert Jahre nach Zarathustra – ein kleiner semitischer Stamm aus dem Land Kanaan, der sich selbst *Israel* nannte, in eine solche Krise. So begann das erste erfolgreiche Monotheismus-Experiment der Menschheitsgeschichte.

3. TEIL
Was ist Gott?

7. KAPITEL
Gott ist Eins

Im Jahr 586 v. Chr. eroberte König Nebukadnezar II., Herrscher des riesigen babylonischen Reiches und irdischer Repräsentant des Hochgottes Marduk – des Königs der Götter –, Jerusalem, die Hauptstadt des Königreiches Israel, und brannte den jüdischen Tempel nieder. Die Bewohner der Stadt wurden zu Tausenden erschlagen. Die wenigen Überlebenden – vor allem die gebildete Elite, die Priester, die Militärführer und die Königsfamilie – wurden in die Verbannung geschickt. Offenkundig sollte Israel als Nation ein Ende gesetzt werden. Und wenn Israel nicht mehr existierte, würde es auch Israels Gott Jahwe nicht mehr geben.[1]

Damals betrachtete man im Alten Orient einen Stamm und seinen Gott als Einheit, als eine einzige Entität, verbunden durch einen heiligen Bund, bei dem der Stamm durch Anbetung und Opfer für den Gott sorgte, und der Gott diese Gunst erwiderte, indem er den Stamm vor Unheil beschützte – sei es vor Überschwemmung, Hungersnot oder eben vor den Angriffen fremder Stämme, die ihren eigenen Göttern huldigten. Tatsächlich galten Kriege im Alten Orient weniger als Schlachten zwischen Herrschern und ihren Heeren, sondern als Kampf zweier Götter gegeneinander. Die Babylonier eroberten Israel nicht im Namen Nebukadnezars, ihres Königs, sondern im Namen ihres Gottes Marduk. Man glaubte, Marduk kämpfe auf dem Schlachtfeld für die Babylonier, auf Grundlage des Bundes, den Marduk mit Nebukadnezar geschlossen hatte.

Die Israeliten hatten mit ihrem Gott eine ebensolche Vereinbarung getroffen. Es war Jahwe, der über Israel herrschte, und daher war es auch Jahwes Aufgabe, es zu verteidigen. Die Berichte von blutigen Schlachten zwischen den Israeliten und ihren Feinden, die in den frühen Büchern der Bibel so viel Raum einnehmen, werden explizit als ein Kampf zwischen Jahwe und den fremden Göttern verstanden. Entsprechend erzählt die Bibel, dass tatsächlich oft Jahwe die Entscheidung übertragen wurde, wenn es galt, für Israel Kriege zu planen und durchzuführen.

»David befragte den Herrn; er sagte: Soll ich die Philister angreifen? Wirst du sie in meine Hand geben? Der Herr antwortete David: ... Ziehe nicht hinauf, umgeh sie in ihrem Rücken und komm von den Baka-Bäumen an sie heran!« (2 Samuel 5,19-23).[2]

Diese ausdrückliche Identifikation eines Stammes mit seinem Nationalgott hatte weitreichende theologische Implikationen für die altorientalischen Völker. Als Jahwe den Israeliten half, die Philister zu besiegen, bewies das die Überlegenheit des israelitischen Gottes über Dagon, den Gott der Philister. Als aber die Babylonier die Israeliten vernichtend schlugen, bedeutete das theologisch, dass Marduk mächtiger war als Jahwe.

Für einen großen Teil der Israeliten bedeutete die Zerstörung ihres Tempels – des Hauses ihres Gottes Jahwe – darum weit mehr als nur das Ende ihrer Nation. Es bedeutete das Ende ihrer Religion. Abgeschnitten von ihren Riten und Ritualen, die zentral für ihren religiösen Kult und somit für ihre Identität als Volk gewesen waren, blieb ihnen keine Wahl, als sich der neuen Realität zu fügen. Sie gaben sich von nun an babylonische Namen, studierten die babylonischen heiligen Schriften und huldigten den Göttern Babylons.

Doch gab es unter diesen Verbannten eine kleine Gruppe religiöser Reformer, die angesichts der für sie nicht hinnehmbaren Vernichtung Jahwes durch Marduk eine alternative Erklärung entwickelten: Vielleicht waren die Zerstörung des Tempels, die Vernichtung Israels und das Exil von Anfang an Teil von Jahwes göttlichem Plan. Vielleicht bestrafte Jahwe die Israeliten dafür, dass sie überhaupt an die Existenz Marduks glaubten. *Vielleicht gab es überhaupt keinen Marduk.*

Genau in dieser Zeit großer spiritueller Not, als das Königreich Israel verheert und Jahwes Tempel geschleift war, wurde eine neue Identität geschmiedet, und damit eine völlig neue Art, sich das Göttliche vorzustellen.

Der Gott, der als Jahwe bekannt wurde, erschien zum ersten Mal in Gestalt eines brennenden Busches, vermutlich irgendwo in der steinigen Wüste des nordöstlichen Sinai. »Das ist mein Name für immer«, sagt Jahwe zum Propheten Mose, »und so wird man mich nennen in allen Generationen.« (Exodus 3,15)[3]

In der Bibel heißt es, dass Mose sich in dieser wüsten Einöde aufhält, weil er auf der Flucht vor dem Zorn des Pharao ist. Dem Buch Exodus zufolge waren die Israeliten einige Generationen zuvor den Nachfahren des Patriarchen Abraham in das Land Ägypten gefolgt. Dort waren sie so zahlreich und mächtig geworden, dass man sie ihres Reichtums und ihrer Freiheit beraubte und in die Sklaverei zwang. Sie waren in Ägypten so gefürchtet, dass der Pharao den Befehl gab, jeden neugeborenen israelitischen Jungen im Nil zu ertränken.

Doch dieses eine Kind blieb verschont. Seine Eltern, die Nachfahren levitischer Priester, legten ihn, als er nur drei Monate alt war, in ein Binsenkästchen und setzten ihn im Schilf am Flussufer aus. Dort fand ihn die Tochter des Pharaos. Sie hatte Mitleid mit dem Jungen und nahm ihn mit in ihr Haus, wo er als Mitglied der königlichen Familie aufwuchs.[4]

Als Mose erwachsen geworden war, ging er hinaus unter das Volk und sah die Fronarbeit, zu der die Israeliten gezwungen wurden. Er sah, wie ein ägyptischer Herr einen israelitischen Sklaven schlug. Blind vor Zorn erschlug Mose den Ägypter. Angesichts dieser Tat musste er um sein Leben fürchten und floh aus Ägypten in ein Land, das in der Bibel Midian genannt wird. Dort begegnete er dem »Priester von Midian«, der ihn bei sich aufnahm und ihm seine Tochter Zippora zur Frau gab.[5]

Viele Jahre vergingen. Mose lebte als Schwiegersohn in der Familie des Priesters und hütete dessen Herde. Eines Nachmittags trieb er das Vieh über die Steppe hinaus bis an den heiligen Berg der Midianiter, den so genannten »Gottesberg«. Dort begegnete er jener geheimnisvollen Gottheit, die sich ihm als Jahwe vorstellte.

Wo genau dieser Ort lag, wird sich vielleicht nie abschließend klären lassen. Folgt man den Angaben im biblischen Buch Exodus, scheint es, dass der »Gottesberg« sich im nordöstlichen Sinai befindet. Doch im Deuteronomium und anderswo in der Bibel heißt es, dass der Berg, wo Mose Jahwe zum ersten Mal begegnet, in der Nähe von Seïr liegt, im südlichen Transjordanien. Zudem wissen wir nicht wirklich, was in der Bibel eigentlich mit dem »Land Midian« gemeint ist. Soweit bekannt, handelte es sich bei den Midianitern um einen losen Bund nichtsemitischer Wüstenbewohner, die im nordwestlichen Arabien lebten – also weder auf der Sinai-Halbinsel noch nahe Transjordanien. Tatsächlich steckt die Mose-Geschichte derartig voller Ungereimtheiten und Widersprüche – in Exodus 2,18 heißt Moses Schwiegervater Reguël, ein paar Verse später (Exodus 3,1) dagegen Jitro –, dass die Historiker Mühe haben, ein klares Bild zu gewinnen.[6]

Moses und der brennende Dornbusch.
Katharinenkloster, Sinai (Ägypten) / K. Weitzmann: »Die Ikone« / Wikimedia Commons

Ein Problem besteht auch darin, dass niemals irgendwelche archäologischen Beweise für eine Anwesenheit von Israeliten im alten Ägypten gefunden wurden. Angesichts der hochentwickelten ägyptischen Bürokratie im Neuen Reich (jener Zeit, in der sich die Mose-Geschichte angeblich zugetragen haben soll) und der legendären Hingabe, mit der die damaligen Ägypter über alles penibel Buch führten, müssten sich diese aber eigentlich auffinden lassen. Hinzu kommt, dass die Ägypter zwar die Sklavenhaltung kannten, der soziale Status der Sklaven aber drei mögliche Kategorien annehmen konnte: Es gab versklavte Kriegsgefangene, dann Personen, die sich selbst in die Sklaverei verkauft hatten, um ihre Schulden bezahlen zu können, und schließlich Sklaven, die wie Schuldknechte für eine festgelegte Zeit Frondienst für den Staat zu leisten hatten.

Die Israeliten passen in keine dieser Kategorien, weshalb es schwerfällt, die Geschichte für bare Münze zu nehmen, die Ägypter hätten das ganze Volk versklavt. Noch unglaubwürdiger ist der Grund, den die Bibel dafür nennt: Dieser Stamm semitischer Nomaden sei irgendwie »größer und stärker geworden« als die Ägypter, deren Imperium das größte, reichste und militärisch stärkste der damaligen Zeit war. (Exodus 1,9-10)[7]

Dass vielleicht am meisten verwirrende Element der Mose-Geschichte hat aber mit der Gottheit zu tun, die ihm in der Wüste begegnet. Jahwes Ursprünge sind rätselhaft. Der Name taucht in keiner Gottesliste im Alten Orient auf, was angesichts der Tatsache, dass in diesen Listen Tausende von Göttern verzeichnet wurden, sehr ungewöhnlich erscheint. Es gibt jedoch in Nubien zwei hieroglyphische Hinweise auf Jahwe, die aus der Zeit des Neuen Reiches stammen – einer an einem von Echnatons Vater, Amenhotep III., im 14. Jahrhundert v. Chr. erbauten Tempel, der andere an einem Tempel, den Ramses II. im 13. Jahrhundert v. Chr. errichten ließ. Dort wird das »Land der Nomaden von Jahwe« erwähnt. Trotz einiger Debatten darüber, wo dieses Land sich befunden haben könnte, ist man sich weitgehend einig, dass es sich um die ausgedehnte Wüstenregion südlich von Kanaan handeln muss – also in der Region, in der man »das Land von Midian« vermutet.

Mose, der in eine midianitische Sippe eingeheiratet hatte, begegnete also im Land Midian, während er für einen midianitischen Priester (seinen Schwiegervater) arbeitete, einem midianitischen Gott (Jahwe).[8]

Würde die Geschichte hier enden – und würden wir die oben angesprochenen historischen Probleme ignorieren –, ergäbe sie durchaus einen gewissen Sinn. Aber die Geschichte ist noch lange nicht zu Ende. Denn der erste Auftrag, den dieser midianitische Gott Mose erteilt, besteht darin, nach Ägypten zurückzukehren, die Israeliten aus der Sklaverei zu befreien und sie zurück in ihre Heimat Kanaan zu führen: »So sag zu den Israeliten: Jahwe, der Gott eurer Väter, der Gott Abrahams, Isaaks und Jakobs, hat mich zu euch gesandt.« (Exodus 3,15)

Abraham, Isaak und Jakob wären über diese Behauptung gewiss erstaunt gewesen. Denn diese biblischen Patriarchen hatten nie eine midianitische Wüstengottheit namens Jahwe angebetet. Sie beteten zu einem völlig anderen Gott – einer kanaanitischen Gottheit nämlich, die sie als *El* kannten.

Seit Jahrhunderten wissen die Gelehrten, dass die Israeliten zwei nach Namen, Herkunft und Merkmalen klar unterscheidbare Gottheiten anbeteten. Der Pentateuch – die ersten fünf Bücher der Bibel (Genesis, Exodus, Levitikus, Numeri und Deuteronomium) – ist eine Kombination von Texten aus unterschiedlichen Quellen, die in einem sich über mehrere Jahrhunderte erstreckenden Zeitraum entstanden sind. Es gibt zum Beispiel zwei unterschiedliche Schöpfungsgeschichten, verfasst von zwei Autoren: Da sind das erste Kapitel der Genesis, in dem Mann und Frau gleichzeitig erschaffen werden, und das zweite Kapitel, die viel populärere Geschichte von Adam und Eva, in der Eva aus Adams Rippe erschaffen wird. Es gibt auch zwei verschiedene Sintflut-Geschichten, die allerdings, anders als die Schöpfungsgeschichten, zu einem einzigen, in sich widersprüchlichen Bericht verwoben sind: Einmal dauert die Flut vierzig Tage (Genesis 7,17), dann hundertfünfzig Tage (Genesis 7,24). Die Tiere werden einmal in je sieben Paaren von Männchen und Weibchen an Bord der Arche gebracht (Genesis 7,2), während es an anderer Stelle (Genesis 6,19) heißt, es sei von jeder Tierart nur ein Paar an Bord. Und die Flut beginnt entweder sieben Tage, nachdem Noah an Bord der Arche ging (Genesis 7,10), oder unmittelbar nachdem er mit seinen Verwandten die Arche betreten hatte (Genesis 7,11-13).

Indem sie sorgfältig diese verschiedenen Erzählfäden verfolgten, gelang es Bibelwissenschaftlern, mindestens vier unterschiedliche schriftliche Quellen zu identifizieren, aus denen sich die frühen Bücher der Bibel zusammensetzen. Man nennt sie die *jahwistische* oder J-Quelle, die auf das zehnte oder neunte Jahrhundert v. Chr. datiert wird und sich durch große Teile der Genesis, des Exodus und des Buches Numeri zieht. Sie heißt so, weil hier der Gottesname *Jahwe* verwendet wird. Dann gibt es die *elohistische* oder E-Quelle, die auf das achte oder siebte Jahrhundert v. Chr. datiert wird und überwiegend auf die Genesis und Teile des Exodus beschränkt ist. Hier wird der Gott *El* genannt. Die Texte der dritten Quelle, der so genannten *Priesterschrift* (P), wurden während oder unmittelbar nach dem babylonischen Exil (ab 586 v. Chr.) verfasst und sind im Wesentlichen Überarbeitungen des J- und E-Materials. Die vierte Quelle bildet schließlich das so genannte *Deuteronomium*. Das Material der D-Quelle reicht vom Buch Deuteronomium bis in das erste und zweite Buch der Könige und lässt sich auf einen Zeitraum zwischen dem siebten und fünften Jahrhundert v. Chr. datieren.

Zwischen diesen Quellen gibt es zahlreiche Unterschiede. Zum Beispiel heißt der Berg Sinai im elohistischen Quellenmaterial Berg Horeb (Exodus 3,1) und die Kanaaniter werden »Amoriter« genannt. In diesen Bibelabschnitten offenbart Gott sich überwiegend in Visionen und Träumen, im Gegensatz zu dem räumlich weiter im Süden angesiedelten jahwistischen Material, in dem Gott sonderbar anthropomorphe Züge aufweist: Er erschafft die Welt nach der Methode Versuch und Irrtum und vergisst, Adam eine Gefährtin zu schenken (Genesis 2,18). Er spaziert im Garten Eden herum (Genesis 3,8) und kann seine Geschöpfe Adam und Eva nicht finden, als sie sich unter den Bäumen vor ihm verstecken. Jahwe ruft nach Adam: »Wo bist du?« (Genesis 3,9)

Der wichtigste Unterschied zwischen der jahwistischen und der elohistischen Quelle im Pentateuch wurde aber schon genannt: Er besteht darin, dass Gott in ihnen unterschiedlich heißt. Der Gott im Elohisten wird *El* oder *Elohim* (die Pluralform von El) genannt, was in der deutschen Einheitsübersetzung der Bibel einfach mit *Gott* übersetzt wird: »Nach diesen Ereignissen stellte Gott [Elohim] Abraham auf die Probe.« (Genesis 22,1) Im Gegensatz dazu heißt der Gott der jahwistischen Quelle *Jahwe*, was in den englischen und deutschen Übersetzungen meistens mit »der Herr« oder »Gott, der Herr« wiedergegeben wird: »Der Herr [Jahwe] sprach: Ich habe das Elend meines Volkes in Ägypten gesehen.« (Exodus 3,7) In dem viel später entstandenen Priesterkodex wird mal der eine, mal der andere Name benutzt, offensichtlich im Bestreben, diese zwei unterschiedlichen Götter zu einem zu verschmelzen.

Obwohl die jahwistische Quelle etwa hundert Jahre älter ist als die elohistische Quelle, handelt es sich bei der elohistischen Tradition um die ältere. Während wir über den Ursprung Jahwes fast nichts wissen, außer dass er vermutlich ein midianitischer Gott war, ist El eine der bekanntesten und am besten dokumentierten Gottheiten im Alten Orient.

El war der Hochgott Kanaans, eine eher sanftmütige, entrückte, väterliche Gottheit, die meistens als bärtiger König, als Stier oder als Kalb dargestellt wurde. Bekannt als der Schöpfer aller erschaffenen Dinge und der Alte der Tage, war El für die Kanaaniter auch ein wichtiger Fruchtbarkeitsgott. Vor allem aber war er der Himmelskönig, der Vater und Beschützer der weltlichen Könige Kanaans. El saß auf seinem himmlischen Thron und leitete das göttliche Konzil der kanaanitischen Götter. Zu ihnen gehörten Aschera, die Muttergöttin und Els Gemahlin, Baal, der junge Gott des Sturms und Wolkenreiter, sowie die Kriegsgöttin Anath. Dann gab es noch Astarte, auch Ischtar genannt, und eine Menge weniger bedeutende Gottheiten.[9]

Also handelt es sich bei El ohne Frage um den ursprünglichen Gott Israels. Tatsächlich bedeutet das Wort *Israel* »El herrscht«.

Die frühen Israeliten drückten ihre Verehrung für El in vielen Namen aus: El Shaddai (Gott, der Allmächtige: Genesis 17,1), El Olam (Gott, der Ewige: Genesis 21,33), El Roï (Gott, der nach mir schaut: Genesis, 16,13) und El Elyon (der Höchste Gott: Genesis 14,18-24), um nur einige zu nennen. Auch wenn es unpassend erscheinen mag, dass die in Kanaan lebenden Israeliten so bereitwillig einen kanaanitischen Gott adoptierten, lässt sich in der Bibel doch ein starker Einfluss der kanaanitischen Theologie feststellen – so stark, dass es nicht immer leicht ist, ethnisch, kulturell und sogar religiös die Kanaaniter von den Israeliten zu unterscheiden, jedenfalls nicht in der Frühphase der Geschichte Israels (etwa 1200-1000 v. Chr.).[10]

Sitzende Statue des Gottes El.
Mit freundlicher Genehmigung des Orientalischen Instituts der Universität von Chicago.

Traditionell wird behauptet, die Israeliten seien strikte Monotheisten gewesen, die zum einen und einzigen Gott des Universums beteten, während ringsum die polytheistischen Kanaaniter ihren falschen Göttern huldigten. Diese Sichtweise steht aber im Widerspruch zu den Ergebnissen der Geschichtsforschung und Archäologie. Zunächst einmal gab es die Kanaaniter als geschlossene ethnische Gruppe gar nicht. Es handelt sich bei diesem Begriff um eine verallgemeinernde Bezeichnung für die diversen Stämme im Hochland, den Tälern und der Küstenregion des Landes Kanaan (der südlichen Levante, die Teile der heutigen Länder Syrien, Libanon, Jordanien und

Israel-Palästina umfasst). Das macht es nahezu unmöglich, eine spezielle israelitische Kultur, wie auch immer man diese definieren mag, klar vom größeren Umfeld der kanaanitischen Kultur abzugrenzen. Viele Forscher sind heute der Ansicht, dass die Israeliten kanaanitischer Herkunft sind, Teil eines Clans, der im Hochland siedelte, der sich allmählich von der größeren kanaanitischen Stammesgruppe loslöste und eine eigenständige Identität entwickelte, gleichzeitig aber in der kanaanitischen Kultur und Religion verwurzelt blieb. Beide Volksgruppen waren westsemitisch, sprachen eine ähnliche Sprache, verwendeten eine ähnliche Schrift und praktizierten ähnliche Riten und Rituale. Sie verwendeten für ihre Zeremonien und Opfer sogar die gleiche religiöse Terminologie, weswegen es in der hebräischen Sprache zahlreiche Lehnwörter aus dem Kanaanitischen gibt, die meisten im religiösen Bereich.[11]

Und natürlich verehrten sie den gleichen Gott: El.

Treffender sollte man sagen, dass die Israeliten und die Kanaaniter die gleichen *Götter* verehrten. Denn dass die frühen Israeliten *Monotheisten* waren, ist selbst beim besten Willen unvorstellbar. Bestenfalls praktizierten sie *Monolatrie*, was bedeutet, dass sie einen Gott anbeteten, El, ohne deshalb die Existenz der anderen Götter des kanaanitischen Pantheons zu leugnen. Tatsächlich verehrten die Israeliten gelegentlich auch diese anderen Götter, vor allem Baal und Aschera, und, in geringerem Maße, Anath. Zwar gibt es in der Bibel eine Menge Passagen, hauptsächlich von den Verfassern der späteren Priesterschrift, in denen die Anbetung dieser anderen Götter verdammt wird. Aber diese Verdammung belegt letztlich nur, dass die Israeliten tatsächlich zu diesen Göttern beteten, ganz regulär und, wie ihre Anwesenheit im Tempel von Jerusalem beweist, offiziell. Saul, der erste König Israels, benannte sogar zwei seiner Söhne nach dem Gott Baal – Esch-Baal und Merib-Baal. Einen dritten Sohn benannte er nach Jahwe: *Jehonatan* oder Jonatan.[12]

Der Patriarch Abraham, tief in der kanaanitischen Kultur und Religion verwurzelt (wenn nicht sogar selbst Kanaaniter), verbrachte den größten Teil seines Lebens in Kanaan und schloss mit diesem Gott El einen Bund, als Gegenleistung für ein Fruchtbarkeitsversprechen – und Fruchtbarkeitsgott zu sein war ja eine von Els Hauptaufgaben: »Ich bin Gott, der Allmächtige (El Shaddai). Geh deinen Weg vor mir und sei rechtschaffen. ... Ich mache dich sehr fruchtbar und lasse Völker aus dir entstehen; Könige werden von dir abstammen.« (Genesis 17, 1 u. 6)

El war es auch, der Abraham aufforderte, ihm seinen Sohn Isaak zu opfern, zum Beweis seiner Treue und seines Glaubens. El erneuerte den Bund mit Isaaks Sohn Jakob: »Dein Name soll jedoch nicht mehr Jakob lauten, sondern Israel soll dein Name sein.« (Genesis 35,10) Und im Namen dieses El – dem »El deines Vaters« (Genesis 49,25) – gibt Jakob den Bund weiter an seinen Sohn Josef, der, so wird es in der Bibel erzählt, als erster Israelit Kanaan verließ und nach Ägypten ging. Dort kamen seine Nachfahren viele Generationen später in Kontakt mit einem zuvor unbekannten midianitischen Gott, der sich selbst Jahwe nannte. Die Geschichte, wie der Monotheismus – nachdem er über Jahrhunderte abgelehnt und verworfen worden war – endgültig und dauerhaft in der menschlichen Spiritualität Wurzeln schlug, beginnt mit der Geschichte, wie der Gott Abrahams, El, und der Gott Moses, Jahwe, allmählich zu der einen Gottheit verschmolzen, die wir heute als Gott kennen.[13]

Nach dieser ersten Begegnung mit Jahwe in der Wüste kehrte Mose mit einer Botschaft für die Israeliten nach

Ägypten zurück: Der Gott ihrer Vorväter – der Gott Abrahams, Isaaks, Jakobs und Josefs – habe ihre Klage vernommen und werde sie bald aus der Gefangenschaft befreien. Doch die Israeliten kannten Moses Gottheit nicht. Selbst als Mose ihnen die Macht seines Gottes demonstriert und sie überzeugt hatte, ihm ins Land Midian zu folgen – das heißt in »das Land der Nomaden des Jahwe«, wo die Israeliten nach der Flucht aus Ägypten vermutlich zunächst ihr Lager aufschlugen –, erwiesen sie diesem ihnen unbekannten Gott wenig Loyalität. Während Mose auf dem »Berg Gottes« stand und die Zehn Gebote empfing, die anstelle des alten Bundes zwischen Abraham und El einen neuen Bund mit Jahwe begründeten, hatten die Israeliten am Fuße des Berges zu Abrahams Gott El gebetet. Sie hatten sich ein Götterbildnis in Gestalt eines goldenen Kalbes geschaffen – und das Kalb war das zentrale Symbol für El.[14]

Jahrhunderte nach diesem Ereignis versuchten die Autoren der Priesterschrift, diese zwei unterschiedlichen Strömungen des frühen israelitischen Glaubens miteinander in Einklang zu bringen, indem sie den Gott Moses ausdrücklich sagen ließen: »Ich bin Jahwe. Ich bin Abraham, Isaak und Jakob als El-Schaddai (Gott, der Allmächtige) erschienen, aber unter meinem Namen Jahwe habe ich mich ihnen nicht zu erkennen gegeben.« (Exodus 6,2-3) Und gerade, dass Jahwe hier so dezidiert darauf hinweist, unterstreicht die Tatsache, dass die Patriarchen Israels, die Jahwe hier erwähnt, Jahwe gar nicht kannten.

Die Verschmelzung von Jahwe und El geschah schließlich, dauerte aber länger und war schwieriger, als die Priesterschrift den Anschein erweckt. Offenbar verbreitete sich der Jahwe-Kult im Süden des Landes Kanaan und blieb weitgehend auf diese Region beschränkt. Im nördlichen Kanaan beteten die Israeliten, die dort seit

Generationen lebten, weiterhin El als ihren Hochgott an, wobei sie die anderen Götter Kanaans anerkannten und ihnen auch gelegentlich huldigten. Daher dürfte es ihnen nicht schwergefallen sein, Jahwe einfach diesem Göttermix hinzuzufügen, was aber, wie man aus der Bibel entnehmen kann, ganz allmählich geschah. Das Lied des Mose vermittelt uns einen Eindruck, wie dieser Prozess sich vollzog:

Als der Höchste (den Göttern) die Völker übergab,
als er die Menschheit aufteilte,
legte er die Gebiete der Völker
nach der Zahl der Götter fest;
der Herr nahm sich sein Volk als Anteil.

Deuteronomium 32,8-9

Diese außergewöhnliche Bibelstelle bestätigt nicht nur, dass Israel Zeiten kannte, in denen es andere Götter, die unter Els Oberherrschaft standen, anerkannte, sondern stuft Jahwe unmissverständlich als einen dieser untergeordneten Götter ein. Jede Gottheit empfing demnach ihren »Anteil« an Els Gesamtvolk, und Jahwes Anteil war das Volk Israel.[15]

Als aus dem Volk Israel um 1050 v. Chr. das Königreich Israel wurde, verstärkte man den Verschmelzungsprozess von Jahwe und El. Selbst ihre Namen wurden nun manchmal zu *Jahwe-El* oder *Jahwe-Elohim* kombiniert (in den meisten englischen Bibelübersetzungen mit »Lord God«, in der deutschen Einheitsübersetzung mit »der Herr, der Gott Israels« wiedergegeben: »Mein Sohn, gib dem Herrn, dem Gott Israels, die Ehre und leg vor ihm ein Geständnis ab!« (Josua, 7,19)[16]

Der Zusammenschluss Israels zu einem Königreich erfolgte als Reaktion auf die wachsende Bedrohung durch benachbarte Stämme. Um unabhängig und überhaupt überlebensfähig zu bleiben, zentralisierte Israel seine Macht und wandelte sich von einer theokratischen, von Propheten und Richtern regierten Stammesgesellschaft zu einer Monarchie. Und was in Babylon, Assyrien und Ägypten geschah, ereignete sich auch hier: Entsprechend den politischen Machtverhältnissen bei den Menschen veränderten sich auch die Regeln, die für die Götter im Himmel galten.[17]

Israels sich entwickelnde Monarchie benötigte einen Nationalgott: einen göttlichen König, in dem sich die Autorität des weltlichen Königs widerspiegelte. Wenn man bedenkt, dass Jerusalem, die Hauptstadt dieses Königreiches, in Juda, also im Süden lag, erscheint es als ganz natürlich, dass Jahwe – zu dieser Zeit bereits zu Jahwe-El geworden – schließlich diese Rolle ausfüllte. So wurde eine von Nomaden auf dem Sinai angebetete Wüstengottheit an die Spitze des israelitischen Pantheons befördert, zum Himmelskönig und Herrscher über alle anderen Götter. »Der Herr (Jahwe) hat seinen Thron errichtet im Himmel, seine königliche Macht beherrscht das All.« (Psalm 103,19)

Jahwe wurde zum Götterpatron der Könige Israels. In Jerusalem errichtete man für ihn einen Tempel, und der neue Nationalgott wurde dort in Gestalt der Bundeslade verehrt – wobei hier der neue Bund des Mose gemeint war. Durch Israels Monarchen gefördert, entwickelte sich der Jahwe-Kult zu einem durchstrukturierten System aus Opferritualen, mythischen Erzählungen und gesungenen Gebeten, das ganz im Einklang zu den bereits existierenden Stammesreligionen im Alten Orient stand.

Was bei Marduk, Aschschur, Amun-Re und allen anderen Hochgöttern geschah, geschah auch mit Jahwe: Je höher er im Pantheon der Israeliten aufstieg, desto mehr absorbierte er die Eigenschaften der anderen Götter. So erleben wir Jahwe in den Psalmen – der bedeutendsten Form königlicher religiöser Propaganda in der Bibel – in der Rolle Els als Himmelskönig auf seinem Thron, umgeben von einer himmlischen Schar, so wie einst El mit seinen Untergöttern.

Die Himmel preisen, Herr, deine Wunder
und die Gemeinde der Heiligen deine Treue.
Denn wer über den Wolken ist wie der Herr,
wer von den Göttern ist dem Herrn gleich?
Gewaltig ist Gott im Rat der Heiligen,
für alle rings um ihn her ist er groß und furchtbar.
Psalm 89,6-8. Siehe auch die Psalmen 82, 97 und 99

Die Symbolik des Wettergottes Baal, des Wolkenreiters, wurde zunehmend auf Jahwe übertragen: »Du nimmst dir die Wolken zum Wagen. Du machst dir die Winde zu Boten und lodernde Feuer zu deinen Dienern.« (Psalm 104,3) »Du beherrschst die Empörung des Meeres«, singt der Psalmist. »Wenn seine Wogen toben – du glättest sie.« (Psalm 89,10)

Jahwe nahm sogar die weiblichen Züge der Göttin Aschera an, vor allem ihre mütterlichen, nährenden Eigenschaften. So sagt Jahwe in Jesaja 42,14: »Wie eine Gebärende will ich nun schreien.« Und über jene, die »vom Haus Israel noch übrig sind«, sagt Jahwe in Jesaja 46,3, er habe sie getragen, »seit sie den Schoß ihrer Mutter verließen«.

Selbst in dieser Phase von Jahwes Aufstieg zum alleinigen Gott leugneten die Israeliten die Existenz anderer Götter nicht. Zwar gab es damals in Jerusalem offenbar eine Sekte, die »Jahwe, der Einzige« propagierte; und die königliche Administration förderte die Anbetung anderer Götter zwar nicht, unternahm aber auch nichts gegen sie. Dazu schrieb der berühmte Historiker und Theologe Morton Smith: »Der Gott der Israeliten [Jahwe] wies die gleiche Eigenschaft wie die anderen Hauptgötter der altorientalischen Völker auf ... großartiger zu sein als die Götter der Nachbarvölker.«

»Wer ist wie du unter den Göttern, o Herr? Wer ist wie du gewaltig und heilig, gepriesen als furchtbar, Wunder vollbringend?« (Exodus 15,11)

Um es noch einmal klar zu sagen: Das ist kein Monotheismus. Bestenfalls handelt sich um Monolatrie, doch selbst dieses Etikett trifft nicht wirklich zu, wenn man bedenkt, wie nahtlos andere Gottheiten in die Religion der Israeliten einbezogen wurden. Wie den meisten antiken Völkern fiel es auch ihnen schwer, sich Jahwe als den alleinigen Gott des Universums vorzustellen. Sie glaubten lediglich, Jahwe sei der *beste* Gott im Universum. »Denn du, Herr, bist der Höchste über der ganzen Erde, hoch erhaben über alle Götter.« (Psalm 97,99) Sie betrachteten Jahwe als den König, der über die anderen Götter herrschte: der *höchste* Gott, der *stärkste* Gott – der *Gott der Götter*.

Und dann erschien eines Tages ein noch stärkerer Gott, Marduk, und besiegte Jahwe. Er stieß den Gott Israels vom Himmelsthron und bereitete so die Bühne für eine neue Art des Denkens, und zwar nicht nur des Denkens über Jahwe, sondern über die Natur des ganzen Universums. Denn erst an diesem Punkt in der Geschichte Israels – als die Israeliten aus dem ihnen von ihrem Gott verheißenen Land vertrieben worden waren und verstreut im Nahen Osten lebten –, wird in der Bibel zum ersten Mal eine eindeutig monotheistische Position zum Ausdruck gebracht: »Ich bin der Erste, ich bin der Letzte, außer mir gibt es keinen Gott.« (Jesaja 44,6)[18]

Das heißt: Die Hinwendung der Israeliten zum Monotheismus war ein Weg, die katastrophale Niederlage zu erklären, die Israel von den Babyloniern zugefügt worden war. Die durch das babylonische Exil ausgelöste Identitätskrise zwang die Israeliten, ihre heilige Geschichte neu zu deuten und ihre religiöse Ideologie neu auszurichten. Die durch das Exil hervorgerufene kognitive Dissonanz verlangte nach einem dramatisch anderen religiösen Konzept, das sich zuvor als nicht praktikabel erwiesen hatte. Nur durch den Bruch mit den bisher geltenden religiösen Konzepten konnten die Israeliten ihrer traumatischen Erfahrung einen Sinn abgewinnen. Theologische Ideen, die zuvor schwer zu akzeptieren gewesen waren – Kann ein einziger Gott verantwortlich für Gut und Böse sein? Kann ein einziger Gott sämtliche menschlichen Eigenschaften in sich vereinen? –, wurden plötzlich attraktiver. Bisher galt: Wenn ein Volksstamm und sein Gott eine gemeinsame Entität sind, dann bedingt die Niederlage des einen auch den Untergang des anderen. Den monotheistischen Reformern, die unter dem Exil in Babylon litten, erschien es demgegenüber attraktiver, sich ihren Gott als den einzigen, aber rachsüchtigen und voller Widersprüchlichkeiten steckenden Gott neu zu denken, statt ihn und damit auch ihre Identität als Volk ganz aufzugeben. Und so wurden alle historischen Argumente gegen den Glauben an einen alleinigen Gott plötzlich hinweggefegt durch den überwältigend starken Überlebenswillen dieses kleinen, unbedeutenden semitischen Stammes. »Ich bin der Herr und sonst niemand. Ich erschaffe das Licht und mache das Dunkel, ich bewirke das Heil und erschaffe das Unheil. Ich bin der Herr, der das alles vollbringt.« (Jesaja 45,6-7)

In diesem verwandelnden Bruch lag die Geburt des Judentums, wie wir es kennen: nicht im Bund mit Abraham, nicht im Exodus aus Ägypten, sondern in der schwelenden Asche eines geschleiften Tempels und der Weigerung eines besiegten Volkes, die Möglichkeit zu akzeptieren, dass auch sein Gott besiegt war. Das jüdische Glaubensbekenntnis, das Schma Jisrael (»Höre, Israel, Jahwe unser Gott, Jahwe ist *einzig*«) wurde nach diesem transformierenden Moment in der israelitischen Geschichte verfasst, und auch fast alle anderen Texte, die wir heute als hebräische Bibel oder Altes Testament kennen. Selbst das biblische Material, das vor dem Exil verfasst wurde – also die jahwistischen und elohistischen Quellentexte –, bearbeiteten die Autoren von Priesterschrift und Deuteronomium *nach* dem Exil und schrieben es um. Es sollte nun die neue Vision vom Einen Gott widerspiegeln.

Der Gott, dessen Aufstieg im babylonischen Exil beginnt, ist nicht die abstrakte Gottheit des Echnaton. Er ist nicht reiner animierter Geist, wie Zarathustra es sich vorstellte. Er ist nicht die gestaltlose Substanz des Universums, von der die griechischen Philosophen schrieben. Dieser neue Gott war einzig und persönlich zugleich. Ein einziger Gott, der selbst keine menschliche Gestalt besaß und doch die Menschen nach seinem Ebenbild erschuf. Ein ewiger, unteilbarer Gott, der die gesamte Bandbreite der menschlichen Emotionen und Eigenschaften vereint, im Guten wie im Schlechten.

Das ist eine in der Geschichte der Religionen außerordentliche Entwicklung – und es hatte Jahrhunderttausende gedauert, bis sie eintrat. Nach nur fünfhundert Jahren wurde sie durch eine Sekte an das kommende Weltende glaubender Juden wieder umgestürzt, die sich selbst *Christen* nannten.[19]

8. KAPITEL
Gott ist Drei

»Am Anfang war der Logos, und der Logos war bei Gott, und der Logos war Gott.« (Johannes 1,1)

Das sind die ersten Worte des Johannesevangeliums. Und von dem Moment an, als sie vor fast zweitausend Jahren geschrieben wurden, bildeten sie die Trennlinie zwischen dem Christentum und der jüdischen Religion, aus der es hervorging.

Das Johannesevangelium ist anders als die drei anderen Evangelien des Neuen Testaments. Die Evangelien nach Matthäus, Markus und Lukas werden als synoptische Evangelien bezeichnet, weil sie sich überwiegend auf das gleiche Quellenmaterial stützen und daher mehr oder weniger die gleiche Geschichte erzählen – von einem aus Nazareth stammenden, umherziehenden jüdischen Prediger und Handwerker namens Jeschua (Jesus auf Griechisch), der Wunder tat und Kranke heilte, der vom Königreich Gottes predigte, zum Messias und Welterlöser proklamiert wurde und, als Folge dieser Proklamierung, von den römischen Behörden verhaftet und exekutiert wurde, ehe er drei Tage später von den Toten auferstand.

Das Johannesevangelium stützt sich auf eine andere Überlieferung, berichtet einige Begebenheiten, die sich in den synoptischen Evangelien nicht finden, und stellt Jesu Aktivitäten in einen ganz anderen zeitlichen Rahmen. Bei den Synoptikern beginnt Jesu Geschichte entweder mit seinem Auftreten als Prediger oder mit einer Erzählung von seiner wunderbaren Geburt. Im Johannesevangelium beginnt diese Geschichte am Anfang der Zeit.

Der bedeutsamste Unterschied besteht aber darin, dass bei Matthäus, Markus und Lukas viele Ideen darüber geäußert werden, wer Jesus war – ein jüdischer Rabbi (Markus 9,5)? Ein König aus dem Hause Davids (Lukas 19,38)? Ein Prophet und Gesetzgeber wie Mose (Matthäus 2,16-18)? Doch nur im Johannesevangelium wird Jesus klar und eindeutig als der Fleisch gewordene Gott identifiziert.[1]

Dieser Anspruch ist bereits in den ersten Worten enthalten: »Am Anfang war der Logos ...« Das Wort *Logos* wird meistens mit »Wort« übersetzt, aber diese Übersetzung trifft das Gemeinte nicht genau. In der griechischen Philosophie bedeutet Logos »Vernunft« oder »Logik«, doch selbst diese Definitionen erfassen die Bedeutung nicht völlig. Für die Griechen war der Logos die dem Universum zugrundeliegende rationale Kraft. Er ist, mit anderen Worten, *göttliche Vernunft* – der Verstand hinter der Schöpfung. Der Logos ist das, was Xenophanes, Pythagoras und Platon meinten, wenn sie über den »einen Gott« als das singuläre, alles vereinende Prinzip sprachen, das die gesamte Schöpfung steuert.[2]

Wer immer das Johannesevangelium verfasste (der im Neuen Testament erwähnte Jünger Johannes war es sicher nicht, denn als das Evangelium um das Jahr 100 geschrieben wurde, lebte der schon lange nicht mehr), muss ein Griechisch sprechender römischer Bürger gewesen sein, der mit der hellenistischen Philosophie tief vertraut war. Auch bei seinen Lesern dürfte es sich um Griechisch sprechende Römer gehandelt haben, die in einer von der griechischen Geisteswelt geprägten Kultur lebten. Wenn also Johannes gleich am Anfang seines Evangeliums das Wort Logos benutzt, meint er damit höchstwahrscheinlich das, was es für die Griechen bedeutete: die grundlegende Kraft der Schöpfung, aus der alles, was ist, hervorging.

Doch dann tut Johannes etwas völlig Unerwartetes. Er schreibt, diese ursprüngliche Kraft sei ein Mensch. Tatsächlich besteht der ganze Zweck von Johannes' Evangelium darin darzulegen, wie die abstrakte, ewige, göttliche Essenz der Schöpfung, die zugleich von Gott getrennt und mit Gott eins ist, sich auf der Erde in der Gestalt Jesu Christi manifestierte: »Und der Logos ist Fleisch geworden und hat unter uns gewohnt.« (Johannes 1,14)

Um es klar zu sagen: Johannes behauptet, dass der Schöpfer des Himmels und der Erde dreißig Jahre im Hinterland von Galiläa verbrachte, wo er als jüdischer Handwerker lebte; dass der eine, einzige Gott in die Gebärmutter einer Frau einging und von ihr geboren wurde; dass der allwissende Herr des Universums von seiner Mutter gestillt wurde, als hilfloses Baby aß, schlief und in die Windeln machte, während das Universum einfach ohne ihn munter weiterfunktionierte; dass der Schöpfer des Menschen von Menschen aufgezogen und später von Menschen ermordet wurde.

»Ich und der Vater sind eins«, verkündet Jesus im Johannesevangelium. »Wer mich gesehen hat, hat den Vater gesehen.« (Johannes 10,30; 14,9)

Nun war das Konzept eines »Gott-Menschen« in der Antike nicht neu. Die Römer pflegten ihre Kaiser nach deren Tod zu vergöttlichen, und manchmal, wie bei Julius Cäsar, fand diese so genannte »Divinisierung« schon zu Lebzeiten statt. Von den sechzig Kaisern, die zwischen dem ersten und vierten Jahrhundert das Römische Reich regierten, wurden sechsunddreißig zu Göttern erklärt, und weitere siebenundzwanzig ihrer Familienmitglieder wurden ebenfalls divinisiert. Man errichtete ihnen Altäre und Tempel, Priester opferten ihnen, und es wurden religiöse Zeremonien entworfen, damit das Volk sie als Götter anbeten konnte.[3]

Die Römer waren darin vermutlich von den Griechen beeinflusst, bei denen es eine lange Tradition der

Vergöttlichung gab. Die griechische Theologie kannte keine strenge Unterscheidung zwischen Menschen und Göttern. In den großen griechischen Sagen wimmelt es von Halbgöttern und Helden, die als Belohnung für ihre Dienste von den Göttern in einen göttlichen Rang erhoben werden. Alexander der Große wurde bereits während seiner Regierungszeit (336-323 v. Chr.) als Gott verehrt. Das galt auch schon für seinen Vater, Philipp von Makedonien (359-336 v. Chr.), der so weit ging, eine Statue von sich neben den Statuen der zwölf olympischen Götter des griechischen Pantheons aufstellen zu lassen.[4]

Münze des Kaisers Augustus mit der Aufschrift CAESAR DIVI F (»Cäsar, Sohn Gottes«).
Classical Numismatic Group, Inc., www.cngcoins.com

Die Griechen übernahmen diese Praxis wahrscheinlich von den Ägyptern, die ihre Pharaonen als göttlich betrachteten. Der Pharao konnte die lebendige Verkörperung jeder Gottheit des ägyptischen Pantheons sein, wurde aber vor allem mit dem falkenköpfigen Gott Horus in Verbindung gebracht. Genauer gesagt, bewohnte Horus den Körper des Pharaos, während dieser auf dem Thron saß. Während der Pharao die Pflichten seines als göttlich betrachteten

Amtes erfüllte, vor allem religiöse Rituale und öffentliche Zeremonien abhielt, wurde seine menschliche Natur von Göttlichkeit durchflutet. Dann, bei seinem Tod, streifte er sein Menschsein ab und nahm seinen Platz unter den Sternen ein, als anbetungswürdiger Gott.[5]

Und sehr wahrscheinlich waren die Ägypter von den mesopotamischen Herrschern beeinflusst. Tatsächlich entstand die Idee des Gottkönigs in Mesopotamien und wird oft Sargon dem Großen zugeschrieben, dem akkadischen Regenten, der zwischen 2340 und 2284 v. Chr. für kurze Zeit fast das gesamte Mesopotamien beherrschte. Naram-Sin, der vierte König aus Sargons akkadischer Dynastie, erschuf eine völlig neue Ideologie des Königtums, als er sich selbst für göttlich erklärte, indem er seinen Namen (Naram) dem der mächtigen Mondgöttin (Sin) voranstellte.[6]

Wie bereits erwähnt, ist der Gott-Mensch das wohl erfolgreichste minimal kontraintuitive Konzept in der Geschichte der Religionen. Praktisch die einzige Religion im Alten Orient, in der es keine feste Tradition gab, Menschen zu vergöttlichen, war die Religion Jesu: das Judentum.

Wir haben gesehen, wie sehr die Neigung, das Göttliche zu vermenschlichen, fester Bestandteil unserer kognitiven Prozesse ist. Aber was veranlasst eine Gesellschaft, einen Menschen zu vergöttlichen, ihn als Gott anzubeten, ihm göttliche Weisheit und Energie zuzuschreiben und ihn um Hilfe in diesem Leben und im nächsten zu bitten?

Es ist klar, dass die Vermenschlichung des Göttlichen und die Vergöttlichung des Menschlichen zwei Seiten derselben Medaille sind. Während der ersten Jahrtausende der Religionsgeschichte, vom Göbekli Tepe bis zur griechischen Antike, war es ganz natürlich, dass die Götter, die immer mehr menschliche Eigenschaften entwickelten, auch den allermenschlichsten unserer Triebe übernahmen: den Wunsch nach Macht, das Bedürfnis, andere zu kontrollieren und zu beherrschen. Je mehr man den Göttern dieses Motiv zuschrieb, desto mehr veränderte sich ihre Beziehung zur Menschheit. Das Göttliche wurde nicht länger als die vitale Essenz der natürlichen Welt betrachtet: die vergöttlichte Natur. Nun war die Gottheit *König*. Die Götter spendeten nicht länger bloß Licht, Regen und die anderen Naturkräfte, um unser Leben zu erhalten. Jetzt waren sie zuständig für *Gerechtigkeit*. Sie sprachen wie Menschen und verkündeten, was sie von uns forderten. Mit ihren Augen sahen sie alle unsere Handlungen. Mit ihren Händen zerschmetterten sie jene, die sich ihnen widersetzten.

Natürlich haben die Götter nicht wirklich Münder, Augen oder Hände. Das sind menschliche, keine göttlichen Attribute. Also fiel ihren Stellvertretern auf Erden die Rolle zu, den Willen der Götter kundzutun, in ihrem Namen Recht zu sprechen, Feinde zu erschlagen und die von den Göttern beanspruchte Macht in der Welt mit königlichen Händen auszuüben.

Die Rolle des menschlichen Mittlers fiel natürlicherweise ihren menschlichen Pendants zu – in erster Linie also Königen, Pharaonen und Kaisern, aber auch Priestern und Propheten, Mystikern und Messiassen. Wir haben gesehen, wie dieser Prozess in Mesopotamien Gestalt annahm. Die göttlich legitimierte Macht konzentrierte sich immer stärker in den Händen autokratischer Herrscher. Und wird erst einmal die Idee allgemein akzeptiert, dass man bestimmte Personen als Mittler zwischen Göttern und Menschenwelt benötigt, ist es nur ein kleiner Schritt dahin, diese Menschen zu vergöttlichen. Schließlich erscheint es durchaus sinnvoll, die Person, die als Brücke zwischen den Menschen und der Gottheit agiert, ebenfalls für göttlich (oder wenigstens für einen Halbgott) zu halten.

Dennoch hatte die Vergöttlichung Jesu etwas zutiefst Bahnbrechendes. Dass Menschen vergöttlicht wurden, war in der jüdischen Religion auch zuvor keineswegs unbekannt. Und auch der Umstand, dass Jesus kein König und Kaiser war wie die meisten altorientalischen Gott-Menschen, sondern der einfachen Landbevölkerung angehörte, war nicht das wahrhaft Revolutionäre.[7]

Dass die Vergöttlichung Jesu anders war, hatte weniger mit seiner Person zu tun, als mit der Natur der Gottheit, die er angeblich verkörperte. Denn während man in all den anderen Gott-Menschen der Antike eine von vielen Manifestationen einer Vielzahl einzelner Götter sah, wurde Jesus als die *alleinige* menschliche Manifestation des *einzigen* Gottes im Universum betrachtet.

In den ersten Jahrhunderten des Christentums fiel es zahlreichen Christen schwer, diese Idee zu akzeptieren. In der frühen Kirche schieden sich an der Idee des Johannesevangeliums, Jesus sei der Logos, die Geister: Entweder irrte der Evangelist Johannes, und Jesus war ein Mensch und nicht Gott, oder Johannes hatte recht, und Jesus war tatsächlich Gott – aber dann eben nicht der eine und alleinige Gott des Universums. Kein Geringerer als der herausragende christliche Apologet und Theologe Justin, der Märtyrer (100-165), musste zugeben, dass Jesus, wenn er wirklich, wie Johannes behauptete, der göttliche Logos gewesen war, ein anderer Gott gewesen sein musste, ein »anderer als der Gott, der alles erschuf«. Paulus von Samosata (200-275), Bischof von Antiochien, wo die damals nach Rom einflussreichste Gemeinde von Christen lebte, vertrat die Auffassung, Johannes könne nur gemeint haben, der Logos wohne *in* Jesus, nicht, dass Jesus der Logos *sei*. Der einzige Gott habe ihm den Logos als Lohn für sein »tugendhaftes Leben« geschenkt. Der einflussreiche Kirchenvater Arius von Antiochien (256-336) ging noch einen Schritt weiter: Es gibt nur einen Gott, verkündete Arius. Dieser Gott muss definitionsgemäß unsichtbar und unerschaffen sein und immer schon existiert haben. Daher ist es schlichtweg unmöglich, dass Jesus der Logos gewesen sein könnte. Denn dann müsste es im Universum *zwei* Götter geben, und das fand Arius unvorstellbar.[8]

Doch nicht alle fanden die Idee von den zwei Gottheiten so absurd. Tatsächlich entstand eine hoch polarisierte Debatte darüber, ob Jesus ein Mensch oder ein zweiter Gott war. Und da es zunächst nicht gelang, einen Kompromiss zwischen diesen beiden Positionen zu finden (das geschah erst Mitte des vierten Jahrhunderts), akzeptierten viele frühe Christen die Sichtweise, dass es im Universum nicht nur zwei Götter gab – einen Gott namens Jahwe und einen anderen Gott namens Jesus –, sondern dass diese beiden Götter miteinander verfeindet waren.

Marcion, ein junger Gelehrter aus Kleinasien, war der berühmteste Vertreter der Theorie von den zwei christlichen Göttern – bekannt als *Ditheismus*. Geboren wurde Marcion ungefähr zu der Zeit, als das Johannesevangelium verfasst wurde. Er gehörte somit zur ersten Generation von Nicht-Juden, die in dem noch neuen christlichen Glauben aufwuchsen. Sein Vater war Bischof von Sinope, einer Stadt an der Schwarzmeerküste, wo der Familie ein einträgliches Schiffsbauunternehmen gehörte.

Marcions Reichtum ermöglichte es ihm, sich ganz den Freuden des Lebens und der Bildung zu widmen. Er befasste sich mit griechischer Philosophie und christlichem Denken und war offenbar auch mit der hebräischen religiösen Literatur vertraut. Und gerade diese intensive Kenntnis sowohl der alten jüdischen Religion wie auch der brandneuen, in ihren Sichtweisen noch ungefestigten ursprünglich jüdischen Sekte, die sich Christen nannten, bereitete Marcion großes Unbehagen. Denn so sehr Marcion sich bemühte, es wollte ihm nicht gelingen, *Jahwe*, den Gott, der ihm in der hebräischen Bibel begegnete, mit jenem Gott in Einklang zu bringen, den Jesus *Vater* nannte.

Der Jahwe des Alten Testaments ist ein blutdurstiger »Krieger« (Exodus 15,3; Jesaja 63,3) – ein eifersüchtiger Gott, der nur zu gerne bereit ist, jeden niederzumetzeln, der ihn nicht anbeten will (Exodus 22,23). Dieser Gott ließ zweiundvierzig Kinder von Bären zerreißen, nur weil sie einen seiner Propheten wegen seiner Glatze verspottet hatten (2 Könige 2,23-24). Wie konnte der einzige Gott des Universums so engherzig und kleingeistig sein, so besitzergreifend und grausam? Und, mehr noch, was konnte ein solcher Gott mit dem Gott zu tun haben, von dem Jesus gesprochen hatte: einem Gott der Liebe und Vergebung, des Friedens und der Barmherzigkeit?

Marcion akzeptierte die Göttlichkeit Jesu. Er stimmte mit Johannes völlig überein, dass der Logos Gott war. Wenn er von »dem durch Jesus offenbarten Gott« sprach, meinte er den Gott, der durch den Menschen Jesus offenbar wurde. Gleichzeitig erkannte Marcion in Jahwe, dem Gott der hebräischen Bibel, den Schöpfer der Welt. Tatsächlich scheint er die biblische Schöpfungsgeschichte wörtlich aufgefasst zu haben. Aber dadurch wurden Jesus und Jahwe nur noch unähnlicher. Was für ein Gott, fragte sich Marcion, würde eine so elendige Welt erschaffen – eine Welt voller Gier und Zerstörung, voller Feindseligkeit und Hass? Hatte Jesus nicht gesagt: »An ihren Früchten werdet ihr sie erkennen«? (Matthäus 7,16) Wenn das zutraf, dann schienen die Früchte dieses Gottes faul bis ins Mark zu sein.[9]

Für Marcion konnte es darauf nur eine vernünftige Antwort geben: Es existierten zwei Götter – der Gott Israels namens Jahwe, grausamer Schöpfergott in der hebräischen

Bibel, und der liebende, barmherzige Gott, der als Logos immer schon dagewesen war, sich aber in Gestalt des Jesus Christus zum ersten Mal der Welt offenbart hatte.

Marcion war bei Weitem nicht der einzige frühe Christ, der zu diesem Schluss gelangte. Unter den Griechisch sprechenden Christen waren die so genannten *Gnostiker* (vom griechischen Wort für »Wissen«: *Gnosis*) zahlreich vertreten, die ebenfalls zwischen dem Gott des Alten Testaments und dem Gott Jesu unterschieden. Doch anders als Marcion weigerten sich die meisten Gnostiker, Jahwe als Schöpfer der Welt anzuerkennen. Sie glaubten, die Schöpfung sei das Werk des *Demiurgen* oder »Anfertigers«, eines niederen Gottes, der, selbst körperlich entstellt und unvollkommen, dennoch glaubt, der einzige Gott im Universum zu sein.

»Und er ist gottlos in seiner Arroganz«, schreibt der gnostische Autor des *Apokryphon des Johannes*. »Denn er sagte: ›Ich bin Gott, und es gibt keinen anderen Gott neben mir‹, denn er erkennt seine eigene Kraft nicht, den Ort, aus dem er kam.«[10]

Der Demiurg war es, der die Städte Sodom und Gomorra zerstörte. Er ermordete den größten Teil der Menschheit, indem er eine schreckliche Sintflut schickte. Und er vertrieb Adam und Eva aus dem Paradies.

»Doch was für eine Art Gott ist das?«, fragt der gnostische Autor des *Testaments der Wahrheit* anklagend. »Zuerst verbot er in seiner Bosheit Adam, vom Baum der Erkenntnis zu essen. Und dann sagte er: ›Adam, wo bist du?‹ ... Eindeutig entlarvte er sich als boshafter Neider.«[11]

Indem Marcion und die Gnostiker die Verantwortung für die Erschaffung der Welt einem geringeren Gott übertrugen – entweder Jahwe oder dem Demiurgen –, wollten sie nicht nur die Unvollkommenheit und Sündhaftigkeit der Welt, die im Widerspruch zur Idee eines makellosen und absolut guten Schöpfers stand, erklären. Es ging ihnen darum, Jesus von der Verantwortung für die abscheulichen Taten zu befreien, die in der hebräischen Bibel Jahwe zugeschrieben werden.

Aber da war noch etwas. Indem sie für die Existenz zweier Götter eintraten, versuchten diese Christen, das Christentum von seinen jüdischen Wurzeln zu lösen und aus ihm eine völlig neue Religion zu machen, mit einer neuen Offenbarung und einem neuen Gott.[12]

Im Jahr 139 verließ Marcion seinen Geburtsort am Schwarzen Meer und reiste nach Rom, um seine Ideen in der damals größten und einflussreichsten Gemeinde von Christen zu verkünden. Er machte sich durch eine enorme Spende von 200 000 Sesterzen beliebt, was heute mehreren Millionen US-Dollar entspräche. Diese Spende ermöglichte es Marcion, als hochgeschätzter Gast der Gemeinde in Rom zu leben.

Dort verfasste Marcion zwei Manuskripte. Das eine, in dem er seine theologischen Vorstellungen darlegte, ist heute verschollen. Aber immerhin wissen wir durch die Kirchenväter, also durch frühe christliche Theologen, die sich von Marcions Ideen distanzierten, etwas über den Inhalt. Sein zweites Manuskript war der erste Versuch, so etwas wie eine neutestamentliche Textsammlung zu erstellen. Marcions Kanon bestand aus einer bearbeiteten Version des Lukasevangeliums und zehn Briefen des Apostels Paulus, dessen Darstellung des Christus als kosmisches Wesen perfekt zu Marcions eigenen Ansichten passte.

Nachdem Marcion fünf Jahre lang akribisch seine Argumentation entwickelt hatte, lud er die römischen Kirchenführer zu einer Versammlung ein und präsentierte ihnen sein Konzept der zwei Götter. Er begann, indem er argumentierte, Jesus sei der Fleisch gewordene Gott, worin er mit den meisten – aber nicht allen – anwesenden

Kirchenführern übereinstimmte. Doch dann behauptete Marcion, Jesus sei nicht der Gott, den sie alle als Jahwe kennen würden. Stattdessen handele es sich bei ihm um einen völlig anderen, zuvor unbekannten Gott, der sich erst durch Jesus der Menschheit offenbart habe. Christus sei, so sagte Marcion zu den Kirchenvätern, auf die Welt gekommen, um die Menschheit vom bösen Schöpfergott der Bibel zu befreien. Die in Jesu Namen gegründete neue Religion, das Christentum, dürfe nicht mit dem Judentum verknüpft werden, aus dem sie hervorging. Die heiligen Schriften der Juden seien überholt. Man benötige eine neue Bibel. Und zum Glück habe er, Marcion, eine solche neue Bibel verfasst und ihnen mitgebracht.[13]

Der Apostel Johannes und Marcion von Sinope
(dessen Gesicht absichtlich verunstaltet wurde) auf einem Bild
in einem italienischen Evangeliar mit griechischem Text
(MS M.748, fol. 150v, 11. Jahrhundert).
The Morgan Library & Museum / Janny Chiu / Art Resource, New York

Den Kirchenführern gefiel das ganz und gar nicht. Sie erstatteten Marcion zurück, was von seiner großzügigen Spende noch übrig war, und verbannten ihn aus Rom. Doch Marcion ließ sich davon nicht beirren. Er kehrte nach Hause zurück und predigte erfolgreich in Kleinasien, wo viele Menschen empfänglich für seine Lehre von den zwei Göttern waren. Die von Marcion gegründete ditheistische Kirche wurde eine der größten christlichen Religionsgemeinschaften. Bis ins fünfte Jahrhundert hinein war sie in der Türkei und Syrien weitverbreitet.

Es stellt sich die Frage, warum die römischen Kirchenväter so darauf bedacht waren, den jüdischen Monotheismus aufrechtzuerhalten. Bereits in diesem frühen Stadium seiner Geschichte wies das Christentum kaum noch Ähnlichkeiten zur jüdischen Religion auf. Die Christen bekannten sich zu einem völlig neuen Glauben, dämonisierten die Juden als Christusmörder und schrieben ihre heiligen Texte auf Griechisch statt auf Hebräisch. Und sie sprachen Jesus eine Göttlichkeit zu, die im Widerspruch zur jüdischen Definition Gottes als einzig und unteilbar stand.

Dass die frühe christliche Kirche so sehr dem jüdischen Glauben an den einen Gott die Treue hielt, dürfte vor allem politische Gründe gehabt haben. Denn als Marcion und die Gnostiker mit den Kirchenführern über die Natur Gottes stritten, ging es dabei auch um die Macht in dieser neuen Gemeinschaft. Die Religionswissenschaftlerin Elaine Pagels schreibt dazu, dass die frühe Kirche auf dem Glauben an einen einzigen Gott beharrte, um dadurch ihr Regierungssystem mit einem Bischof an der Spitze zu untermauern – und zwar dem Bischof Roms. »So, wie Gott im Himmel als Herr, Oberbefehlshaber, Richter und König regiert«, schreibt Pagels, »delegiert er seinen Willen auf

Erden an die Mitglieder der Kirchenhierarchie. Sie agieren als seine Generäle und befehligen ein Heer von Untergebenen: Könige, die über ›das Volk herrschen‹; Richter, die in Gottes Namen Recht sprechen.«[14]

Es handelte sich hier ganz offensichtlich um die uns schon bekannte »Vergöttlichung weltlicher Politik«. Der einflussreiche Kirchenälteste Ignatius von Antiochien (35-108) fand dafür einen griffigen Slogan: »Ein Gott, ein Bischof.« Wurde also die Einzigkeit Gottes öffentlich angezweifelt, bedeutete das eine Schwächung der bischöflichen Autorität. Die Pflicht der Christen bestand laut Ignatius darin, ihrem Bischof zu gehorchen, »als wäre er Gott«. Clemens I. (um 50-101), erster Bischof Roms und somit der erste Papst, warnte, dass alle, die ihren Nacken nicht seiner bischöflichen Autorität beugen wollten, damit gegen Gott rebellierten und mit dem Tode bestraft werden würden.

Die Anhänger Marcions und der zahlreichen gnostischen Sekten, die im frühen Christentum florierten, beeindruckte das Beharren der Kirchenhierarchie auf dem Prinzip »Ein Gott, ein Bischof« wenig. Aber es pflanzte einen Widerspruch mitten ins Herz der expandierenden neuen Religion. Denn wenn die Kirche auf die jüdische Definition Gottes pochte, die seinerzeit als Folge der babylonischen Exilerfahrung entstanden war – Gott als einzig und unteilbar –, brauchte man eine Erklärung dafür, wie ein jüdischer Handwerker aus dem Hügelland Galiläas ebenfalls Gott sein konnte. Dieses Problem hätte die Kirche fast zerrissen und dem Christentum ein Ende gesetzt, bevor sein eigentlicher Aufstieg begann.

Am Ende des zweiten Jahrhunderts hatte das Christentum sich im Römischen Reich so ausgebreitet, dass der Staat es nicht länger ignorieren konnte. Sogar einige hochrangige Mitglieder des kaiserlichen Hofes waren zu der neuen Religion konvertiert. Im Jahr 202 untersagte Rom alle weiteren Übertritte, und in der Mitte des Jahrhunderts waren die Christen im Kaiserreich massiver Verfolgung ausgesetzt. In dieser Zeit war das Römische Reich von politischer und ökonomischer Instabilität geplagt, und viele Römer gaben daran den Menschen die Schuld, die sich von den alten Göttern abgewandt hatten. Zielscheibe dieser Wut wurden in hohem Maße die Christen, die sich schon allein dadurch verdächtig machten, dass sie sich weigerten, den römischen Göttern zu huldigen.

Als im Jahr 284 Diokletian, ein Römer aus niederem Stand, nach einer steilen Karriere als Soldat zum Kaiser ausgerufen wurde, machte er es zu seiner persönlichen Angelegenheit, im ganzen Römischen Reich das Christentum auszurotten. Kirchen wurden niedergebrannt, heilige Texte beschlagnahmt, und der so genannten Großen Verfolgung fielen christliche Laien und Kleriker gleichermaßen zum Opfer.

Als Diokletian ein paar Jahre später plötzlich abdankte, traf er die fatale Entscheidung, das Reich in eine Tetrarchie aufzuteilen, in der vier Kaiser herrschten, und zwar je ein Oberkaiser und ein Unterkaiser im Westen und das andere Herrschergespann im Osten. Diese unhaltbare Situation führte schon bald zum Bürgerkrieg zwischen verschiedenen Thronrivalen. Im Jahr 312 zog einer dieser Rivalen, Konstantin, mit seinem Heer bis zum Ufer des Tiber. Er verfolgte das Ziel, die Herrschaft wieder in den Händen eines einzigen Kaisers zu konzentrieren. Dieser Konstantin veränderte das Schicksal Roms und des Christentums für immer.

Der Legende zufolge hatte Konstantin am Vorabend der Tiber-Schlacht einen Traum. Darin sah er ein leuchtendes Kreuz am Himmel, zusammen mit den Worten: DURCH

DIESES SIEGE! Am nächsten Tag ließ er die Schilde der Soldaten seiner Truppen mit einem neuen Emblem ausstatten: dem Chi-Rho – einem Kreuz, das aus den beiden ersten Buchstaben des griechischen Wortes für *Christus* gebildet wird. Konstantins Sieg in dieser Schlacht ebnete ihm den Weg zur Alleinherrschaft im Römischen Reich.

Da Konstantin seinen Erfolg dem Gott der Christen zuschrieb, beendete er die Christenverfolgung und gestattete, als er zum Kaiser ausgerufen worden war, den Christen eine legale Religionsausübung. Doch zeigte der neue Kaiser eine nur geringe Kenntnis seines neuen Glaubens. Er scheint diese Religion für eine Art Sonnenkult gehalten zu haben. Für ihn kam es vor allem darauf an, dass die Christen an nur einen Gott glaubten. Der Mann, der in so viele Schlachten gezogen war, damit Rom wieder von einem einzigen Kaiser regiert wurde, erkannte offenbar instinktiv, welche politischen Vorteile ihm eine monotheistische Religion brachte. Doch Konstantins Slogan unterschied sich etwas von dem des Ignatius. Nun hieß es: »Ein Gott, ein Kaiser.«[15]

Es lässt sich nur ahnen, wie groß Konstantins Überraschung gewesen sein muss, als er entdeckte, dass viele seiner neuen christlichen Glaubensgenossen gar nicht an die Existenz eines einzigen Gottes glaubten und dass in der Christenheit keinesfalls Einigkeit über die Beziehung zwischen diesem Gott und Jesus Christus herrschte. Die Gnostiker und die Kirche in Alexandria betonten die Göttlichkeit Jesu, wobei manche Gnostiker sogar so weit gingen, Jesus sein Menschsein völlig abzusprechen. Er habe nur scheinbar einen Körper gehabt und sei auch nur scheinbar am Kreuz gestorben (Doketismus). Die Ebioniten und die Kirche in Antiochien betonten die Menschwerdung Jesu, wobei die Ebioniten, die aus einer frühen judenchristlichen Tradition des Christentums hervorgegangen waren, Jesus als wundertätigen Prophet betrachteten, der mit göttlicher Autorität sprach, ohne selbst göttlich zu sein.

Manche christlichen Sekten beschritten einen Mittelweg, indem sie behaupteten, Jesus sei zwar als Mensch geboren, jedoch nach seiner Auferstehung vergöttlicht worden (eine Auffassung, die Dynamismus genannt wird). Andere waren der Ansicht, Jesus sei von Gott als sein Sohn »adoptiert« und in den göttlichen Stand erhoben worden, als er im Wasser des Jordan durch den Heiligen Geist getauft wurde (diese Sichtweise heißt Adoptionismus).

Konstantin war Soldat, kein Theologe, und brachte nur wenig Geduld für solche Dispute auf. Er verlangte eine eindeutige Antwort auf die Frage, wer Jesus war und welche Beziehung zwischen dem Sohn und dem Vater bestand. Wenn er sich einer gespaltenen Bevölkerung als der eine wahre Herrscher des Reiches präsentieren wollte, brauchte er Klarheit über das Wesen des himmlischen Herrschers.[16]

Im Jahr 325 rief der Kaiser die Bischöfe und Kirchenführer zum Konzil von Nicäa zusammen, um den Streit endgültig zu beenden. Um die Wichtigkeit des Anlasses zu betonen, übernahm Konstantin persönlich den Vorsitz des Konzils. Eines dürfte den alten Männern, die sich dort versammelten, unmissverständlich klar gewesen sein: Der Kaiser würde kein Resultat akzeptieren, das die Einzigkeit Gottes infrage stellte. Damit waren die Positionen der Gnostiker, der Anhänger Marcions und jeder anderen christlichen Sekte, die den Ditheismus akzeptierte, von vornherein ausgeschlossen. Gleichzeitig waren die Kirchenältesten aber nicht gewillt, ein Ergebnis zu tolerieren, bei dem die Göttlichkeit Christi geleugnet worden wäre. Also waren auch die Auffassungen der Ebioniten und eines großen Teiles der Kirche von Antiochien nicht konsensfähig.

Aber wie ließen sich diese beiden Forderungen unter einen Hut bringen? Mit welchen theologischen Verrenkungen würde sich die Tatsache wegerklären lassen, dass ein einziger, unteilbarer Gott definitionsgemäß nicht in mehreren Gestalten existieren kann, weil er dann eben genau *kein* einziger, unteilbarer Gott mehr ist?

Der Kompromiss von Nicäa bestand in der Erklärung, dass Jesus Christus, der Sohn, »wesensgleich« mit Gott, dem Vater, ist. Diese Idee beruhte auf den Schriften eines der prominentesten frühen Theologen, Tertullian (160-220). Inspiriert von den griechischen Philosophen, vertrat er die Auffassung, Gott sei »ein einziges Wesen«. Anders als diese glaubte Tertullian, dieses Wesen hätte als drei voneinander zu unterscheidenden Personen Gestalt angenommen: als Vater (Jahwe), Sohn (Jesus Christus) und Heiliger Geist (der Geist Gottes in der Welt). Um seine Theorie zu erläutern, benutzte Tertullian Analogien. »Wenn ein Sonnenstrahl aus der Sonne hervorschießt«, schrieb er, »wird ein Teil aus dem Ganzen herausgenommen. Doch ist die Sonne in dem Strahl, weil es ein Sonnenstrahl ist. Er ist nicht von ihr getrennt, sondern eine Erweiterung ihres Wesens. ... Was also aus Gott kommt, ist Gott und Gottes Sohn, und beide sind eins.« Tertullian dachte sich auch einen Namen für diese neue Theologie aus: Er nannte sie *Trinitas* oder Trinität.[17]

Der Kompromiss von Nicäa stellte zwar den Kaiser zufrieden, warf aber für fast alle anderen Kirchenmitglieder noch mehr Fragen auf. Verteilt sich das göttliche Wesen gleichmäßig auf Vater, Sohn und Heiligen Geist? Schließlich enthält ein Sonnenstrahl das Wesen der Sonne, aber doch sicher nicht ebenso viel Wesen oder Substanz wie die Sonne selbst. Und in welcher der drei göttlichen Personen war das göttliche Wesen zuerst enthalten? Es mag sein, dass die Sonne und der Sonnenstrahl aus der gleichen Substanz, dem gleichen Wesen, gemacht sind, aber die Sonne ist die *alleinige Quelle* dieser Substanz. Der Strahl hängt vollständig von der Sonne ab. Gilt das Gleiche auch für den Vater und den Sohn? Ist der Vater die Quelle der Substanz und der Sohn daher vom Vater abhängig? Und wenn das zutrifft, wie kann ein unteilbarer Gott dann aus sich selbst heraus Jesus erschaffen? Würde das nicht gegen Gottes Einzigkeit verstoßen? Würde dadurch nicht Jesus zum Bestandteil der von Gott erschaffenen Ordnung werden, ganz anders, als das Johannesevangelium es darstellt? Denn dort heißt es ja, dass Jesus »im Anfang« bei Gott war. Und wenn andererseits Vater und Sohn die göttliche Substanz gleichzeitig in sich trugen, hieße das nicht, dass es gleich zu Beginn der Schöpfung zwei gleichermaßen göttliche Wesen gab?[18]

Manche Kirchenältesten stützten sich auf die Lehre des Theologen Athanasius von Alexandria (298-373) und versuchten, die Verwirrung dadurch zu beseitigen, dass sie statt der »Wesensgleichheit« zwischen Vater und Sohn eine »Wesensähnlichkeit« vorschlugen. Aber das machte alles noch komplizierter.

Am Ende hatte Augustinus von Hippo (354-430) das letzte Wort. Augustinus, der die christliche Theologie des Westens wie kein Anderer prägte, erklärte in seinem Meisterwerk *De Trinitate* (Über die Dreieinigkeit): »Gott ist Eins.« Gott ist ewig und unveränderlich. Dennoch existiert Gott in drei Gestalten: Vater, Sohn und Heiliger Geist. Und diese sind gleichrangig, keine ist einer anderen untergeordnet. Alle drei sind gleichermaßen göttlich. Und alle drei existieren seit Anbeginn der Zeiten. Wenn diese Vorstellungen vom Gläubigen als verwirrend empfunden werden, wenn sie Logik und Vernunft widersprechen, ja sogar im Widerspruch zur biblischen Definition Gottes stehen, hat der Gläubige das als Mysterium zu akzeptieren und damit zu leben.[19]

Im Jahr 451, einige Zeit nach Augustinus' Tod, bekräftigte die Kirche auf dem Konzil von Chalcedon, dass Jesus Christus sowohl *wahrer* Gott als auch *wahrer* Mensch ist – »wesensgleich dem Vater der Gottheit nach, wesensgleich uns ... der Menschheit nach«. Damit aber erklärte die Christenheit die nach dem babylonischen Exil entstandene jüdische Vorstellung vom einzigartigen und unteilbaren Gott für ungültig und gab völlig dem ältesten und zutiefst verwurzelten Impuls der Menschheit nach. Der Gott, der Himmel und Erde erschaffen hatte, galt nun als ganz und gar menschlich. Das brachte die Kirche auf Kollisionskurs mit einem neuen monotheistischen Glauben, der gut ein Jahrhundert nach dem Konzil von Chalcedon in der arabischen Wüste entstand und das christliche Konzept des vermenschlichten Gottes ablehnte.[20]

9. KAPITEL
Gott ist Alles

Im Jahr 614 standen sich an den Mauern Jerusalems zwei Armeen gegenüber. In der belagerten Stadt erwarteten ein paar tausend dem byzantinischen Kaiser Herakleios treu ergebene Kämpfer unruhig ein schreckliches Gemetzel, das die Armee des persischen (sassanidischen) Großkönigs Chosrau II. unter ihnen anrichten würde.

Diese beiden Großmächte – die eine christlich, die andere zoroastrisch – hatten dreihundert Jahre lang um die Vorherrschaft im Nahen Osten gekämpft. Hierbei ging es nicht nur um Landgewinne. Es prallten die unterschiedlichen religiösen Anschauungen zweier theokratischer Monarchien aufeinander: zum einen der zoroastrische Dualismus mit dem Glauben an zwei göttliche Personen, zum anderen die christliche Dreifaltigkeitslehre mit dem Glauben an drei göttliche Personen.

Zu Beginn des siebten Jahrhunderts hatte der scheinbar endlose Konflikt beide Reiche ihrer Macht und ihres Reichtums beraubt. Und doch war ihre Feindschaft so groß, dass keine Seite der Versuchung widerstehen konnte, immer wieder kriegerische Auseinandersetzungen anzuzetteln. Der damals erst kurz zuvor erfolgte Aufstieg des Herakleios zum Kaiser hatte im byzantinischen Reich für Unruhe gesorgt – seinen Vorgänger auf dem Kaiserthron hatte der junge Soldat höchstpersönlich gevierteilt. Chosrau, Herrscher über ein fast bankrottes Reich, nutzte die vorübergehende Schwäche des Gegners und ließ seine Armee christliche Landstriche ausplündern. Antiochien und Damaskus hatte er bereits erobert. Nun stand die persische Armee vor den Toren Jerusalems, um die heilige Stadt einzunehmen und der

Christenheit damit eine symbolträchtige Niederlage zu bereiten.

Chosraus zehntausend schwer bewaffnete persische Soldaten hatten die Stadtmauer umzingelt. Unterstützt wurden sie von einer zweitausend Mann zählenden jüdischen Hilfstruppe. Die Juden wollten Rache nehmen für drei Jahrhunderte Unterdrückung, Massenmord und Zwangsbekehrungen unter christlicher Herrschaft. Dieser Wunsch ging in Erfüllung. Als die Mauern durchbrochen und die Christen besiegt waren, gab König Chosrau Jerusalem an die Juden zurück, die sofort ein Blutbad unter den Christen in der Stadt anrichteten.

Doch Herakleios formierte seine Truppen neu, und die Byzantiner starteten eine Gegenoffensive. Die Sassaniden wurden wieder aus den von ihnen eroberten Städten vertrieben. Im Jahr 630 eroberte Herakleios Jerusalem zurück und massakrierte alle Juden, die sich dort noch aufhielten. Kriegsmüde schlossen die beiden Großmächte einen Friedensvertrag und bereiteten sich auf, wie man glaubte, eine kurze Atempause in diesem anscheinend endlosen Krieg zweier sich im Niedergang befindender Imperien vor. Doch dann geschah etwas, das niemand vorhergesehen hatte.

Ein paar Monate nachdem Herakleios und die Sassaniden Frieden geschlossen hatten (zwischenzeitlich war Chosrau einer Intrige zum Opfer gefallen), wurden die beiden Herrscher von Gesandten aus den vergessenen Wüstengebieten der arabischen Halbinsel aufgesucht. Die Gesandten überbrachten ihnen Briefe eines arabischen Propheten. Er behauptete von sich, im Namen eines Gottes zu sprechen, von dem weder die Christen noch die persischen Dualisten je gehört hatten. Dieser Gott sei aber, so der Prophet, der alleinige Gott des Universums.

Im Namen Allahs, des Allerbarmers, des Barmherzigen, begann der Brief. *Friede sei mit dem, der dem rechten Weg folgt. Ich lade dich zum Islam ein. Werde ein Muslim, dann wirst du sicher sein, und Allah wird deinen Lohn verdoppeln. Wenn du aber diese Einladung zum Islam zurückweist, begehst du eine Sünde, weil du deine Untertanen in die Irre führst.*

Der Brief war unterzeichnet mit Mohammed, der Gesandte Gottes.[1]

Der König der Sassaniden missachtete alle Regeln königlichen Benehmens und tötete den Gesandten. Er befahl seinem Vizekönig, diesen Wüstenpropheten ausfindig zu machen und ihm den Kopf abzuschlagen. Herakleios dagegen war, so wird berichtet, von der Kühnheit des Briefes so amüsiert, dass er einen Lachanfall bekam. Er entließ den Gesandten, zerriss den Brief und dachte sich offenbar nichts weiter dabei.

Es verging kein Jahrzehnt, dann hatten die Anhänger dieses Wüstenpropheten fast das gesamte Sassanidenreich erobert und dem Zoroastrismus als Weltreligion ein Ende gesetzt. Sie hatten das byzantinische Reich aus dem Nahen Osten verdrängt und es auf ein Fünftel seiner ursprünglichen Größe reduziert, so dass es nur noch ein Schatten seiner selbst war. Sie hatten den Juden erlaubt, erneut nach Jerusalem zurückzukehren und dort wieder ihren Glauben zu praktizieren. Die Armeen der neuen, aus der Wüste aufgetauchten Religion kämpften dafür, die beiden Gottesbilder, die damals die Welt beherrschten – Gott als Dreifaltigkeit und Gott enthalten in Zweien –, mit Stumpf und Stiel auszurotten. Ersetzt werden sollten sie durch das Gottesbild der Juden, das Mohammed, der Prophet dieser arabischen Krieger, von ganzem Herzen verkündete: Es gibt nur einen Gott.[2]

Muhammad ibn ʿAbdallah ibn ʿAbd al-Muttalib wurde in der zweiten Hälfte des sechsten Jahrhunderts in Mekka auf der arabischen Halbinsel geboren. Mohammed war der einzige Sohn einer Witwe, in einer Stadt, in der es für Witwen keinerlei Schutz gab. Er wurde bald zum Waisenkind, in einer Gesellschaft, in der Waisen wie materieller Besitz gekauft und verkauft wurden. Dank der Hilfe eines gütigen Onkels entging der junge Mohammed diesem Schicksal. Er verdiente sich seinen mageren Lebensunterhalt durch die Teilnahme an Karawanenreisen nach Syrien und in den Jemen. Im Alter von Anfang bis Mitte zwanzig verbesserte sich seine wirtschaftliche Lage dadurch, dass er eine ältere Kaufmannswitwe namens Chadidscha heiratete und die Leitung ihrer Karawanserei und ihres erfolgreichen Handelsgeschäftes übernahm.

Obwohl Mohammed nun verhältnismäßig wohlhabend war und angenehm leben konnte, wurde er das Gefühl nicht los, dass mit einer Gesellschaft etwas nicht stimmte, in der Menschen so leicht in Sklaverei und Verzweiflung stürzen konnten, wie es ihm beinahe geschehen war – einer Gesellschaft, in der die schutzlos dastehende Masse der Menschen so leicht durch die Reichen und Mächtigen ausgebeutet werden konnte. Das machte ihn ruhelos und unzufrieden. Er fing an, seinen Reichtum zu verschenken, und suchte Trost in den Bergen, wo er die Nächte in Gebet und Meditation verbrachte. Er flehte zum Himmel um eine Antwort auf die Not und Sorge, die er in der Welt sah.

Dann, eines Tages, antwortete der Himmel.

Der Überlieferung nach meditierte Mohammed in einer Höhle auf dem Berg Hira, als ihm plötzlich eine unsichtbare Wesenheit befahl: »Rezitiere!« Darauf folgte eine zweiundzwanzig Jahre währende Folge von Offenbarungen eines Gottes, den Mohammed *Allah* nannte. Diese Offenbarungen wurden schließlich zum *Koran* zusammengestellt. *Koran* bedeutet übersetzt: »die Lesung / Rezitation«.

Die alten Araber kannten Allah bereits. Vermutlich war er die arabische Entsprechung des indoeuropäischen Gottes Dyaus, den die Griechen Zeus nannten. Es handelte sich um einen Himmelsgott, der im Pantheon der Araber immer weiter aufstieg und schließlich zu deren Hochgott wurde. Unklar ist aber, ob sie sich Allah als personalisierte Gottheit oder als eine Art abstrakten Geist vorstellten, vergleichbar der göttlichen Kraft, die nach Auffassung der alten Ägypter und Mesopotamier das Fundament des Universums bildete. Allah ist eine Kurzform des arabischen Wortes *Alilah*, das einfach »der Gott« bedeutet – was darauf hindeutet, dass Allah wohl mehr als göttlicher *Geist* betrachtet wurde und weniger als göttliche *Persönlichkeit*. Und anders als für die Hunderte von Göttern, die im alten Arabien bekannt waren, wurden von Allah offenbar niemals Bildnisse angefertigt, was dann nachvollziehbar ist, wenn die Araber ihn sich als Geist ohne physische Gestalt vorstellten.

Sie schrieben Allah aber Absicht und Willenskraft zu, denn sie betrachteten ihn als den Schöpfer des Himmels und der Erde. Sie dachten sich Allah als ein materiell existierendes Wesen, das, wie Zeus, Söhne und Töchter gezeugt hatte. Allahs drei Töchter – al-Lat, die mit der griechischen Göttin Athene in Verbindung gebracht wurde; Manat, die Bezüge zur mesopotamischen Göttin Ischtar aufweist; und al-Uzza, die arabische Entsprechung der Aphrodite – spielten in der arabischen Spiritualität eine zentrale Rolle als Botschafterinnen Allahs.

Wie dem aber auch sei: Die Araber hatten wenig Verwendung für eine abstrakte Gottheit, die sie nicht sehen und zu der sie im Alltag keine Verbindung herstellen konnten. Im arabischen Pantheon wimmelte es von Göttern und Göttinnen, Engeln und Dämonen und Dschinn, die alle für bestimmte Aufgaben zuständig waren und die man sich eindeutig menschlich vorstellte. Die Götter der arabischen Welt aßen und tranken, hatten Sex und zeugten Kinder, trugen Kleidung und Waffen (die Göttin Manat trug zwei Kettenhemden und zwei Schwerter). Von den meisten dieser Götter gab es, anders als von Allah, in Stein gemeißelte Statuen. Sie sahen wie Menschen aus (oder, seltener, wie Tiere) und wurden in Mekkas zentralem Heiligtum, der Kaaba, verehrt. Dort konnten die Araber ihnen Opfer darbringen, um so Glück und Segen zu erbitten.[3]

Seite aus »Journey of the Prophet Muhammad« aus dem Majma al-Tavarikh von Hafiz-i Abru (um 1425).
Metropolitan Museum of Art / CC0 1.0

Wir haben es hier mit einer hochentwickelten Form des Polytheismus zu tun, die Gottheiten aus anderen Religionen, einschließlich Judentum und Christentum, großzügig absorbierte. Der jüdische Patriarch Abraham hatte eine Statue in der Kaaba, ebenso wurden dort auch Jesus Christus und seine Mutter Maria verehrt. Und viele Araber betrachteten alle diese Götter als Manifestationen eines einzigen göttlichen, wenn auch fernen und unnahbaren Wesens: Allah.

Als nun Mohammed mit einer Botschaft dieses Allah vom Berg Hira herabstieg und behauptete, Allah sei die einzige Gottheit im Universum, stieß er damit nicht auf großen theologischen Widerstand. Mekka war eine pulsierende, in religiöser Hinsicht pluralistische, kosmopolitische Stadt – ein Zentrum von Gewerbe und Handel. Juden, Christen, Zoroastrier, Hindus und Polytheisten begegneten sich in einer Umgebung, die den Nährboden für kühne religiöse Experimente bot. Der von Mohammed gepredigte Monotheismus dürfte von den meisten Anwohnern weder als neu noch besonders provozierend empfunden worden sein. Selbst das Vokabular, mit dem Mohammed Allah als Schöpfer und König beschrieb, als den Alles-Bezwinger und Beherrscher, entspricht nahezu wortgleich der Beschreibung Allahs durch die vorislamischen Araber.

Doch führte Mohammed zwei Neuerungen in die arabische Religion ein, die ihn auf Konfrontationskurs zum Establishment Mekkas brachten und seine Bewegung einzigartig machten. Erstens betonte er die ausschließliche Natur seines monotheistischen Systems. Es genügte nicht, dass die Araber an Allah als einzigen Gott des Universums glaubten. Sie mussten auch die Existenz aller anderen Götter ausdrücklich leugnen. »O mein Volk. Dienet Allah; ihr habt keinen Gott außer ihm.« (Sure 7,59)

Das war nicht einfach nur eine etwas andere Art, Allah zu betrachten. Das war ein direkter Angriff auf die bestehende Ordnung. Denn indem Mohammed behauptete, es würden keine anderen Götter existieren, untergrub er die ökonomischen Grundlagen der Stadt Mekka. Bisher hatte Mekka in dem Ruf gestanden, dass dort alle bekannten Götter Arabiens eine sichere Heimstatt hatten und von den Gläubigen angebetet werden konnten. Wenn es angeblich keine anderen Götter mehr gab, benötigte man die Kaaba nicht länger, und damit war Mekkas Stellung als religiöses und wirtschaftliches Zentrum Arabiens dahin.

Die zweite Neuerung bestand darin, dass Mohammed Allah ausdrücklich mit Jahwe identifizierte, dem Gott der Juden. Natürlich kannten die Araber Jahwe. Schon seit Jahrhunderten, vielleicht schon seit dem babylonischen Exil, lebten auf der arabischen Halbinsel Juden, und sie nahmen auf allen Ebenen am gesellschaftlichen Leben teil. Die Araber akzeptierten sogar, dass Jahwe und Allah mehr oder weniger als identisch betrachtet wurden, vor allem wenn es um Allahs Rolle als Schöpfergott ging.

Doch nun stellte Mohammed die Beziehung zwischen diesen beiden Göttern in einen ganz neuen Zusammenhang, indem er behauptete, Allah hätte den Bund mit Abraham geschlossen (Sure 2,124-133). Allah sei Mose in Gestalt eines brennenden Dornbuschs erschienen und hätte ihn angewiesen, nach Ägypten zurückzugehen und die Israeliten zu befreien (Sure 28). Allah sei es gewesen, der die Welt durch eine schreckliche Flut verheerte und nur Noah und dessen Familie verschonte (Sure 71). Allah habe einen Engel zu Maria geschickt, um ihr die gute Nachricht zu verkünden, dass sie den Messias, Jesus, zur Welt bringen würde (Sure 3,37-42). Und tatsächlich habe Allah die Tora und die Evangelien offenbart (Sure 5,48-50).

Um nicht missverstanden zu werden: Mohammed ersetzte nicht Jahwe durch Allah, sondern betrachtete Jahwe und Allah als *ein und denselben* Gott. Der Kern seiner Botschaft besagte, dass er, Mohammed, nur einer in einer langen Linie von Propheten sei, die sich bis zu Adam zurückverfolgen ließ. Seine Aufgabe bestand, so sagte er, nicht darin, eine neue heilige Schrift zu offenbaren, sondern seine Offenbarung sei »eine Bestätigung dessen, was ihm vorausging« (Sure 12,111). »Wir glauben an Allah und was auf uns herabgesandt ward, und was herabgesandt ward auf Abraham und Ismael und Isaak und Jakob und die [zwölf] Stämme [Israels], und was gegeben ward Moses und Jesus und den Propheten von ihrem Herrn; wir machen keinen Unterschied zwischen einem von ihnen.« (Sure 3,78)

Dass Mohammed mit der jüdischen Religion gut vertraut gewesen sein muss, zeigt sich an seiner Nacherzählung jüdischer Mythen, seinem Respekt für die jüdischen Propheten, seiner Verehrung der heiligen Stadt Jerusalem und seiner fast vollständigen Übernahme jüdischer Speise- und Reinheitsgebote. Der Einfluss des Judentums auf Mohammeds Denken war so ausgeprägt, dass einige Historiker der Ansicht sind, der Islam sei, wie das Christentum, anfangs eine jüdische Sekte gewesen, ehe er sich zu einer eigenständigen Religion entwickelte. Auch wenn die meisten Wissenschaftler diese Auffassung nicht teilen, lässt sich nicht leugnen, dass Mohammed stark durch seine Kontakte mit den in Arabien lebenden Juden beeinflusst war. Und nirgendwo zeigt sich dieser Einfluss deutlicher als in seiner bedingungslosen Akzeptanz der jüdischen Vorstellung vom einzigen und unteilbaren Gott. »Sprich: Er ist der eine Gott«, heißt es im Koran eindringlich. »Der ewige Gott; er zeugt nicht und wird nicht gezeugt, und keiner ist ihm gleich.« (Sure 112, 1-3)[4]

Diese Sätze sind so bemerkenswert, weil der jüdische Monotheismus zu jener Zeit als religiöse Idee in einer Ecke des Nahen Osten von der byzantinischen Dreifaltigkeitslehre und dem zoroastrischen Dualismus eingekesselt war. Damit, dass Mohammed sich vom Zoroastrismus und dem Christentum (Sure 4,171: »Sprechet nicht: ›Drei.‹ Allah ist nur ein einiger Gott.«) distanzierte und stattdessen uneingeschränkt den jüdischen Monotheismus unterstützte, hauchte er nicht nur der dahinsiechenden jüdischen Idee des einen, persönlichen Gottes neues Leben ein, sondern erschuf eine neue Weltreligion, ob er sich dessen bewusst war oder nicht.[5]

Im Zentrum dieser neuen Religion stand eine Art doppelte Bekräftigung des monotheistischen Konzepts. Dieses gründet sich im Islam nämlich auf eine komplexe theologische Idee namens *Tauhid*. Dieses arabische Wort bedeutet »vereinigen, vereinheitlichen«. Damit wird weniger Gottes *Einzigartigkeit* bekräftigt, sondern Gottes wahres Wesen beschrieben. Es bedeutet nicht, dass es nur einen Gott gibt. Es bedeutet, dass Gott in seiner Gestalt und Natur *Einssein* ist.

Als Ausdruck der »Göttlichen Einzigkeit« verlangt der Tauhid, dass Gott nicht nur unteilbar, sondern auch absolut einzigartig ist. Allah ist »wie nichts anderes«, schrieb Abu Hanifa an-Nuʿman (699-767), einer der ersten muslimischen Theologen, der sich mit diesem Thema auseinandersetzte. »Er gleicht keinem erschaffenen Wesen oder Ding, und kein erschaffenes Wesen oder Ding gleicht ihm.«[6]

Es kann demnach keine physische Ähnlichkeit zwischen Allah und seiner Schöpfung bestehen, weswegen der Koran anders als fast alle anderen Schöpfungsmythen des Alten Orients ausdrücklich ausschließt, dass Gott die Menschen nach seinem Ebenbild erschuf. Von Gott gibt es kein Bild. Er ist körperlos und substanzlos. Er nimmt keinerlei Gestalt an, weder die menschliche noch eine andere.

Auf den ersten Blick scheint es, als hätte Mohammed versucht, die Vermenschlichung Gottes zu beenden. Seine Abneigung gegen die Anbetung von Götterbildern war bekannt. Als er im Namen seiner Religion Mekka erobert hatte, ließ er als Erstes alle Götterbilder aus der Kaaba entfernen und in Stücke schlagen.

Trotzdem finden sich im Koran anthropomorphe Gottesbeschreibungen in großer Zahl. Es heißt, dass Allah »die Menschheit in seinen Händen hält« und dass Allah »alles sehende Augen« besitzt. Und in Sure 2,109 heißt es: »Wohin ihr euch daher wendet, dort ist Allahs Angesicht.« Der Koran schreibt Allah außerdem eine große Zahl menschlicher Eigenschaften zu – manchmal als »Allahs schöne Namen« bezeichnet. Sie dienen eindeutig dazu, eine göttliche Persönlichkeit für ein Wesen zu erschaffen, das, wenn wir die Doktrin des Tauhid ernst nehmen, eigentlich keine Persönlichkeit aufweisen sollte.

Dieser scheinbare Widerspruch zwischen dem Allah, wie er sein müsste, und dem Allah, wie er im Koran beschrieben wird, ließe sich auflösen, wenn wir diese Beschreibungen als Metaphern deuten, nicht als wörtlich zu nehmende Beschreibungen von Gottes physischer Natur. Nur dann bleibt das Prinzip des Tauhid gewahrt.

Das Problem besteht aber darin, dass die meisten Muslime den Koran nicht auf diese Weise verstehen. Das galt bereits für Abu Hanifa. Der Begründer einer der vier Rechtsschulen des sunnitischen Islams lehnte jede metaphorische Interpretation des Korans vehement ab. Tatsächlich beharrt nahezu jede islamische Rechtsschule darauf, dass Gottes Worte im Koran wörtlich zu nehmen sind. Denn wenn Gott, wie der Tauhid besagt, unteilbar ist, dann kann er nicht von seinen Worten getrennt werden. Er *ist* seine Worte. Daher müssen Gottes Worte so ewig und göttlich, so unveränderlich und unveränderbar sein wie Gott selbst. Werden also im Koran Allahs Hände, seine Augen oder sein Gesicht erwähnt, dann muss Allah im wörtlichen Sinne Hände, Augen und ein Gesicht besitzen. Mögen dafür auch noch so große theologische Verrenkungen nötig sein. (Hat Allah nur zwei Hände? Warum nicht drei, oder tausend? Würde es nicht Allahs Allmacht einschränken, wenn er nur zwei Hände besäße?) Der Begründer der einflussreichsten traditionalistischen Denkschule des Islam und spirituelle Nachfolger Abu Hanifas, Abu l-Hasan al-Aschʿari (874-936), argumentierte, Allah habe ein Gesicht, weil das so im Koran steht. Und wenn solche wörtlichen Interpretationen zufällig im Widerspruch zum zentralen Grundsatz des Tauhid und somit im Widerspruch zu dem Fundament stehen, auf das die ganze islamische Religion aufbaut, dann ist das eben so.[7]

Die Position dieser muslimischen Theologen – und der überwiegenden Mehrheit der Muslime, die bis heute ihren Lehren folgen – beweist nicht nur, wie zählebig unser angeborener evolutionärer Impuls ist, das Göttliche zu vermenschlichen; sie offenbart auch das Paradox der islamischen Gottesdefinition. Denn wenn Gott tatsächlich Eigenschaften besitzt und unteilbar ist, wie es das Konzept von der Einzigkeit Gottes verlangt, dann kann Gott von diesen Eigenschaften nicht getrennt werden. Wenn Gott ewig ist und immer existiert hat, dann müssen auch Gottes Eigenschaften ewig sein; sie müssen immer schon mit Gott existiert haben. Anderenfalls wären sie von Gott getrennt, und das wäre ein Verstoß gegen den Tauhid. Selbst Abu Hanifa musste einräumen: »Er [Allah] weiß aufgrund seines Wissens, und sein Wissen ist eine ewige Eigenschaft. Er ist allmächtig aufgrund seiner Macht, und seine Macht ist eine ewige Eigenschaft. Er erschafft aufgrund seiner Schöpfungskraft, und seine Schöpfungskraft ist eine ewige Eigenschaft.«

An der letzten von Abu Hanifa erwähnten göttlichen Eigenschaft – Gottes Schöpfungskraft – wird das Paradox besonders deutlich sichtbar. Wenn Gott unteilbar und der Schöpfer ist, wie kann es dann eine Trennung zwischen Gott und seiner Schöpfung geben? Müssen sie nicht notwendigerweise ein und dasselbe sein?

Mit dieser Frage plagt sich der Islam, seit der Prophet Mohammed in Mekka zu predigen begann. Allerdings haben die meisten islamischen Gelehrten es vorgezogen, sie völlig zu ignorieren. Solche theologischen Bedenken wurden von den Islamgelehrten oft als bloßes »Geschwätz« abgetan. *Kalam*, das arabische Wort für Theologie, bedeutet »Gespräch«. Und während der ganzen Geschichte des Islam wurden jene Muslime, die versuchten, theologische Fragen zu klären, abwertend als *Ahl al-kalam* bezeichnet, als »Leute der Rede«. Aus diesem Grund konzentrierte sich das islamische Denken stets viel stärker auf rechtliche als auf theologische Fragen.

Doch von Anfang an rangen eine ganze Reihe muslimischer Denker öffentlich mit der fundamentalen Frage, wie sich Gottes Einzigkeit, sein Einssein, mit seiner Schöpfungskraft in Einklang bringen lässt. Diese Muslime trotzten der orthodoxen Erstarrung und belebten so nicht nur die islamische Theologie, sondern erschufen einen ganz neuen Zweig islamischer Mystik, den *Sufismus*.

Es ranken sich viele Geschichten um die erste Begegnung zwischen *Dschalal ad-Din ar-Rumi*, dem legendären Sufi-Dichter der Liebe, und seinem Freund und spirituellen Mentor Shams-e Tabrizi, an den viele Gedichte Rumis gerichtet waren. Zwischen diesen beiden Männern entstand die berühmteste Freundschaft des Sufismus: Shams würde später zum Heiligen werden und Rumi zum bekanntesten Sufi überhaupt, der weltweit als *Maulana*, »unser Meister«, bekannt ist. Bei ihrem ersten Treffen im Jahr 1244 jedoch war Rumi lediglich ein unbedeutender Gelehrter und »Turbanträger« in der Stadt Konya in der heutigen Türkei, und Shams war ein wilder, wandernder Derwisch, den die Leute wegen seines ruhelosen Umherziehens spöttisch »den Vogel« nannten.

Die Berichte über die erste Begegnung zwischen Rumi und Shams sind legendär. Wie die meisten Sufi-Biografien sollte man sie nicht als historische Darstellungen, sondern als Allegorien lesen, die eine verborgene Wahrheit offenbaren. In manchen Versionen der Geschichte sitzt Rumi allein an einem Teich und liest in seinen Büchern, als Shams sich ihm nähert.

»Was tust du?«, fragt Shams.

Rumi schaut den in Lumpen gekleideten, schmuddeligen Reisenden an, der da vor ihm steht, hält ihn für einen obdachlosen Landarbeiter und erwidert: »Etwas, von dem du nichts verstehst.«

In diesem Moment gehen die Bücher in seinen Händen entweder in Flammen auf oder werden von seinem Schoß weggeschleudert und fallen in den Teich, je nach Version der Geschichte. In beiden Fällen bleiben sie dabei aber auf wundersame Weise unbeschädigt.

»Was hat das zu bedeuten?«, ruft Rumi verwundert aus.

»Das ist etwas, von dem du nichts verstehst«, entgegnet Shams.

Es gibt eine weniger bekannte, aber prosaischere Version der Geschichte, die vermutlich von Shams selbst stammt. Darin sieht er, wie Rumi auf einem Pferd über den Markt von Konya reitet. Shams stellt sich ihm in den Weg. Doch jede Version der ersten Begegnung zwischen den beiden – sei es auf dem Markt oder an dem Teich – endet damit, dass Shams Rumi nach seiner Meinung über einen anderen, längst verstorbenen Sufi-Mystiker fragt: Abu Yazid Taifur ibn ʿIsa al-Bistami – bekannt als *Bayazid*.[8]

Erstes Zusammentreffen von Rumi (reitend) und Shams.
Jâmi al-Siyar von Mohammed Tahir Suhravardî.
Topkapi-Museum / Wikimedia Commons / public domain

Bayazid, im Jahr 804 in Bastam im nordöstlichen Iran geboren, stammte aus einer Familie zoroastrischer Priester, die nicht lange nach der arabischen Invasion in Persien und dem Untergang des Sassanidenreiches im Jahr 651 zum Islam konvertiert waren. Seine formelle Erziehung erhielt er an der Hanafi-Schule, wo er sich intensiv mit der Theologie des Tauhid befasste, also mit der Idee der Einzigkeit Gottes, und mit dem Rätsel der ewigen Eigenschaften Gottes.

Bayazid empfand seine theologischen Forschungen als verwirrend und zutiefst unbefriedigend. Er brach seine formelle Ausbildung ab und begab sich auf eine eigenständige Suche nach intensiveren Gotteserfahrungen, die man nicht in der Schule erlernen konnte. Dabei stieß er auf eine Sufi-Gruppe unter Führung des persischen Mystikers Sahl at-Tustari.

Als spirituelle Bewegung entzieht sich der Sufismus jeder Kategorisierung. Sein wichtigstes Ziel besteht darin, direkten Zugang zu Gott zu finden, weswegen die Sufis die traditionellen Sorgen der islamischen Rechtsgelehrten und Theologen zurückweisen und stattdessen eine unmittelbare, nicht durch äußere Instanzen reglementierte Gotteserfahrung bevorzugen. Den Sufis ist es gleich, ob der Koran wörtlich oder metaphorisch verstanden werden soll. Stattdessen argumentieren sie, dass er zwei Bedeutungsebenen aufweist: Es gibt eine äußere Ebene, die allen Muslimen zugänglich ist, indem sie einfach den Koran lesen und für sich interpretieren, und es gibt eine geheime, verborgene Ebene, die nur wenige Auserwählte verstehen können. Dieses Verständnis beruht auf intuitivem Wissen, das man durch ein dem Gebet und der Meditation gewidmetes Leben erwirbt. Die äußere Ebene hilft den Gläubigen, etwas über Gott zu lernen; die verborgene Ebene ermöglicht es den Gläubigen, Gott zu *erfahren*.

Und genau dieser Wunsch, Gott zu erfahren, Gott kennen zu lernen, veranlasste Bayazid, in den Sufi-Orden einzutreten. Er meditierte Tag und Nacht, verzweifelt bemüht, die geheime Wahrheit zu entschlüsseln, die seiner Ansicht nach im Tauhid verborgen sein musste. Und dann offenbarte sie sich ihm eines Tages. Er sprang auf und rief ekstatisch: »Gepriesen sei ich! Groß und königlich bin ich!«

Denen, die ihn hörten, musste das wie die schlimmste Ketzerei erscheinen. Bayazid nannte sich selbst Gott. Doch solche Äußerungen waren bei bestimmten Sufi-Mystikern an der Tagesordnung. Sie wurden manchmal die »trunkenen Sufis« genannt, weil sie in Ekstase nicht selten derartige Dinge äußerten. Von Bayazids Meister at-Tustari ist folgendes Zitat überliefert: »Ich bin der Beweis, dass Gott existiert!« Ein anderer dieser »trunkenen« Mystiker, Mansur al-Halladsch, wurde gekreuzigt, weil er durch die Straßen Bagdads gelaufen war und gerufen hatte: »Ich bin die Wahrheit!«[9]

Während die meisten Muslime annahmen, dass diese trunkenen Sufis sich mit dem Göttlichen assoziierten, enthielten solche radikalen Aussagen für Sufis wie Shams eine viel verblüffendere und folgenreichere Erkenntnis über die Realität. Daraus, dass die Sufis lernten, intuitiv zu verstehen, was Bayazid, at-Tustari und al-Halladsch mit ihren Worten meinten, und diese Realität anzuerkennen, entstand eine Art Initiationsritual des Sufismus. Deshalb fragte Shams, als er und Rumi sich zum ersten Mal begegneten, diesen nach Bayazids Ausruf. Was meinte der Sufi-Meister, als er rief »Gepriesen sei ich«?

Wie bei den meisten mystischen Fragen ist auch hier die Antwort auf Shams' Frage irrelevant. Shams prüft nur, ob Rumi es wert ist, von ihm als Schüler angenommen zu werden. In manchen Versionen der Geschichte macht sich Rumi gar nicht erst die Mühe, die Frage zu beantworten. Er gerät einfach nur in mystische Verzückung, fällt in Trance oder schaut tief in Shams Augen, versunken in ein Geheimnis, das nur die beiden kennen. Es kommt nur auf die in der Frage enthaltene Wahrheit an. Denn indem

Shams von Rumi wissen will, was Bayazid meinte, fragt er eigentlich: »Was ist Gott?«

Diese Frage stand immer schon im Mittelpunkt aller Versuche des Menschen, das Göttliche zu verstehen. Ist Gott die lebensspendende Kraft, die alle lebendigen Wesen miteinander verbindet, so wie es unsere prähistorischen Vorfahren offenbar glaubten? Oder ist er die Vergöttlichung der Natur, wie es sich die frühen Mesopotamier vorstellten? Oder ist das Göttliche, wie die griechischen Philosophen es beschrieben, eine abstrakte Kraft, die das gesamte Universum durchdringt? Oder handelt es sich um eine personifizierte Gottheit, die aussieht und handelt wie ein Mensch? Oder ist Gott ganz buchstäblich ein menschliches Wesen?

Wie immer man für sich persönlich diese Frage beantworten mag, seit Jahrhunderttausenden beschäftigt sie Gläubige und Ungläubige. Die Frage führte zur Entstehung ganzer Zivilisationen, und zu deren Untergang. Sie schuf Frieden und Wohlstand und erzeugte Krieg und Gewalt.

Doch nun trat eine Gruppe von Mystikern auf den Plan, die, inspiriert durch ihr Beharren auf einer strikten Form des Monotheismus, einen radikalen Vorschlag machten: Die Einzigkeit und Einheit des Schöpfers ergibt nur dann Sinn, wenn auch die Schöpfung einzig und eins ist. Mit anderen Worten, wenn Gott *eins* ist, dann muss Gott *alles* sein.

Diese Idee wird *Wahdat al-wudschud* genannt, die »Einheit des Seins«. Sie wurde zuerst von Muhyi d-Din Ibn Arabi (1164-1240) geprägt, einem der größten Philosophen aller Zeiten. Ibn Arabi befasste sich mit einer zentralen Schwäche der Tauhid-Doktrin: Wenn es am Anfang nichts außer Gott gab, wie konnte Gott dann etwas erschaffen, das nicht aus ihm selbst hervorging? Und wenn Gott die Schöpfung aus seinem eigenen Sein erschuf, wie kann man dann eine Trennlinie zwischen Gott und der Schöpfung ziehen? Wäre das nicht zwangsläufig ein Verstoß gegen die Einheit Gottes?

Ibn Arabis Lösung für dieses Problem bestand darin zu bestätigen, was Sufis wie Bayazid schon lange gelehrt hatten: Wenn Gott unteilbar ist, kann nichts existieren, das nicht ebenfalls Gott ist. Zumindest teilen Schöpfer und Schöpfung dieselbe ewige, ununterscheidbare, *untrennbare* Essenz, was bedeutet, dass alles, was im Universum existiert, Teil der Existenz Gottes sein muss. Daher muss Gott, seinem Wesen nach, die Summe von allem sein, was existiert.[10]

Das also ist die Antwort auf die Frage, die Shams Rumi stellte. Das meinte Bayazid, als er sagte: »Gepriesen sei ich.« Deshalb nannte Tustari sich selbst den »Beweis, dass es Gott gibt«. Diese Sufis behaupteten nicht, göttlich zu sein; sie meinten das Einssein des Menschen mit dem Göttlichen. Für die meisten Sufis liegt der Fehler, den das Christentum macht, nicht darin, dass es die untrennbare Natur Gottes leugnet, indem es Gott in einen Menschen verwandelt. Vielmehr liegt dieser Fehler darin, dass die Christen glauben, Gott sei *nur ein bestimmtes menschliches Wesen* und nicht alle. Nach Auffassung des Sufismus ist Gott, wenn Gott wirklich unteilbar ist, alle Wesen, und alle Wesen sind Gott.

Und so gelangen wir endlich zum unvermeidlichen Finale des monotheistischen Experiments – dem Höhepunkt des relativ neuen Glaubens an einen einzigen, nichtmenschlichen und unteilbaren Schöpfergott, definiert durch das Judentum der nachexilischen Zeit, dann durch den zoroastrischen Dualismus und die christliche Trinitätslehre geleugnet und durch die Sufi-Interpretation des Tauhid wiederbelebt: Gott ist nicht der Schöpfer von allem, was existiert.

Gott *ist* alles, was existiert.[11]

FAZIT
Das Eine

In der biblischen Schöpfungsgeschichte – oder besser gesagt, in einer der beiden Versionen, der des Jahwisten nämlich – wird erzählt, wie Gott Adam und Eva nach seinem Ebenbild erschafft und sie in den Garten Eden bringt, wo er ihnen eine simple Anweisung erteilt: »Von allen Bäumen des Gartens dürft ihr essen, doch vom Baum der Erkenntnis von Gut und Böse dürft ihr nicht essen; denn sobald ihr davon esst, werdet ihr sterben.«

Doch dann sagt das schlaueste von Gottes Geschöpfen, die Schlange, etwas ganz anderes zu ihnen. »Ihr werdet nicht sterben«, sagt sie. »Denn Gott weiß: Sobald ihr davon esst, gehen euch die Augen auf; *ihr werdet wie Gott* und erkennt Gut und Böse.«

Mann und Frau essen von den verbotenen Früchten, und sie sterben nicht. Die Schlange sagte die Wahrheit und als Gott vor dem himmlischen Tribunal über die Menschen richtet, gibt er immerhin zu: »Seht, der Mensch ist geworden *wie wir*; er erkennt Gut und Böse. Dass er jetzt nicht die Hand ausstreckt, auch vom Baum des Lebens nimmt, davon isst und ewig lebt!«

Also verbannt Gott Adam und Eva aus dem Garten. An den Toren Edens stellt er Engel mit Flammenschwertern auf, um sicherzustellen, dass Mann und Frau niemals dorthin zurückkehren.

Als Kind verstand ich diese Geschichte als Warnung: Sei Gott niemals ungehorsam, sonst wirst du bestraft wie Adam und Eva. Heute erscheint mir offensichtlich, dass Adam und Eva nicht für ihren Ungehorsam bestraft wurden, sondern für den Versuch, selbst Gott zu werden.

Vielleicht verbirgt sich hinter dieser alten Legende eine tiefere Wahrheit, eine, die unsere prähistorischen Vorfahren offenbar intuitiv verstanden. Wir aber haben den reinen Animismus der Vergangenheit durch starre religiöse Lehren ersetzt und die Wahrheit vergessen, dass Gott uns nicht nach seinem Ebenbild erschaffen hat und wir Gott nicht nach unserem Ebenbild erschaffen haben. Vielmehr *sind* wir das Ebenbild Gottes in der Welt – nicht im Hinblick auf die äußere Form, aber im Hinblick auf unser *Wesen*.[1]

Zu dieser Offenbarung kam ich auf meiner langen und an Umwegen zugegebenermaßen reichen spirituellen Reise – als Religionswissenschaftler und als gläubiger Mensch. Tatsächlich spiegelt die Geschichte der menschlichen Spiritualität, die ich in diesem Buch skizziere, meine eigene Glaubensreise sehr klar wider – von einem spirituell interessierten Kind, das sich Gott als alten Mann mit Zauberkräften vorstellte, zu einem gläubigen Christen, der sich Gott als vollkommenes menschliches Wesen vorstellte; von einem akademischen Muslim, der das Christentum um des reineren Monotheismus des Islam willen aufgab, zu einem Sufi, der erkennen musste, dass es nur einen Weg gab, die Einzigkeit, Ewigkeit und Unteilbarkeit Gottes zu erfassen, nämlich den, jede Unterscheidung zwischen dem Schöpfer und der Schöpfung auszulöschen.

Für diese Vorstellung von Gott gibt es einen modernen Begriff: *Pantheismus*, was bedeutet, dass »Gott alles ist« und »alles Gott ist«. In seiner einfachsten Form ist mit Pantheismus der Glaube gemeint, dass Gott und das Universum ein und dasselbe sind – dass nichts außerhalb von Gottes notwendiger Existenz existiert. Der pantheistische Philosoph Michael P. Levine drückt das so aus: »Nichts kann substantiell unabhängig von Gott existieren, weil es nichts außer Gott gibt.« Mit anderen Worten existiert das, was wir die Welt nennen, und das, was wir Gott nennen, nicht voneinander unabhängig oder getrennt. Vielmehr ist die Welt Gottes Selbstausdruck. Sie ist Gottes Wesen, verwirklicht und sich erfahrend.[2]

Stellen Sie sich Gott als Licht vor, das durch ein Prisma fällt und dadurch in unzählige Farben gebrochen wird. Die einzelnen Farben scheinen sich voneinander zu unterscheiden, in Wirklichkeit aber sind sie alle ein und dasselbe. Sie haben denselben Ursprung. Auf diese Weise ist das, was auf den ersten Blick getrennt und verschieden erscheint, in Wirklichkeit eine einzige Realität, und diese Realität nennen wir Gott.[3]

Das ist es, was unsere prähistorischen Vorfahren glaubten. Ihr primitiver Animismus beruhte auf der Überzeugung, dass alle Dinge – belebt oder unbelebt – eine einzige Essenz teilen: eine einzige *Seele*, könnte man sagen. Dieser Glaube inspirierte die Mesopotamier, die Elemente der Natur zu vergöttlichen, lange bevor sie begannen, in diesen Elementen individuelle, personalisierte Gottheiten zu sehen. Er lag dem frühen ägyptischen Glauben an die Existenz einer göttlichen Kraft zugrunde, die sich in Göttern und Menschen manifestierte. Die griechischen Philosophen meinten diese eine Seele, wenn sie von »Gott« in der Einzahl sprachen, als das eine Prinzip, das die gesamte Schöpfung lenkt. Alle diese Glaubenssysteme lassen sich als unterschiedliche Ausdrucksformen der pantheistischen Vorstellung von Gott als des Wesens aller Dinge betrachten.

Ich kam durch den Sufismus zum Pantheismus. Doch lässt sich dieser in nahezu jeder religiösen Tradition finden. Der Pantheismus existiert im Hinduismus, sowohl in den Veden wie in den Upanischaden, vor allem aber in der Vedanta-Tradition, der zufolge allein das *Brahman* (die absolute Realität) real und alles andere eine Illusion ist:

»Nichts ist, was nicht Gott ist, und Gott ist alles, was ist.« Er findet sich im buddhistischen Prinzip, dass die Welt und alles darin bloß Aspekte des Buddha sind – dass alle Phänomene ihr Sein in einer einzigen Realität haben. Wie der große Zen-Meister Dogen Zenji (1200-1253) sagte: »Alles, was existiert, besitzt Buddha-Natur.« Der Pantheismus ist eine Grundlage des Taoismus, der das göttliche Prinzip als das Fundament alles Seienden bezeichnet. »Es gibt keinen Ort, wo das Tao nicht ist. ... Es gibt kein einziges Ding ohne Tao«, schrieb im vierten Jahrhundert vor Christus der chinesische Philosoph Chuang-tzu.[4]

Zu einer Form des Pantheismus kann man auch über die jüdische Mystik und das Konzept des *Tzimtzum* gelangen, des so genannten »göttlichen Rückzugs« – der Vorstellung, dass Gott in sich selbst Raum schaffen musste, damit das Universum entstehen konnte. Selbst im Christentum finden sich pantheistische Tendenzen in den Werken mystischer Denker wie Meister Eckhart, bei dem es heißt: »Gott ist Sein, und alles Sein kommt unmittelbar aus ihm.«[5]

Man muss gar nicht religiös sein, um zum Pantheismus zu gelangen, auch die Philosophie kann dorthin führen. Tatsächlich gilt der rationalistische Philosoph Baruch de Spinoza (1632-1677) als derjenige, der den Pantheismus im Westen populär machte. Er argumentierte, dass, da es im Universum nur eine »Substanz« mit unendlichen Eigenschaften geben könne, diese als einzige, undifferenzierte Wirklichkeit existieren müsse, ob man sie nun Gott oder die Natur nenne.[6]

Sie können Gott aber auch einfach ignorieren und sich das alles vereinigende Natur-Konzept der modernen Wissenschaft anschauen, wonach Energie und Materie immer erhalten bleiben und nicht voneinander zu trennen sind: die unabänderliche Tatsache, dass alles, was heute existiert, immer existiert hat und immer existieren wird, solange das Universum existiert.

In jedem Fall läuft es auf die fundamentale Wahrheit hinaus: Alles ist eins, und das Eine ist alles. Was dieses »Eine« ist, wie es definiert und erlebt werden soll, muss jeder Mensch für sich selbst entscheiden.

Für mich, und unzählige andere, ist »das Eine« das, was ich Gott nenne. Aber der Gott, an den ich glaube, ist kein personalisierter Gott. Es ist ein *nicht-menschlicher* Gott: ein Gott ohne materielle Gestalt; ein Gott, der reine Existenz ist, ohne Namen, Essenz oder Persönlichkeit.

Wenn ich über einen solchen Gott spreche, erlebe ich oft die gleichen negativen Reaktionen, wie sie Echnaton, Zarathustra, Xenophanes und nahezu jeder andere religiöse Reformer erlebte, der versuchte, dem Göttlichen seine menschlichen Eigenschaften zu nehmen. Die Menschen wissen einfach nicht, wie sie mit einem Gott kommunizieren sollen, der keine menschlichen Wesenszüge oder Bedürfnisse besitzt. Wie ließe sich zu einem solchen Gott eine sinnvolle Beziehung aufbauen? Schließlich wurden wir alle, wie wir gesehen haben, im Laufe der religionsgeschichtlichen Entwicklung darauf festgelegt, uns Gott in menschlichen Kategorien vorzustellen. Es handelt sich dabei sozusagen um eine Funktion unseres Denkens, weswegen diejenigen, denen es gelang, diese Denkform zur Vermenschlichung zu überwinden, große Entschlossenheit und Willenskraft benötigten.

Vielleicht aber sollten wir die Möglichkeit in Betracht ziehen, dass wir den kognitiven Impuls, uns Gott als unser eigenes göttliches Spiegelbild vorzustellen, nur verspüren, weil wir, *jeder einzelne Mensch*, Gott sind. Statt uns also um eine Beziehung zu Gott zu bemühen, sollten wir uns vielmehr der Beziehung völlig bewusst werden, die bereits existiert.

Ich habe den größten Teil meines spirituellen Lebens mit dem Versuch verbracht, durch Glauben, Wissenschaft oder eine Kombination aus beidem die Kluft zu überbrücken, die vermeintlich zwischen Gott und mir existiert. Heute bin ich überzeugt, dass diese Kluft gar nicht besteht, denn zwischen uns gibt es keine Trennung. Ich bin, in der Tiefe meines Wesens, Gott in manifestierter Form. Wir alle sind es.

Als Gläubiger und Pantheist verehre ich Gott nicht, indem ich vor ihm zittere und mich vor ihm fürchte, sondern indem ich ehrfürchtig staune über die Wunder des Universums – denn das Universum ist Gott. Ich bete zu Gott nicht, damit er meine Wünsche erfüllt, sondern um eins mit Gott zu werden. Die Erkenntnis von Gut und Böse, die der Gott der Schöpfungsgeschichte den Menschen ängstlich vorenthalten wollte, beginnt mit der Einsicht, dass Gut und Böse keine metaphysischen Phänomene sind, sondern moralische Entscheidungen, die wir selbst treffen. Für mich ist weder die Furcht vor ewiger Strafe noch die Hoffnung auf ewige Belohnung Grundlage meiner moralischen Entscheidungen. Ich erkenne die Göttlichkeit der Welt und jedes Geschöpfes und verhalte mich allen Wesen und Dingen gegenüber so, als wären sie Gott – denn genau das sind sie. Und ich verstehe, dass der einzige Weg, Gott wirklich zu kennen, darin besteht, mich auf das zu verlassen, was ich wirklich kennen kann: *mich selbst*. Ibn Arabi sagte: »Den Herrn kennt, wer seine eigene Seele kennt.«

Es ist kein Zufall, dass dieses Buch dort endet, wo es begann – bei der Seele. Nennen Sie die Seele, wie Sie wollen: *Psyche*, wie die Griechen; *Nefesch*, was die Hebräer bevorzugten; *Chi,* wie in China; oder verwenden Sie die indische Bezeichnung *Brahman*. Nennen Sie die Seele Buddha-Natur oder *Purusha*. Stellen Sie sich vor, dass die Seele mit dem Bewusstsein ko-materiell ist oder dass sie mit dem Universum koexistiert. Stellen Sie sich vor, dass sie sich nach dem Tod mit Gott wiedervereinigt oder dass sie von Körper zu Körper wandert. Erleben Sie sie als den Sitz Ihrer persönlichen Essenz oder als unpersönliche Kraft, die aller Schöpfung zugrundeliegt. Wie Sie die Seele auch definieren mögen, der Glaube daran, dass sie getrennt vom Körper existiert, ist universell. Es handelt sich dabei um unseren *ersten* Glauben, viel älter als unser Glaube an Gott. Unser Glaube an Gott wurde überhaupt erst aus diesem Glauben geboren.

In zahlreichen Studien über kindliche Kognition hat man nachgewiesen, dass Kinder instinktiv zu einem »Substanz-Dualismus« neigen – zu dem Glauben, dass Körper und Bewusstsein/Seele in Form und Wesen verschieden sind. Wir kommen mit einem angeborenen Gefühl auf die Welt, mehr zu sein als unser physischer Körper – einem Gefühl, das uns also nicht von außen anerzogen oder aufgedrängt wurde. Bestimmte kognitive Prozesse können uns dazu veranlassen, diesen Glauben an die Seele auch auf andere Wesen anzuwenden – menschliche und nicht-menschliche. Aber was den Glauben an die Seele angeht, sind wir, einfach ausgedrückt, gläubig von Geburt an.[7]

Ob wir diesen Glauben beibehalten, ist wiederum unsere eigene Entscheidung. Man kann sich dafür entscheiden, den universellen Glauben der Menschheit an die Seele als Denkfehler und Ausdruck von Verwirrung zu betrachten: als geistige Täuschung oder einen Unfall der Evolution. Tatsächlich kann man daran glauben, alles – der Big Bang, die Verteilung von Raum und Zeit, die Balance zwischen Masse und Energie und so weiter – wäre einfach nur ein Unfall auf der Ebene atomarer Teilchen. Es ist sehr gut möglich, dass es sich bei der Schöpfung um einen rein materiellen Vorgang handelt, in dem sich einfach nur die grundlegenden Eigenschaften von Materie und Energie widerspiegeln – ohne Ursache, Wert oder Sinn. Das ist eine vollkommen plausible Erklärung für die Existenz des Universums und all seiner Bestandteile. Sie ist in der Tat genauso plausibel – und genauso unbeweisbar – wie die Existenz eines belebten Geistes als Grundlage des Universums, der unser aller Seelen verbindet – vielleicht mit *allem* verbindet.

Entscheiden Sie also selbst.

Glauben Sie an Gott oder nicht. Definieren Sie Gott, wie Sie wollen. Lernen Sie, so oder so, von unseren mythologischen Vorfahren Adam und Eva und essen Sie die verbotene Frucht. Gott brauchen Sie jedenfalls nicht zu fürchten.

Sie *sind* Gott.

DANKSAGUNG

Ich verdanke dieses Buch und so ziemlich alles, was ich tue, der unermüdlichen Unterstützung durch meine Frau Jessica Jackley. Sie ist nicht nur die Liebe meines Lebens, sondern auch meine beste Freundin und Lebenspartnerin. Ohne die Hilfe meines Freundes und Kollegen Dr. Ian Werrett hätte ich dieses Buch nicht schreiben können. Seine akribische Recherche und unsere bis spät in die Nacht dauernden Diskussionen über die Natur des Göttlichen waren für die Entstehung dieses Werkes von entscheidender Bedeutung. Zusätzliche Recherchen für dieses Buch steuerten Safa Sameizade-Yazd und Joseph Lerner bei. Wie stets danke ich meiner wunderbaren Literaturagentin Elyse Cheney, meinen Lektoren Will Murphy und Hilary Redmon, und London King, meiner unermüdlichen Presseagentin bei Random House.

Literatur

Abadia, Oscar Moro, und Manuel R. Gonzalez Morales: »Paleolithic Art: A Cultural History.« *Journal of Archaeological Research* 21 (2013), S. 269–306.

Adovasio, J. M., Olga Soffer und Jake Page: *The Invisible Sex*. New York: HarperCollins, 2007.

Albright, William Foxwell: »Jethro, Hobab, und Reuel in Early Hebrew Tradition.« *Catholic Biblical Quarterly* 25/1 (1963), S. 1–11.

Allam, Schafik: »Slaves.« Seite 293–296 in *The Oxford Encyclopedia of Ancient Egypt*. Hg.: Donald Redford. Oxford: Oxford University Press, 2001.

Anonymous: *Cultus Arborum: A Descriptive Account of Phallic Tree Worship,* with Illustrative Legends, Superstitions, Usages, &c., Exhibiting Its Origin and Development Amongst the Eastern & Western Nations of the World, from the Earliest to Modern Times; with a Bibliography of Works upon and Referring to the Phallic Cultus. London: Selbstverlag, 1890.

Anthes, Rudolf: »Egyptian Theology in the Third Millennium B.C.« *Journal of Near Eastern Studies* 18/3 (1959). S. 169–212. (Deutsche Ausgabe: *Ägyptische Theologie im dritten Jahrtausend v. Chr.,* Budapest, 1983.)

Arapura, J. G: »Transcendent Brahman or Transcendent Void: Which Is Ultimately Real? Transcendence and the Sacred.« S. 83–99 in *Transcendence and the Sacred*. Hg.: A. M. Olson und L. S. Rouner. Notre Dame, Ind.: University of Notre Dame Press, 1981.

Archer, W. G.: »Review: Four Hundred Centuries of Cave Art by Abbé H. Breuil.« *Burlington Magazine* 95/607 (1953), S. 343–344.

Armitage, Simon, et al.: »The Southern Route ›Out of Africa‹: Evidence for an Early Expansion of Modern Humans into Arabia.« *Science* 331/6016 (2011), S. 453–456.

Arnold, Bettina, und Derek B. Counts: »Prolegomenon: The Many Masks of the Master of Animals.« S. 9–24 in *The Master of Animals in Old World Iconography*. Hg.: Derek B. Counts und Bettina Arnold. Budapest: Archaeolingua Alapitvany, 2010.

Aslan, Reza: »Thus Sprang Zarathustra: A Brief Historiography on the Date of the Prophet of Zoroastrianism.« *Jusur* 14 (1998–99), S. 21–34.

- - -: *No god but God: The Origins, Evolution, and Future of Islam*. New York: Random House, 2005. (Deutsche Ausgabe: *Kein Gott außer Gott*. München: Beck, 2006.)

- - -: *Zealot: The Life and Times of Jesus of Nazareth*. New York: Random House, 2013. (Deutsche Ausgabe: *Zelot: Jesus von Nazareth und seine Zeit*. Reinbek bei Hamburg: Rowohlt, 2013.)

Assmann, Jan: *Ägypten: Eine Sinngeschichte*. München: Hanser 1996. (Engl.: *The Mind of Egypt*. New York: Metropolitan, 1996.)

- - -: *Ägypten. Theologie und Frömmigkeit einer frühen Hochkultur*. Kohlhammer, Stuttgart 1984. (Engl.: *The Search for God in Ancient Egypt*. Translated by David Lorton. Ithaca and London: Cornell University Press, 2001.)

- - -: *Of Gods and Gods: Egypt, Israel, and the Rise of Monotheism*. Madison: University of Wisconsin Press, 2008.

- - -: *From Akhenaten to Moses: Ancient Egypt and Religious Change*. Cairo: American University in Cairo, 2014.

Astour, Michael C.: »Yahweh in Egyptian Topographic Lists.« S. 17–19 in *Festschrift Elmar Edel. Ägypten und Altes Testament*. Hg.: Manfred Görg. Bamberg: Görg, 1979.

Atlas, S.: »The Philosophy of Maimonides and Its Systematic Place in the History of Philosophy.« *Philosophy* 11/41 (1936), S. 60–75.

Atran, Scott: *In Gods We Trust: The Evolutionary Landscape of Religion*. New York: Oxford University Press, 2002.

Atwell, James: »An Egyptian Source for Genesis.« *Journal of Theological Studies* 51/2 (2000), S.441–477.

Aubert, Maxime, et al.: »Pleistocene Cave Art from Sulawesi, Indonesia.« *Nature* 514 (2014), S. 223–227.

Bahn, Paul: *The Cambridge Illustrated History of Prehistoric Art*. Cambridge: Cambridge University Press, 1998.

Bahn, Paul, Natalie Franklin und Matthias Stecker, Hg.: *Rock Art Studies: News of the World IV*. Oxford: Oxbow Books, 2012.

Baines, John: »Kingship, Definition of Culture, and Legitimation.« S. 3–48 in *Ancient Egyptian Kingship*. Hg.: David O'Connor und David P. Silverman. Leiden: Brill, 1995.

Bandstra, Barry: *Reading the Old Testament: Introduction to the Hebrew Bible*. 4. Aufl., Belmont, Calif.: Wadsworth, 2009.

Banning, E. B.: »The Neolithic Period: Triumphs of Architecture, Agriculture, and Art.« *Near Eastern Archaeology* 61/4 (1998), S. 188–237.

Barkley, Russell A.: *Executive Functions: What They Are, How They Work, and Why They Evolved.* New York: Guilford Press, 2012.
Barks, Coleman: *The Essential Rumi.* New York: HarperOne, 2004.
Barrett, Justin L.: »Cognitive Constraints on Hindu Concepts of the Divine.« *Journal for the Scientific Study of Religion* 37 (1998), S. 608–619.
- - -: »Theological Correctness: Cognitive Constraint and the Study of Religion.« *Method and Theory in the Study of Religion* 11 (1998), S. 325–339.
- - -: »Exploring the Natural Foundations of Religion.« *Trends in Cognitive Sciences* 4/1 (2000), S. 29–34.
- - -: *Why Would Anyone Believe in God?* Lanham, Md.: Altamira Press, 2004.
- - -: »Cognitive Science, Religion and Theology.« S. 76–99 in *The Believing Primate: Scientific, Philosophical, and Theological Reflections on the Origin of Religion.* Hg.: J. Schloss und M. Murray. Oxford: Oxford University Press, 2009.
- - -: *Born Believers: The Science of Children's Religious Belief.* New York: Atria Books, 2012.
Barton, C. Michael, G. A. Clark und Allison E. Cohen: »Art as Information: Explaining Upper Palaeolithic Art in Western Europe.« *World Archaeology* 26/2 (1994), S.185–207.
Barua, Ankur: »God's Body at Work: Rāmānuja and Panentheism.« *International Journal of Hindu Studies* 14/1 (2010), S. 1–30.
Bar-Yosef, Ofer: »The PPNA in the Levant – An Overview.« *Paléorient* 15/1 (1989), S. 57–63.
Bausani, Alessandro: »Theism and Pantheism in Rumi.« *Iranian Studies* 1/1 (1968), S. 8–24.
Begouën, Robert und Jean Clottes: »Les Trois-Frères after Breuil.« *Antiquity* 61 (1987), S. 180–187.
Begouën, Robert, Carole Fritz und Gilles Tosello: »Parietal Art and Archaeological Context: Activities of the Magdalenians in the Cave of Tuc d'Audoubert, France.« S. 364–380 in *A Companion to Rock Art.* Hg.: Jo McDonald und Peter Veth. London: Chichester, U.K.: Wiley-Blackwell, 2012.
Berger, Peter L.: *The Sacred Canopy: Elements of a Sociological Theory of Religion.* New York: Doubleday, 1967. (Deutsche Ausgabe: *Zur Dialektik von Religion und Gesellschaft. Elemente einer soziologischen Theorie.* Frankfurt a.M.: S. Fischer, 1973.)
Berghaus, Gunter: *New Perspectives on Prehistoric Art.* Westport, Conn.: Praeger, 2004.

Bering, Jesse M: »Intuitive Conceptions of Dead Agents' Minds: The Natural Foundations of Afterlife Beliefs as Phenomenological Boundary.« *Journal of Cognition and Culture* 2/4 (2002), S. 263–308.

- - -: »The Cognitive Psychology of Belief in the Supernatural: Belief in a Deity or an Afterlife Could Be an Evolutionarily Advantageous By-product of People's Ability to Reason About the Minds of Others.« *American Scientist* 94/2 (2006), S. 142–149.

- - -: »The Folk Psychology of Souls.« *Behavioral and Brain Sciences* 29/5 (2006), S. 462–498.

Berlejung, Angelika: »Washing the Mouth: The Consecration of Divine Images in Mesopotamia.« S. 45–72 in *The Image and the Book: Iconic Cults, Aniconism, and the Rise of the Book Religion in Israel and the Ancient Near East*. Hg.: K. van der Toorn. Leuven: Peeters, 1997.

Binford, Lewis R.: »Post-Pleistocene Adaptations.« S. 313–342 in *New Perspectives in Archaeology*. Hg.: L. R. Binford und S. R. Binford. Chicago: Aldine, 1968.

Binns, L. Elliott: »Midianite Elements in Hebrew Religion.« *Journal of Theological Studies* 31/124 (1930), S. 337–354.

Bird-David, Nurit: »›Animism‹ Revisited: Personhood, Environment, and Relational Epistemology.« *Current Anthropology* 40/S1 (1999), S. 67–91.

Black, Whitney Davis, et al.: »Art for Art's Sake in the Paleolithic [and Comments and Reply].« *Current Anthropology* 28/1 (1987), S. 63–89.

Blanc, Alberto C.: »Some Evidence for the Ideologies of Early Man.« S. 119–136 in *Social Life of Early Man*. Hg.: Sherwood Washburn. London: Routledge, 2004.

Bloch, Maurice: *In and Out of Each Other's Bodies: Theory of Mind, Evolution, Truth, and the Nature of the Social*. New York: Routledge, 2016.

Bloom, Paul: *Descartes' Baby: How the Science of Child Development Explains What Makes Us Human*. New York: Basic Books, 2004.

- - -: »Religious Belief as an Evolutionary Accident.« S. 118–127 in *The Believing Primate*. Hg.: Jeffrey Schloss und Michael J. Murray. Oxford: Oxford University Press, 2009.

- - -: »Religion, Morality, Evolution.« *Annual Review of Psychology* 63 (2012), S. 179–199.

Boak, Arthur Edward Romilly: »The Theoretical Basis of the Deification of Rulers in Antiquity.« *The Classical Journal* 11/5 (1916), S. 293–297.

Bosch-Gimpera, P.: »Review Four Hundred Centuries of Cave Art by Abbé H. Breuil.« *Boletín Bibliográfico de Antropología Americana* 15/2 16/2 (1952–1953), S. 80–82.
Bottéro, Jean: *Religion in Ancient Mesopotamia*. Translated by Teresa Lavender Fagan. Chicago: University of Chicago Press, 2004.
Boutwood, Arthur: »A Scientific Monism.« *Proceedings of the Aristotelian Society*, New Series 1 (1900–1901), S. 140–166.
Boyce, Mary: *History of Zoroastrianism*. 3 Bde. Leiden: Brill, 1975–1991.
Boyd, Robert, et al.: »The Evolution of Altruistic Punishment.« *Proceedings of the National Academy of Sciences* 100/3 (2003), S. 3531–3535.
Boyer, Pascal: *The Naturalness of Religious Ideas: A Cognitive Theory of Religion*. Berkeley und Los Angeles: University of California Press, 1994.
- - -: *Religion Explained: The Evolutionary Origins of Religious Thought*. New York: Basic Books, 2001. (Deutsche Ausgabe: *Und Mensch schuf Gott*. Stuttgart: Klett-Cotta, 2004, 4. Aufl. 2017.)
Braidwood, Robert J.: »The Agricultural Revolution.« *Scientific American* 203 (1960), S. 130–141.
- - -: *Prehistoric Men*. 6. Aufl., Chicago: Chicago Natural History Museum, 1963.
Brandon, S.G.F.: »The Ritual Perpetuation of the Past.« *Numen* 6/2 (1959), S. 112–129.
Breasted, James: *Ancient Records of Egypt*. Vol. 2. Chicago: University of Chicago Press, 1906.
Breuil, Abbé Henri: *Four Hundred Centuries of Cave Art*. Translated by Mary E. Boyle. New York: Hacker Art Books, 1979 [1952].
- - -: *White Lady of Brandberg: Rock Paintings of South Africa*. Vol. 1. London: Faber and Faber, 1955.
Breuil, Abbé Henri, und Raymond Lantier: *The Men of the Old Stone Age*. New York: St. Martin's Press, 1965.
Brisch, Nicole: »The Priestess and the King: The Divine Kingship of Šū-Sîn of Ur.« *Journal of the American Oriental Society* 126/2 (2006): S. 161–176.
Broadie, Sarah: »Theological Sidelights from Plato's ›Timaeus.‹« *Proceedings of the Aristotelian Society, Supplementary Volumes* 82 (2008), S. 1–17.
Brown, Francis, S. R. Driver und Charles Briggs: *A Hebrew and English Lexicon of the Old Testament*. Oxford: Oxford University Press, 1951.
Burckhardt, Titus: *Vom Sufitum: Einführung in die Mystik des Islam*. Berlin: Schäuble, 1989.

Burkert, Walter: *Griechische Religion der archaischen und klassischen Epoche.* Stuttgart: Kohlhammer, 2011. (*Greek Religion.* Übers. von John Raffan. Cambridge, Mass.: Harvard University Press, 1985.)
- - -: *Creation of the Sacred: Tracks of Biology in Early Religions.* Cambridge, Mass.: Harvard University Press, 1996. (Deutsche Ausgabe: *Kulte des Altertums. Biologische Grundlagen der Religion.* München: Beck, 2. Aufl. 2009.)
Burkit, Miles C.: »13. Review of *La Signification de l'Art Rupestre Paléolithique.*« *Man* 63 (1963), S. 14.
Call, Josep, und Michael Tomasello: »Does the Chimpanzee Have a Theory of Mind? 30 Years Later«, *Trends in Cognitive Sciences* 12/5 (2008), S. 187–192.
Carneiro, Robert L.: »Review of The Birth of the Gods and the Origins of Agriculture by Jacques Cauvin.« *American Antiquity* 67/3 (2002), S. 575–576.
Cartailhac, Émile: »Les mains inscrites de rouge ou de noir de Gargas.« *L'anthropologie* 17 (1906), S. 624–625.
Carter, Tim: »Marcion's Christology and Its Possible Influence on Codex Bezae.« *The Journal of Theological Studies* 61/2 (2010), S. 550–582.
Cauvin, Jacques: *The Birth of the Gods and the Origins of Agriculture.* Übers. von Trevor Watkins. New Studies in Archaeology; Cambridge: Cambridge University Press, 2007.
Cauvin, Jacques, Ian Hodder, Gary O. Rollefson, Ofer Bar-Yosef und Trevor Watkins: »Review of The Birth of the Gods and the Origins of Agriculture by Jacques Cauvin.« *Cambridge Archaeological Journal* 11/01 (2001), S. 105–121.
Chalupa, Aleš: »How Did Roman Emperors Become Gods? Various Concepts of Imperial Apotheosis.« *Anodos – Studies of the Ancient World* 6–7 (2006–2007), S. 201–207.
Childe, Vere Gordon: »The Urban Revolution.« *Town Planning Review* 21/1 (1950), S. 3–17.
- - -: *Man Makes Himself: History of the Rise of Civilization.* 3. Aufl., London: Watts and Company, 1936. (Deutsche Ausgabe: *Der Mensch schafft sich selbst.* Dresden: Verlag der Kunst, 1959.)
Chipp, Herschel B: »Review of Palaeolithic Art.« *Art Journal* 22/1 (1962), S. 54–56.
Chittenden, Jacqueline: »The Master of Animals.« *Hesperia: The Journal of the American School of Classical Studies at Athens* 16/1 (1947), S. 89–114.
Chittick, William C.: *The Sufi Path of Knowledge: Ibn al-Arabi's Metaphysics of Imagination.* Albany: SUNY Press, 1989.

Cicero: *The Nature of the Gods*. Übers.: P. G. Walsh. Oxford: Oxford University Press, 2008. Cicero, M. Tullius: *De Natura Deorum. Über das Wesen der Götter.* Übers. und Hg.: Ursula Blank-Sangmeister, Stuttgart: Reclam, 1995.

Clark, Geoffrey A: »Grave Markers: Middle and Early Upper Paleolithic Burials and the Use of Chronotypology in Contemporary Paleolithic Research.« *Current Anthropology* 42/4 (2001), S. 449–479.

Clottes, Jean, und David Lewis-Williams: *The Shamans of Prehistory: Trance Magic and the Painted Caves*. New York: Abrams, 1998. (Deutsche Ausgabe: *Schamanen. Trance und Magie in der Höhlenkunst der Steinzeit*. Sigmaringen: Thorbecke, 1997.)

Coats, George W.: »Moses in Midian.« *Journal of Biblical Literature* 92/1 (1973), S. 3–10.

Cohen, Martin: »The Role of the Shilonite Priesthood in the United Monarchy of Ancient Israel.« *Hebrew Union College Annual* 36 (1965), S. 59–98.

Conard, Nicholas J.: »Palaeolithic Ivory Sculptures from Southwestern Germany and the Origins of Figurative Art.« *Nature* 426/18 (2003), S. 830–832.

Conkey, Margaret W.: »A Century of Palaeolithic Cave Art.« *Archaeology* 34/4 (1981), S. 20–28.

Coogan, Michael David: »Canaanite Origins and Lineage: Reflections on the Religion of Ancient Israel.« S. 115–184 in *Ancient Israelite Religion: Essays in Honor of Frank Moore Cross*. Hg.: Patrick D. Miller, et al. Philadelphia: Fortress Press, 1987.

Cooper, Rodney A.: *Tao Te Ching: Classic of the Way and Virtue; An English Version with Commentary*. Bloomington, Ind.: AuthorHouse, 2013. (Deutsche Ausgabe: *Laotse, Weisheitsbuch Tao-Te-King [Daodejing]. Das heilige Buch vom ewigen Geist. Das Jahrtausendwerk des Laotse*. Norderstedt. Books on Demand, 2018.)

Corduan, Winfried: »A Hair's Breadth from Pantheism: Meister Eckhart's God-Centered Spirituality.« *Journal of the Evangelical Theological Society* 37/2 (1994), S. 263–274.

Crone, Patricia, und Michael Cook: *Hagarism: The Making of the Islamic World*. Cambridge: Cambridge University Press, 1977.

Cross, Frank Moore: »Yahweh and the God of the Patriarchs.« *Harvard Theological Review* 55/4 (1962), S. 225–259.

- - -: *Canaanite Myth and Hebrew Epic: Essays in the History of the Religion of Israel*. Cambridge, Mass.: Harvard University Press, 1997.

Csibra, Gergely, et al.: »Goal Attribution Without Agency Cues: The

Perception of ›Pure Reason‹ in Infancy.« *Cognition* 72/3 (1999), S. 237–267.
Dalley, Stephanie: *Myths from Mesopotamia: Creation, the Flood, and Others*. New York: Oxford University Press, 1989.
Davenport, Guy: »Robot.« *Hudson Review* 25/3 (1972), S. 413–446.
Deimel, Antonius: *Pantheon Babylonicum: Nomina Deorum e Textibus Cuneiformibus Excerpta et Ordine Alphabetico Distributa*. Rom: Sumptibus Pontificii Instituti Biblici, 1914.
De La Torre, Miguel A., und Albert Hernández: *The Quest for the Historical Satan*. Minneapolis: Fortress Press, 2011.
De Moor, Johannes C.: *The Rise of Yahwism: The Roots of Israelite Monotheism*. 2. Aufl., Leuven: Peeters, 1997.
Dever, William G.: »Asherah, Consort of Yahweh? New Evidence from Kuntillet 'Ajrûd.« *Bulletin of the American Schools of Oriental Research* 255 (1984), S. 21–37.
- - -: *Did God Have a Wife? Archaeology and Folk Religion in Ancient Israel*. Grand Rapids: Eerdmans, 2008.
de Wet, Chris: »Mystical Expression and the ›Logos‹ in the Writings of St. John of the Cross.« *Neotestamentica* 42/1 (2008), S. 35–50.
Dexter, Miriam Robbins: »Proto-Indo-European Sun Maidens and Gods of the Moon.« *Mankind Quarterly* 55 (1984), S. 137–144.
Diaz-Andreu, Margarita: »An All-Embracing Universal Hunter-Gatherer Religion? Discussing Shamanism and Spanish Levantine Rock-Art.« S. 117–133 in *The Concept of Shamanism: Uses and Abuses*. Hg.: Henri-Paul Francfort und Roberte N. Hamayon. Budapest: Akademiai Kiado, 2001.
Dion, Paul E.: »YHWH as Storm-God and Sun-God: The Double Legacy of Egypt and Canaan as Reflected in Psalm 104.« *Zeitschrift für die Alttestamentliche Wissenschaft* 103/1 (1991), S. 43–71.
Duling, Dennis C.: *Jesus Christ Through History*. New York: Harcourt, 1979.
Dumbrell, William J.: »Midian: A Land or a League?« *Vetus Testamentum* 25/2 (1975), S. 323–337.
Durkheim, Émile: *The Elementary Forms of Religious Life*. New York: Free Press, 1995. (Deutsche Ausgabe: *Die elementaren Formen des religiösen Lebens*. Frankfurt/M. 1981.)
Ehrman, Bart D.: *Lost Christianities: The Battle for Scripture and the Faiths We Never Knew*. New York: Oxford University Press, 2003.
Eliade, Mircea: *Shamanism: Archaic Techniques of Ecstasy*. Princeton: Princeton/Bollingen, 1974. (Deutsche Ausgabe: *Schamanismus und archaische Ekstasetechnik*. Suhrkamp: Berlin, 2006.)

- - -: *From the Stone Age to the Eleusinian Mysteries.* Volume 1 of *History of Religious Ideas.* Übers.: Willard Trask. Chicago: University of Chicago Press, 1978. (Deutsche Ausgabe: *Geschichte der religiösen Ideen. In vier Bänden.* Band 1: *Von der Steinzeit bis zu den Mysterien von Eleusis.* Herder, Freiburg im Breisgau/Basel/Wien 2002.)

Eliade, Mircea, et al.: *The Encyclopedia of Religion.* 16 Bd. New York: Macmillan, 1987.

Eshraghian, Ahad, und Bart Loeys: »Loeys-Dietz Syndrome: A Possible Solution for Akhenaten's and His Family's Mystery Syndrome.« *South African Medical Journal* 102/8 (2012), S. 661–664.

Fagan, Brian M., und Charlotte Beck, Hg.: *The Oxford Companion to Archaeology.* New York: Oxford University Press, 1996.

Fakhry, Majid: »Philosophy and Theology: From the Eighth Century C.E. to the Present.« S. 269–304 in *The Oxford History of Islam.* Hg.: John L. Esposito. New York: Oxford University Press, 1999.

Faulkner, Raymond O.: *The Ancient Pyramid Texts.* Oxford: Clarendon Press, 1969.

Feeley-Harnik, Gillian: »Issues in Divine Kingship.« *Annual Review of Anthropology* 14 (1985), S. 273–313.

Feld, Edward: »Spinoza the Jew.« *Modern Judaism* 9/1 (1989), S. 101–119.

Feuerbach, Ludwig: *Das Wesen des Christentums.* Leipzig 1841.

- - -: *Vorlesungen über das Wesen der Religion.* Leipzig 1851.

- - -: *Grundsätze der Philosophie der Zukunft,* Zürich und Winterthur 1843.

Finkel, Irving: *The Ark Before Noah: Decoding the Story of the Flood.* New York: Doubleday, 2014.

Fitzmyer, Joseph: »The Aramaic Language and the Study of the New Testament.« *Journal of Biblical Literature* 99/1 (1980), S. 5–21.

Forrest, Peter, und Roman Majeran: »Pantheism.« *Roczniki Filozoficzne / Annales de Philosophie / Annals of Philosophy* 64/4 (2016), S. 67–91.

Foster, Benjamin R.: *Before the Muses: An Anthology of Akkadian Literature.* Bethesda: University of Maryland Press, 2005.

Frankfort, Henri: *Kingship and the Gods: A Study of Ancient Near Eastern Religion as the Integration of Society and Nature.* Chicago: University of Chicago Press, 1948.

Fraser, Douglas: »Review of Palaeolithic Art: Indian Art in America.« Art Bulletin 45/1 (1963), S. 61–62.

Freed, Rita: »Art in the Service of Religion and the State.« S. 110–129 in *Pharaohs of the Sun: Akhenaten, Nefertiti, Tutankhamun.* Boston: Museum of Fine Arts in association with Bulfinch Press/Little, Brown, 1994.

Freeman, L. G.: »The Significance of Mammalian Faunas from Paleolithic Occupations in Cantabrian Spain.« *American Antiquity 38/1* (1973), S. 3–44.
Freud, Sigmund: *Totem und Tabu. Einige Übereinstimmungen im Seelenleben der Wilden und der Neurotiker.* Wien: Hugo Heller, 1913.
- - -: *Die Zukunft einer Illusion.* Leipzig, Wien und Zürich: Internationaler Psychoanalytischer Verlag, 1927.
Gamble, Clive: »Interaction and Alliance in Palaeolithic Society.« Man 17/1 (1982), S. 92–107.
- - -: *The Palaeolithic Settlement of Europe.* Cambridge: Cambridge University Press, 1986.
Garcia-Diez, M., D. L. Hoffman, J. Zilhao, C. de las Heras, J. A. Lasheras, R. Montes und A.W.G. Pike: »Uranium Series Dating Reveals a Long Sequence of Rock Art at Altamira Cave (Santillana del Mar, Cantabria).« *Journal of Archaeological Science* 40 (2013), S. 4098–4106.
Garr, W. R.: *In His Own Image and Likeness: Humanity, Divinity, and Monotheism.* Leiden: Brill, 2003.
Geertz, Clifford: *The Interpretation of Cultures.* New York: Basic Books, 1973.
Giedion, Sigfried: »Review: Four Hundred Centuries of Cave Art by Abbé H. Breuil.« *College Art Journal* 12/4 (1953), S. 381–383.
Girard, René: *Violence and the Sacred.* Baltimore, Md.: Johns Hopkins University Press, 1979. (Deutsche Ausgabe: *Das Heilige und die Gewalt.* Ostfildern: Patmos-Verlag, 2. Aufl. 2011.)
Giversen, Soren, und Birger A. Pearson: »The Testimony of Truth.« S. 448–459 in *The Nag Hammadi Library in English.* Hg.: James M. Robinson. San Francisco: HarperSanFrancisco, 1978. (Deutsche Ausgabe: *Nag Hammadi Deutsch. Studienausgabe.* Eingeleitet und übersetzt von Mitgliedern des Berliner Arbeitskreises für Koptisch-Gnostische Schriften, Hrsg. von Schenke, Hans-Martin, et al.: Berlin-Brandenburgische Akademie der Wissenschaften: Berlin; Boston, Mass.: De Gruyter, 3. Aufl. 2013.)
Goedicke, Hans: »Remarks on the ›Israel-Stela.‹« *Wiener Zeitschrift für die Kunde des Morgenlandes* 94 (2004), S. 53–72.
Gooch, Brad: *Rumi's Secret: The Life of the Sufi Poet of Love.* New York: Harper, 2017.
Goodrich, Norma Lorre: *Ancient Myths.* London: Mentor Books, 1960.
Gottwald, Norman K.: *The Tribes of Yahweh: A Sociology of the Religion of Liberated Israel, 1250–1050 B.C.E.* Maryknoll, N.Y.: Orbis Books, 1979.

Gowlett, John, Clive Gamble und Robin Dunbar: »Human Evolution and the Archaeology of the Social Brain.« *Current Anthropology* 53/6 (2012), S. 693–722.
Graziosi, Barbara: *The Gods of Olympus: A History*. New York: Picador, 2014.
Green, Alberto R. W.: *The Storm-God in the Ancient Near East*. Winona Lake, Ind.: Eisenbrauns, 2003.
Green, Richard E., et al.: »A Draft Sequence of the Neanderthal Genome.« *Science* 328 (2010), S. 701–722.
Gregory, Curtis: *The Cave Painters: Probing the Mysteries of the World's First Artists*. New York: Alfred A. Knopf, 2006.
Grun, Rainer, et al.: »U-series and ESR analyses of bones and teeth relating to the human burials from Skhul.« *Journal of Human Evolution* 49/3 (2005), S. 316–334.
Guenevere, Michael, und Hillard Kaplan: »Longevity of Hunter-Gatherers: A Cross-Cultural Examination.« *Population and Development Review* 33/2 (2007), S. 321–365.
Guthrie, R. Dale: *The Nature of Paleolithic Art*. Chicago: University of Chicago Press, 2005.
Guthrie, Stewart: *Faces in the Clouds*. New York: Oxford University Press, 1995.
- - -: »On Animism.« *Current Anthropology* 41/1 (2000), S. 106–107.
Hahn, Joachim: *Kraft und Aggression: Die Botschaft der Eiszeitkunst im Aurignacien Süddeutschlands?* Tübingen: Verlag Archaeologica Venatoria, 1986.
Hall, Edith: *Introducing the Ancient Greeks: From Bronze Age Seafarers to Navigators of the Western Mind*. New York: W. W. Norton, 2015. (Deutsche Ausgaben: *Die alten Griechen. Eine Erfolgsgeschichte in zehn Auftritten*. München: Siedler, 2017 und: *Die Griechen und die Erfindung der Kultur*. München: Pantheon, 2018.)
Hallowell, Alfred Irving: »Ojibwa Ontology, Behavior, and World View.« S. 20–52 in *Culture in History: Essays in Honor of Paul Radin*. Hg.: Stanley Diamond. New York: Columbia University Press, 1960.
Halverson, John, et al.: »Art for Art's Sake in the Paleolithic [and Comments and Reply].« *Current Anthropology* 28/1 (1987), S. 63–89.
Hammond, Norman: »Palaeolithic Mammalian Faunas and Parietal Art in Cantabria: A Comment on Freeman.« *American Antiquity* 39/4 (1974), S. 618–619.
Harari, Yuval Noah: *Sapiens: A Brief History of Humankind*. New York: HarperCollins, 2015. (Deutsche Ausgabe: *Eine kurze Geschichte der Menschheit*. München: Deutsche Verlagsanstalt, 3. Aufl. 2013.)

Harrison, Paul: *Elements of Pantheism*. Coral Springs, Fla.: Lumina Press, 2004.

Harvey, Paul, Hg.: *The Oxford Companion to Classical Literature*. Oxford: Clarendon Press, 1951.

Hasel, Michael G.: »Israel in the Merneptah Stela.« *Bulletin of the American Schools of Oriental Research* 296 (1994), S. 45–61.

Hawkes, Jacquetta, und Sir Leonard Woolley: *Prehistory and the Beginnings of Civilization*. New York: Harper and Row, 1963.

Hayden, Brian: »Review of The Birth of the Gods and the Origins of Agriculture by Jacques Cauvin.« *Canadian Journal of Archaeology/ Journal Canadien d'Archéologie* 26/1 (2002), S. 80–82.

- - -: *Shamans, Sorcerers and Saints*. Washington, D.C.: Smithsonian, 2003.

Hedley, Douglas: »Pantheism, Trinitarian Theism and the Idea of Unity: Reflections on the Christian Concept of God.« *Religious Studies* 32/1 (1966), S. 61–77.

Herodotus: Übers.: A. D. Godley. Loeb Classical Library. Cambridge, Mass.: Harvard University Press, 1960.

- - -: *Historien*. Deutsche Gesamtausgabe, 5., vollkommen neu bearbeitete Auflage, neu übersetzt, herausgegeben und erläutert von Heinz-Günther Nesselrath. Stuttgart: Kröner, 2017.

Hodder, Ian: »The Role of Religion in the Neolithic of the Middle East and Anatolia with Particular Reference to Catalhöyük.« *Paléorient* 37/1 (2001), S. 111–122.

- - -: »Symbolism and the Origins of Agriculture in the Near East.« *Cambridge Archaeological Journal* 11/1 (2001), S. 107–114.

Hodin, J. P.: »Review: Four Hundred Centuries of Cave Art by Abbé H. Breuil. Art in the Ice Age by Johannes Maringer, Hans-Georg Bandi.« *Journal of Aesthetics and Art Criticism* 13/2 (1954), S. 272–273.

Hoffmeier, James K.: *Akhenaten and the Origins of Monotheism*. Oxford: Oxford University Press, 2015.

Holland, Tom: *In the Shadow of the Sword: The Birth of Islam and the Rise of the Global Arab Empire*. New York: Doubleday, 2012. (Deutsche Ausgabe: *Mohammed, der Koran und die Entstehung des arabischen Weltreichs*. Stuttgart: Klett-Cotta, 2017.)

Hornung, Erik: »The Rediscovery of Akhenaten and His Place in Religion.« *Journal of the American Research Center in Egypt* 29 (1992), S. 43–49.

- - -: *Echnaton. Die Religion des Lichtes*. Zürich: Artemis, 1995. Engl.: *Akhenaten and the Religion of Light*. Übers.: David Lorton. Ithaca und London: Cornell University Press, 1999.

Hovers, Erella, Shimon Ilani, Ofer Bar-Yosef und Bernard Vandermeersch: »An Early Case of Color Symbolism: Ochre Use by Modern Humans in Qafzeh Cave.« *Current Anthropology* 44/4 (2003), S. 491–522.

Hublin, Jean-Jacques, und Shannon P. McPherron, Hg.: *Modern Origins: A North African Perspective.* New York: Springer, 2012.

Huchingson, James E.: »The World as God's Body: A Systems View.« *Journal of the American Academy of Religion* 48/3 (1980), S. 335–344.

Hume, David: *Four Dissertations*. London: A. and H. Bradlaugh Bonner, 1757.

- - -: *Dialoge über natürliche Religion.* Leipzig: Reclam Verlag, 1986

Hutton, Ronald: *Witches, Druids, and King Arthur.* New York: Bloomsbury Academic, 2003.

Ingold, Tim, und Gisli Palsson, Hg.: *Biosocial Becomings: Integrating Social and Biological Anthropology*. Cambridge: Cambridge University Press, 2013.

Irani, Dinshaw J.: *Understanding the Gathas: The Hymns of Zarathustra.* Womelsdorf, Pa.: Ahura Publishers, 1994.

Jacobsen, Thorkild: »Ancient Mesopotamian Religion: The Central Concerns.« *Proceedings of the American Philosophical Society* 107/6 (1963), S. 473–484.

- - -: »Primitive Democracy in Ancient Mesopotamia.« *Journal of Near Eastern Studies* 2/3 (1943), S. 159–172.

- - -: *The Treasures of Darkness: A History of Mesopotamian Religion.* Revised edition. New Haven: Yale University Press, 1978.

James, E. O.: »The Threshold of Religion. The Marett Lecture, 1958.« *Folklore* 69/3 (1958), S. 160–174.

Jaubert, Jacques, et al.: »Early Neanderthal Constructions Deep in Bruniquel Cave in Southwestern France.« *Nature* 534 (2016), S. 111–127.

Jochim, Michael: »Palaeolithic Cave Art in Ecological Perspective.« S. 212–219 in *Hunter Gatherer Economy in Prehistory*. Hg.: G. N. Bailey. Cambridge: Cambridge University Press, 1983.

Johnson, Raymond: »Monuments and Monumental Art under Amenhotep III: Evolution and Meaning.« S. 63–94 in *Amenhotep III: Perspectives on His Reign.* Hg.: David O'Connor und Eric H. Cline. Ann Arbor: University of Michigan Press, 2001.

Jones, Rufus M.: »Jewish Mysticism.« *Harvard Theological Review* 36/2 (1943), S. 155–163.

Karamustafa, Ahmet: *Sufism: The Formative Period*. Berkeley: University of California Press, 2007.

Kelemen, Deborah: »Are Children Intuitive Theists? Reasoning About Purpose and Design in Nature.« *Psychological Science* 15/5 (2004), S. 295–301.
Kelemen, Deborah, und Cara DiYanni: »Intuitions About Origins: Purpose and Intelligent Design in Children's Reasoning About Nature.« *Journal of Cognition and Development* 6/1 (2005), S. 3–31.
Kenyon, Kathleen: *Digging up Jericho*. New York: Praeger, 1957.
Keyser, James D., und David S. Whitley: »Sympathetic Magic in Western North American Rock Art.« *American Antiquity* 71/1 (2006), S. 3–26.
Knight, Nicola, Paulo Sousa, Justin L. Barrett und Scott Atran: »Children's Attributions of Beliefs to Humans and God: Cross-Cultural Evidence.« *Cognitive Science* 28 (2004), S. 117–126.
Köhler, Ludwig: *Theologie des Alten Testaments*. Tübingen: Mohr, 1947. Engl.: *Old Testament Theology*. Übers.: A. S. Todd. Philadelphia: Westminster Press, 1957.
Kreitzer, Larry: »Apotheosis of the Roman Emperor.« *Biblical Archaeologist* 53/4 (1990), S. 210–117.
Kubler, George: »Eidetic Imagery and Paleolithic Art.« *Yale University Art Gallery Bulletin* 40/1 (1987), S. 78–85.
Kuiper, F.B.J.: »Ahura ›Mazda‹ ›Lord Wisdom‹?« *Indo-Iranian Journal* 18/1–2 (1976), S. 25–42.
Lambert, Wilfred G.: »The God Aššur.« *Iraq* 45/1 (1983), S. 82–86.
- - -: *Babylonian Creation Myths*. Winona Lake, Ind.: Eisenbrauns, 2013.
Larson, Gerald James, Hg.: *Myth in Indo-European Antiquity*. Berkeley: University of California Press, 1974.
Lasheras, Jose Antonio: »The Cave of Altamira: 22,000 Years of History.« *Adoranten* (2009), S. 5–33.
Leeming, David, und Margaret Leeming, Hg.: *A Dictionary of Creation Myths*. New York: Oxford, 1994.
Legrain, Georges: »Second rapport sur les travaux exécutés à Karnak du 31 octobre 1901 au 15 mai 1902.« *Annales du Service des Antiquités de L'Égypte* 4 (1903), S. 1–40.
Leroi-Gourhan, André: *The Dawn of European Art: An Introduction to Palaeolithic Cave Painting*. Cambridge: Cambridge University Press, 1982. (Deutsche Ausgabe: *Höhlenkunst in Frankreich*. Bergisch Gladbach: Lübbe, 1981.)
- - -: »The Hands of Gargas: Toward a General Study.« *October* 37 (1986), S. 18–34.
- - -: *The Hunters of Prehistory*. Übers.: Claire Jacobson. New York: Atheneum, 1989. (Deutsche Ausgabe: *Hand und Wort. Die Evo-*

lution von Technik, Sprache und Kunst. Frankfurt a.M.: Suhrkamp, 2. Aufl. 1995.)

- - -: »The Religion of the Caves: Magic or Metaphysics?« *October* 37 (1986), S. 6–17.

- - -: *Treasures of Prehistoric Art.* New York: Harry Abrams, 1967. (Deutsche Ausgabe: *Prähistorische Kunst. Die Ursprünge der Kunst in Europa.* Freiburg im Breisgau/Basel/Wien: Herder, 5. Aufl. 1982.)

- - -: *Die Religionen der Vorgeschichte.* Frankfurt a.M.: Suhrkamp, 1981.

Lesher, James H.: *Xenophanes of Colophon: Fragments: A Text and Translation with Commentary.* Toronto: University of Toronto Press, 1992. (Deutsche Ausgabe: *Xenophanes von Kolophon.* Hg.: Strobel, Benedikt; Wöhrle, Georg. Berlin: De Gruyter, 2018.)

Levine, Michael P.: *Pantheism: A Non-Theistic Concept of Deity.* New York: Routledge, 1994.

- - -: »Pantheism, Substance and Unity.« *International Journal for Philosophy of Religion* 32/1 (1992), S. 1–23.

Levine, Morton H.: »Review Four Hundred Centuries of Cave Art by Abbé H. Breuil.« *American Anthropologist*, New Series, 59/1 (1957), S. 142–143.

- - -: »Prehistoric Art and Ideology.« *American Anthropologist* 59/6 (1957), S. 949–964.

Lévi-Strauss, Claude: *Totemism.* Übers.: Rodney Needham. London: Merlin Press, 1991. (Deutsche Ausgabe: *Das Ende des Totemismus.* Berlin: Suhrkamp, 2017.)

Lewis, David Levering: *God's Crucible: Islam and the Making of Europe, 570–1215.* New York: W. W. Norton, 2008.

Lewis-Williams, David: *Conceiving God: The Cognitive Origin and Evolution of Religion.* London: Thames and Hudson, 2010.

- - -: »Debating Rock Art: Myth and Ritual, Theories and Facts.« *South African Archaeological Bulletin* 61/183 (2006), S. 105–114.

- - -: *Inside the Neolithic Mind.* London: Thames and Hudson, 2009.

- - -: *The Mind in the Cave: Consciousness and the Origins of Art.* London: Thames and Hudson, 2004.

Lewis-Williams, David, und David Pearce: *Inside the Neolithic Mind: Consciousness, Cosmos, and the Realm of the God.* London: Thames and Hudson, 2005.

Lommel, Herman: *Die Religion Zarathustras. Nach dem Awesta dargestellt.* Hildesheim: Olms, 1971.

Lorblanchet, Michel: »The Origin of Art.« *Diogenes* 214 (2007), S. 98–109.

- - -: »Claw Marks and Ritual Traces in the Paleolithic Sanctuaries of the Quercy.« S. 165–170 in *An Enquiring Mind: Studies in Honour of Alexander Marshack*. Hg.: Paul Bahn. Oxford: Oxbow Books, 2009.
MacCulloch, Diarmaid: *Christian History: An Introduction to the Western Tradition*. London: SCM Press, 2012.
MacIntyre, Alasdair: »Pantheism.« S. 31–35 in Bd. 6 of *Encyclopedia of Philosophy*. Hg.: Paul Edwards. New York: Macmillan, 1967.
Macquarrie, John: *In Search of Deity*. London: SCM Press, 1984.
Mallory, James Patrick: *In Search of the Indo-Europeans: Language, Archaeology and Myth*. New York: Thames and Hudson, 1989.
- - - und D. Q. Adams, Hg.: *The Encyclopedia of Indo-European Culture*. London und Chicago: Fitzroy Dearborn Publishers, 1997.
Marett, Robert Ranulph: *The Threshold of Religion*. London: Methuen, 1914.
Marinatos, Nanno: *The Goddess and the Warrior: The Naked Goddess and Mistress of the Animals in Early Greek Religion*. London: Routledge, 2000.
Maringer, Johannes: »Priests and Priestesses in Prehistoric Europe.« *History of Religions* 17/2 (1977), S.101–120.
Marshack, Alexander: »Images of the Ice Age.« *Archaeology* 48/4 (1995), S. 28–36.
McFarland, Thomas: *Coleridge and the Pantheist Tradition*. Oxford: Oxford University Press, 1969.
Mehr, Farhang: *The Zoroastrian Tradition: An Introduction to the Ancient Wisdom of Zarathustra*. Rockport, Mass.: Element, 1991.
Mendenhall, George E.: »The Hebrew Conquest of Palestine.« *Biblical Archaeologist* 25/3 (1962), S. 65–87.
Mendenhall, George E., und G. A. Herion: *Ancient Israel's Faith and History: An Introduction to the Bible in Context*. Louisville: Westminster John Knox Press, 2001.
Menocal, Maria Rosa: *Ornament of the World: How Muslims, Jews and Christians Created a Culture of Tolerance in Medieval Spain*. New York: Back Bay Books, 2003. (Deutsche Ausgabe: *Die Palme im Westen. Muslime, Juden und Christen im alten Andalusien*. Berlin: Kindler, 2003.)
Metso, Sarianna: *The Serekh Texts*. New York: T&T Clark, 2007.
Mithen, Steven J.: »To Hunt or to Paint: Animals and Art in the Upper Palaeolithic.« *Man, New Series*, 23/4 (1988), S. 671–695.
Mohr, Richard D.: »Plato's Theology Reconsidered: What the Demiurge Does.« *History of Philosophy Quarterly* 2/2 (1985), S. 131–144.

Momigliano, Arnaldo: »How Roman Emperors Became Gods.« *American Scholar* 55/2 (1986), S. 181–193.

Moore-Colyer, R. J.: »Review of *The Birth of the Gods and the Origins of Agriculture* by Jacques Cauvin.« *Agricultural History Review* 49/1 (2001), S. 114–115.

Morenz, Siegfried: *Ägyptische Religion*. Stuttgart: Kohlhammer, 1977. *Egyptian Religion*. Übers.: Ann E. Keep. Ithaca: Cornell University Press, 1992.

Morkot, James: »Divine of Body: The Remains of Egyptian Kings – Preservation, Reverence, and Memory in a World Without Relics.« *Past and Present,* Supplement 5 (2010), S. 37–55.

Morris-Kay, Gillian: »The Evolution of Human Artistic Creativity.« *Journal of Anatomy* 216 (2010), S. 158–176.

Mowinckel, Sigmund: »The Name of the God of Moses.« *Hebrew Union College Annual* 32 (1961), S. 121–133.

Muesse, Mark: *The Hindu Traditions: A Concise Introduction*. Minneapolis: Fortress Press, 2011.

Müller, Friedrich Max: *Introduction to the Science of Religion*. London: Longmans, Green, 1873. (Deutsche Ausgabe: *Einleitung in die vergleichende Religionswissenschaft*. Straßburg: Trübner, 1874.)

- - -: *Comparative Mythology: An Essay*. London: Routledge and Sons, 1909.

Murray, Gilbert: *Five Stages of Greek Religion*. New York: Anchor Books, 1955.

Murray, Michael: »Scientific Explanations of Religion and the Justification of Religious Belief.« S. 168–178 in *The Believing Primate: Scientific, Philosophical, and Theological Reflections on the Origin of Religion*. Hg.: Jeffrey Schloss und Michael Murray. Oxford: Oxford University Press, 2009.

Nadeau, Randall L., Hg.: *Asian Religions: A Cultural Perspective*. Chichester, U.K.: Wiley-Blackwell, 2013.

Nederhof, Mark-Jan: »Karnak Stela of Ahmose,« n.p. [cited 24 April 2014]. https://mjn.host.cs.st-andrews.ac.uk/egyptian/texts/corpus/pdf/urkIV-005.pdf

Nicholson, Reynold A.: *Rumi: Poet and Mystic (1207–1273)*. Oxford: Oneworld, 1995.

O'Connor, David, und David P. Silverman, Hg.: *Ancient Egyptian Kingship*. Leiden: Brill, 1995.

O'Connor, David, und Eric H. Cline, Hg.: *Amenhotep III: Perspectives on His Reign*. Ann Arbor: University of Michigan Press, 2001.

Olyan, Saul M: *Asherah and the Cult of Yahweh in Israel*. Atlanta: Society of Biblical Literature, 1988.

Osborne, Catherine: *Presocratic Philosophy: A Very Short Introduction.* Oxford: Oxford University Press, 2004.
Owen, Huw Parri: *Concepts of Deity.* London: Macmillan, 1971.
Pagels, Elaine: »The Demiurge and his Archons: A Gnostic View of the Bishop and Presbyters?« *Harvard Theological Review* 69/3–4 (1976), S. 301–324.
- - -: *The Gnostic Gospels.* New York: Random House, 1979. (Deutsche Ausgabe: *Versuchung durch Erkenntnis: Die gnostischen Evangelien.* Frankfurt: Suhrkamp, 1995.)
Pardee, Dennis: *Ritual and Cult at Ugarit.* Atlanta: Society of Biblical Literature, 2002.
- - -: »A New Aramaic Inscription from Zincirli.« *Bulletin of the American Schools of Oriental Research* 356 (2009), S. 51–71.
Parkinson, George Henry Radcliffe: »Hegel, Pantheism, and Spinoza.« *Journal of the History of Ideas* 38/3 (1977), S. 449–459.
Pausanias: *Description of Greece.* Translated by W.H.S. Jones. 5 Bd. Loeb Classical Library. Cambridge, Mass.: Harvard University Press, 1935.
- - -: *Beschreibung Griechenlands. Ein Reise- und Kulturführer aus der Antike.* Auswahl, Übersetzung aus dem Griechischen und Nachwort von Jacques Laager. Zürich: Manesse, 1998.
Peregrine, Peter, und Melvin Ember, Hg.: *Encyclopedia of Prehistory,* Bd. 3: *East Asia and Oceania.* New York: Springer, 2001.
Peters, Joris, et al.: »Early Animal Husbandry in the Northern Levant.« *Paléorient* 25/2 (1999), S. 27–48.
Pettitt, Paul: *The Palaeolithic Origins of Human Burial.* New York: Routledge, 2010.
Pettitt, Paul, und Alistair Pike: »Dating European Palaeolithic Cave Art: Progress, Prospects, Problems.« *Journal of Archaeological Method and Theory* 14/1 (2007), S. 27–47.
Pettitt, Paul, et al.: »New Views on Old Hands: The Context of Stencils in El Castillo and La Garma Caves (Cantabria, Spain).« *Antiquity* 88 (2014), S. 47–63.
Piaget, Jean: »Children's Philosophies.« S. 534–547 in *A Handbook of Child Psychology.* Hg.: C. Murchison. Worcester, Mass.: Clark University Press, 1933.
- - -: *The Child's Conception of the World.* New Jersey: Littlefield, Adams, 1960. (Deutsche Ausgabe: *Das Weltbild des Kindes.* Stuttgart: Klett-Cotta, 2015.)
Picton, J. Allanson: »Pantheism: Some Preliminary Observations.« *New England Review:* 24/1 (2003), S. 224–227.

Pike, Alistair, et al.: »U-Series Dating of Paleolithic Art in 11 Caves in Spain.« *Science* 336 (2012), S. 1409–1413.
Pitulko, Vladimir V., et al.: »Early Human Presence in the Arctic: Evidence from 45,000-Year-Old Mammoth Remains.« *Science* 351/6270 (2016), S. 260–263.
Pollack, Gloria Wiederkehr: »Eliezer Zvi Hacohen Zweifel: Forgotten Father of Modern Scholarship on Hasidism.« *Proceedings of the American Academy for Jewish Research* 49 (1982), S. 87–115.
Pope, Marvin H.: *El in the Ugaritic Texts*. Leiden: Brill, 1955.
Potts, Daniel T.: »Accounting for Religion: Uruk and the Origins of the Sacred Economy.« S. 17–23 in *Religion: Perspectives from the Engelsberg Seminar 2014*. Stockholm: Axel and Margaret Ax:son Johnson Foundation, 2014.
Preuß, Horst Dietrich: *Theologie des Alten Testaments*. Bd. 1 und 2. Stuttgart: Kohlhammer, 1991 u. 1992.
Radcliffe-Brown, Alfred Reginald: *Structure and Function in Primitive Society: Essays and Addresses*. New York: Free Press, 1952.
- - -: »Taboo.« S. 46–56 in *Reader in Comparative Religion: An Anthropological Approach*. Hg.: William A. Lessa und Evon Z. Vogt. New York: Harper and Row, 1979.
Radhakrishnan, Sarvepalli: »The Vedanta Philosophy and the Doctrine of Maya.« *International Journal of Ethics* 24/4 (1914), S. 431–451.
Rainey, Anson F.: »Israel in Merneptah's Inscription and Reliefs.« *Israel Exploration Journal* 51/1 (2001), S. 57–75.
Rauf, Bulent: »Concerning the Universality of Ibn 'Arabi.« *Journal of the Muhyiddin Ibn 'Arabi Society*, Bd. 6, 1987.
Redford, Donald B.: *Akhenaten the Heretic King*. Princeton: Princeton University Press, 1984.
- - -: »The Sun-Disc in Akhenaten's Program: Its Worship and Antecedents, I.« *Journal of the American Research Center in Egypt* 13 (1976): S. 47–61.
- - -: »The Sun-Disc in Akhenaten's Program: Its Worship and Antecedents, II.« *Journal of the American Research Center in Egypt* 17 (1980), S. 21–38.
Reed, Robert C.: »An Interpretation of Some Anthropomorphic Representations from the Upper Palaeolithic.« *Current Anthropology* 17/1 (1976), S. 136–138.
Rendu, William, et al.: »Evidence Supporting an Intentional Neandertal Burial at La Chapelle-aux-Saints.« *Proceedings of the National Academy of Sciences of the United States of America* 111/1 (2014), S. 81–86.

Reynolds, Gabriel Said: *The Emergence of Islam: Classical Traditions in Contemporary Perspective.* Minneapolis: Fortress Press, 2012.

Rice, Patricia C., und Ann L. Paterson: »Cave Art and Bones: Exploring the Interrelationships.« *American Anthropologist,* New Series, 87/1 (1985), S. 94–100.

- - -: »Validating the Cave Art – Archeofaunal Relationship in Cantabrian Spain.« *American Anthropologist,* New Series, 88/3 (1986), S. 658–667.

Riel-Salvatore, Julien, und Geoffrey A. Clark: »Grave Markers: Middle and Early Upper Paleolithic Burials and the Use of Chronotypology in Contemporary Paleolithic Research.« *Current Anthropology* 42/4 (2001), S. 449–479.

Riel-Salvatore, Julien, und Claudine Gravel-Miguel: »Upper Palaeolithic Mortuary Practices in Eurasia: A Critical Look at the Burial Record.« S. 303–346 in *The Oxford Handbook of the Archaeology of Death and Burial.* Hg.: Sarah Tarlow und Liv Nilsson Stutz. Oxford: Oxford University Press, 2013.

Riesebrodt, Martin: *The Promise of Salvation: A Theory of Religion.* Chicago: University of Chicago Press, 2010.

Robins, Gay: »The Representation of Sexual Characteristics in Amarna Art.« *Journal of the Society for the Study of Egyptian Antiquities* 23 (1993), S. 29–41.

Rollefson, Gary: »2001: An Archaeological Odyssey.« *Cambridge Archaeological Journal* 11/01 (2001), S. 112–114.

Rossano, Matt J.: »Supernaturalizing Social Life: Religion and the Evolution of Human Cooperation.« *Human Nature* 18/3 (2007), S. 272–294.

- - -: »Ritual Behaviour and the Origins of Modern Cognition.« *Cambridge Archaeological Journal* 19/2 (2009), S. 249–250.

Rowe, William: »Does Panentheism Reduce to Pantheism? A Response to Craig.« *International Journal for Philosophy of Religion* 61/2 (2007), S. 65–67.

Safi, Omid: »Did the Two Oceans Meet? Historical Connections and Disconnections Between Ibn 'Arabi and Rumi.« *Journal of Muhyiddin Ibn 'Arabi Society* 26 (1999), S. 55–88.

Sahly, Ali: *Les Mains mutilées dans l'art préhistorique.* Toulouse: Selbstverlag, 1966.

Sampson, Geoffrey: *Writing Systems: A Linguistic Introduction.* Palo Alto: Stanford University Press, 1990.

Sandman, Maj: *Texts from the Time of Akhenaten.* Bruxelles: Édition de la Fondation Égyptologique Reine Élisabeth, 1938.

Schimmel, Annemarie: *Rumi: Ich bin Wind und du bist Feuer*. München: Diederichs, 1995.
Schjoedt, Uffe: »The Religious Brain: A General Introduction to the Experimental Neuroscience of Religion.« *Method and Theory in the Study of Religion* 21/3 (2009), S. 310–339.
Schloen, J. David, und Amir S. Fink: »New Excavations at Zincirli Höyük in Turkey (Ancient Sam'al) and the Discovery of an Inscribed Mortuary Stele.« *Bulletin of the American Schools of Oriental Research* 356 (2009), S. 1–13.
Schloss, Jeffrey, und Michael J. Murray: *The Believing Primate: Scientific, Philosophical, and Theological Reflections on the Origin of Religion*. Oxford: Oxford University Press, 2009.
Schneider, Laurel: *Beyond Monotheism: A Theology of Multiplicity*. London: Routledge, 2007.
Sellers, Robert Victor: *Council of Chalcedon: A Historical and Doctrinal Survey*. London: SPCK, 1953.
Selz, Gebhard: »›The Holy Drum, the Spear, and the Harp‹: Towards an Understanding of the Problems of Deification in Third Millennium Mesopotamia.« S. 167–209 in *Sumerian Gods and Their Representations*. Hg.: I. J. Finkel und M. J. Geller. Groningen: Styx, 1997.
Shafer, Byron E., Hg.: *Religion in Ancient Egypt: Gods, Myths and Personal Practice*. Ithaca und London: Cornell University Press, 1991.
Sharpe, Kevin, und Leslie Van Gelder: »Human Uniqueness and Upper Paleolithic ›Art‹: An Archaeologist's Reaction to Wentzel van Huyssteen's Gifford Lectures.« *American Journal of Theology & Philosophy* 28/3 (2007), S. 311–345.
Shaviv, Samuel: »The Polytheistic Origins of the Biblical Flood Narrative.« *Vetus Testamentum* 54/4 (2004), S. 527–548.
Shaw, Ian, Hg.: *The Oxford History of Ancient Egypt*. Oxford: Oxford University Press, 2003.
Shear, Jonathan: »On Mystical Experiences as Support for the Perennial Philosophy.« *Journal of the American Academy of Religion* 62/2 (1994), S. 319–342.
Shults, LeRon: »Spiritual Entanglement: Transforming religious symbols at Çatalhõyiik.« S. 73–98 in *Religion in the Emergence of Civilization: Çatalhõyiik as a Case Study*. Hg.: Ian Hodder. Cambridge: Cambridge University Press, 2010.
Siddiqi, Mazheruddin: »A Historical Study of Iqbal's Views on Sufism.« *Islamic Studies* 5/4 (1966), S. 411–427.

Silverman, David: »The Nature of Egyptian Kingship.« S. 49–94 in *Ancient Egyptian Kingship*. Hg.: David O'Connor und David P. Silverman. Leiden: Brill, 1995.

Simmons, Allan: *The Neolithic Revolution in the Near East: Transforming the Human Landscape*. Tucson: University of Arizona Press, 2007.

Smart, Ninian: *Dimensions of the Sacred: An Anatomy of the World's Beliefs*. Berkeley: University of California Press, 1996.

Smith, Huston: *The World's Religions: Our Great Wisdom Traditions*. New York: HarperCollins, 1991. (Deutsche Ausgabe: *Die sieben großen Religionen der Welt. Eine Wahrheit, viele Wege*. München: Goldmann, 2004.)

- - -: »Is There a Perennial Philosophy?« *Journal of the American Academy of Religion* 55/3 (1987), S. 553–566.

Smith, Mark S.: *The Early History of God: Yahweh and the Other Deities in Ancient Israel*. 2. Aufl. Grand Rapids: Eerdmans, 2002.

Smith, Morton: *Studies in the Cult of Yahweh*. 2 Bd. Leiden: Brill, 1996.

- - -: »The Common Theology of the Ancient Near East.« *Journal of Biblical Literature* 71/3 (1952), S. 135–147.

Smith, Noel: *An Analysis of Ice Age Art: Its Psychology and Belief System*. American University Studies: Series XX, »Fine Arts« Bd. 15 (book 15). New York: Peter Lang, 1992.

Smith, W. Robertson: *Lectures on the Religion of the Semites: Fundamental Institutions*. New York: Ktav Publishers, 1969. (Deutsche Ausgabe: *Die Religion der Semiten*. Tübingen: Mohr 1899. Unveränderter reprografischer Nachdruck der Ausgabe von 1899. Darmstadt: Wissenschaftliche Buchgesellschaft, 1967.)

Snow, Dean R.: »Sexual Dimorphism in Upper Palaeolithic Hand Stencils.« *Antiquity* 80 (2006), S. 390–404.

- - -: »Sexual Dimorphism in European Upper Paleolithic Cave Art.« *American Antiquity* 4 (2013), S. 746–761.

Sobat, Erin: »The Pharaoh's Sun-Disc: The Religious Reforms of Akhenaten and the Cult of the Aten.« *Hirundo: McGill Journal of Classical Studies* 12 (2013–2014), S. 70–75.

Sprigge, Timothy Lauro Squire: »Pantheism.« *Monist* 80/2 (1997), S. 191–217.

Sproul, Barbara C.: *Primal Myths*. New York: HarperCollins, 1991. (Deutsche Ausgaben: *Schöpfungsmythen der östlichen Welt*. München: Diederichs, 1993 und: *Schöpfungsmythen der westlichen Welt*. München: Diederichs, 1994.)

Srinivasan, Doris: »Vedic Rudra-Śiva.« *Journal of the American Oriental Society* 103/3 (1983), S. 543–556.

Stone, Alby: *Explore Shamanism*. Loughborough, U.K.: Explore Books, 2003.

Stringer, Chris: *Lone Survivors: How We Came to Be the Only Humans on Earth*. New York: Henry Holt and Company, 2012.

Stringer, Martin D.: »Rethinking Animism: Thoughts from the Infancy of Our Discipline.« *Journal of the Royal Anthropological Institute* 5/4 (1999), S. 541–555.

Struble, Eudora J., und Virginia Rimmer Herrmann: »An Eternal Feast at Sam'al: The New Iron Age Mortuary Stele from Zincirli in Context.« *Bulletin of the American Schools of Oriental Research* 356 (2009), S. 15–49.

Taraporewala, Irach J. S.: *The Divine Songs of Zarathustra: A Philological Study of the Gathas of Zarathustra, Containing the Text and Literal Translation into English, a Free English Rendering and Full Critical and Grammatical Notes, Metrical Index and Glossary*. Bombay: D. B. Taraporevala Sons, 1951.

Tattersall, Ian: *Becoming Human: Evolution and Human Uniqueness*. New York: Harvest, 1999.

Tertullian: *Apologetical Works*, und Minucius Felix: *Octavius*. Übers.: Rudolph Arbesmann, Sister Emily Joseph Daly und Edwin A. Quain. *Fathers of the Church*, Bd. 10. Washington, D.C.: The Catholic University of America Press, 1950. (Deutsche Ausgaben: *Tertullian: Apologeticum. Verteidigung des Christentums*. Freiburg: Herder, 2015, und Minucius Felix: *Octavius*. Freiburg: Herder, 2014.)

Teske, Roland: »The Aim of Augustine's Proof that God Truly Is.« *International Philosophical Quarterly* 26 (1986), S. 253–268.

Thomassen, Einar: »Orthodoxy and Heresy in Second-Century Rome.« *Harvard Theological Review* 97/3 (2004), S. 241–256.

Tobin, Frank: »Mysticism and Meister Eckhart.« *Mystics Quarterly* 10/1 (1984), S. 17–24.

Treves, Marco: »The Reign of God in the O.T.« *Vetus Testamentum* 19/2 (1969), S. 230–243.

Tylor, Edward Burnett: *Primitive Culture*. London: J. Murray, 1889. (Deutsche Ausgabe: *Die Anfänge der Cultur. Untersuchungen über die Entwicklung der Mythologie, Philosophie, Religion, Kunst und Sitte*. 2 Bände, Leipzig 1873. Reprint: Hildesheim, Zürich, New York: Olms, 2005.)

Ucko, Peter: »Subjectivity and the Recording of Palaeolithic Cave Art.« S. 141–180 in *The Limitations of Archaeological Knowledge*. Hg.: T. Shay und J. Clottes. Liege: University of Liege Press, 1992.

Urquhart, William Spence: *Pantheism and the Values of Life with Special Reference to Indian Philosophy*. London: Epworth Press, 1919.
- - -: »The Fascination of Pantheism.« *International Journal of Ethics* 21/3 (1911), S. 313–326.
VanderKam, James: *The Dead Sea Scrolls Today*. 2. Aufl. Grand Rapids: Eerdmans, 2010. (Deutsche Ausgabe: *Einführung in die Qumranforschung. Geschichte und Bedeutung der Schriften vom Toten Meer*. Göttingen: Vandenhoeck und Ruprecht, 1998.)
Van der Toorn, Karel: *Family Religion in Babylonia, Ugarit, and Israel: Continuity and Change in the Forms of Religious Life*. Leiden: Brill, 1996.
Van Inwagen, Peter: »Explaining Belief in the Supernatural: Some Thoughts on Paul Bloom's ›Religious Belief as an Evolutionary Accident.‹ « S. 128–138 in *The Believing Primate: Scientific, Philosophical, and Theological Reflections on the Origin of Religion*. Hg.: Jeffrey Schloss und Michael Murray. Oxford: Oxford University Press, 2009.
VanPool, Christine S., und Elizabeth Newsome: »The Spirit in the Material: A Case Study of Animism in the American Southwest.« *American Antiquity* 77/2 (2012), S. 243–262.
Verhoeven, Marc: »The Birth of a Concept and the Origins of the Neolithic: A History of Prehistoric Farmers in the Near East.« *Paléorient* 37/1 (2001), S. 75–87.
Vinnicombe, Patricia: *People of Eland: Rock Paintings of the Drakensberg Bushmen as a Reflection of Their Life and Thought*. 2. Aufl. Johannesburg: Wits University Press, 2009.
von Franz, Marie-Louise: *Schöpfungsmythen. Bilder der schöpferischen Kräfte im Menschen*. München: Kösel, 1990.
Walker, Williston: *A History of the Christian Church*. New York: Scribner, 1918.
Walton, John H.: *Ancient Near Eastern Thought and the Old Testament: Introducing the Conceptual World of the Hebrew Bible*. 3. Aufl., Grand Rapids: Baker Academic, 2009.
Watkins, Trevor: »Building Houses, Framing Concepts, Constructing Worlds.« *Paléorient* 30/1 (2004), S. 5–23.
Weinberg, Saul S.: »A Review Article: Man's Earliest Art.« *Archaeology* 6/3 (1953), S. 174–180.
Weisdorf, Jacob L.: »From Foraging to Farming: Explaining the Neolithic Revolution.« *Journal of Economic Surveys* 19/4 (2005), S. 561–586.
Wengrow, David: »Gods and Monsters: Image and Cognition in Neolithic Societies.« *Paléorient* 37/1 (2011), S. 154–163.

Wensinck, Arent Jan: »The Two Creeds, Fikh Akbar II.« S. 1553–1559 in *The Norton Anthology of World Religions: Volume II.* Hg.: Jack Miles. New York: W. W. Norton, 2015.
West, Martin: »Towards Monotheism.« S. 21–40 in *Pagan Monotheism in Late Antiquity*. Hg.: Polymnia Athanassiadi und Michael Frede. Oxford: Oxford University Press, 1999.
White, Randall: *Prehistoric Art: The Symbolic Journey of Humankind.* New York: Harry N. Abrams, 2003.
Williams, David Salter: »Reconsidering Marcion's Gospel.« *Journal of Biblical Literature* 108/3 (1989), S. 477–496.
Williams, Lukyn: *Dialogue with Trypho the Jew.* New York: Macmillan, 1930.
Wilson, David Sloan: *Darwin's Cathedral: Evolution, Religion, and the Nature of Society.* Chicago: University of Chicago Press, 2002.
Wise, Michael: *Language and Literacy in Roman Judaea: A Study of the Bar Kokhba Documents.* New Haven: Yale University Press, 2015.
Wisse, Frederik: »The Apocryphon of John.« S. 104–123 in *The Nag Hammadi Library in English*. Hg.: James M. Robinson. San Francisco: HarperSanFrancisco, 1978. (Deutsche Ausgabe: *Apokryphon des Johannes* in: Nag Hammadi Deutsch. Studienausgabe. Eingeleitet und übersetzt von Mitgliedern des Berliner Arbeitskreises für Koptisch-Gnostische Schriften, Hrsg. von Schenke, Hans-Martin, et al.: Berlin-Brandenburgische Akademie der Wissenschaften: Berlin; Boston, Mass.: De Gruyter, 3. Aufl. 2013.)
Wobst, H. Martin: »The Archaeo-Ethnology of Hunter-Gatherers or the Tyranny of the Ethnographic Record in Archaeology.« *American Antiquity* 43/2 (1978), S. 303–309.
Wolf, Laibl: *Practical Kabbalah: A Guide to Jewish Wisdom for Everyday Life*. New York: Three Rivers Press, 1999.
Wood, Bryant: »The Rise and Fall of the 13th-Century Exodus-Conquest Theory.« *Journal of the Evangelical Theological Society* 48/3 (2005), S. 475–489.
Wray, Tina J., und Gregory Mobley: *The Birth of Satan: Tracing the Devil's Biblical Roots*. New York: Palgrave Macmillan, 2005.
Wynn, Thomas, und Frederick Coolidge: »Beyond Symbolism and Language: An Introduction to Supplement 1, *Working Memory*.« *Current Anthropology* 51 (2010), S. 5–16.
Wynn, Thomas, Frederick Coolidge und Martha Bright: »Hohlenstein-Stadel and the Evolution of Human Conceptual Thought.« *Cambridge Archaeological Journal* 19/1 (2009), S. 73–84.
Yarshater, Ehsan, Hg.: *Mystical Poems of Rumi*. Chicago: University of Chicago Press, 2008.

Zagorska, Ilga: »The Use of Ochre in Stone Age Burials of the East Baltic.« S. 115–124 in *The Materiality of Death: Bodies, Burials, Beliefs*. Hg.: Fredrik Fahlander und Terje Oestigaard. Oxford: Archaeopress, 2008.

Zarrinkoob, Abdol-Hosein: »Persian Sufism in Its Historical Perspective.« *Iranian Studies* 3/4 (1970), S. 139–220.

Zeder, Melinda A.: »Religion and the Revolution: The Legacy of Jacques Cauvin.« *Paléorient* 37/1 (2011), S. 39–60.

Zimmerli, Walther: *Grundriß der alttestamentlichen Theologie*. Stuttgart: Kohlhammer, 1978.

Hinweise zur Übersetzung

Bibelzitate

Die Bibel. Einheitsübersetzung der Heiligen Schrift. Katholisches Bibelwerk, Stuttgart, 5. Auflage 2004.

Koranzitate

Der Koran. Aus dem Arabischen von Max Henning. Einleitung und Anmerkungen von Annemarie Schimmel. Philipp Reclam, Stuttgart, 1960, 1987. (Die Nummerierung der Verse in den Suren weicht teilweise von der von Aslan benutzten englischen Übersetzung ab.)

Links auf Webseiten

Alle in diesem Buch genannten Webseiten wurden zuletzt am 27.08.2018 aufgerufen.

Anmerkungen

Einführung: Nach unserem Ebenbild

1. Nachfolgende Studien haben gezeigt, dass Kinder sich zwar stark an anderen Menschen und insbesondere ihren Eltern orientieren, aber dennoch Gott übermenschliche Fähigkeiten zuschreiben. Werden sie zum Beispiel gefragt, woher natürliche Objekte kommen, zum Beispiel große Felsen oder Berge, sagen Vierjährige, dass diese von Gott geschaffen wurden, nicht von Menschen. Siehe Jean Piaget: The Child's Conception of the World (Paterson, N.J. 1960) und Nicola Knight, Paulo Sousa, Justin L. Barrett, Scott Atran: Children's Attributions of Beliefs to Humans and God: Cross-Cultural Evidence, in: Cognitive Science 28 (2004), S. 117–126.
2. Ludwig Feuerbach: Das Wesen des Christentums. Leipzig 1841. S. 56.
3. Meine Theorie von der Vermenschlichung Gottes stützt sich zu einem großen Teil auf den Anthropologen Stewart Guthrie, einen der führenden Theoretiker auf diesem Gebiet. In Faces in the Clouds: A New Theory of Religion (New York 1995) vertritt Guthrie die Auffassung, dass sich alle Formen der Religion auf Anthropomorphismus zurückführen lassen. Dies geschieht, laut seiner Theorie, weil der Mensch aufgrund angeborener kognitiver Strukturen in seiner natürlichen, gesellschaftlichen und kosmologischen Umwelt vor allem nach der Anwesenheit anderer Menschen sucht. Die Welt auf diese Weise zu anthropomorphisieren ist, so Guthrie, »eine gute Strategie, weil die Welt unsicher und schwer zu deuten ist. Es ist eine gute Strategie, weil die wertvollsten Deutungen immer die sind, die die Anwesenheit von etwas für uns Wichtigem offenbaren. Das sind in der Regel andere Menschen.«
   Guthries Argumentation lässt sich in drei Aspekte gliedern. Erstens formuliert er eine theoretische Grundlage, indem er sagt, Religion beruhe darauf, dass wir die Welt für menschenähnlich halten. Er präsentiert ethnographische Daten als Beweis für seine Theorie, zitiert animistische Vorstellungen über

Seelen und Geister und bezieht den Glauben an Götter und mystische Wesen ebenso in seine Argumentation ein wie die Neigung der Menschen, hinter Naturphänomenen wie dem Vogelzug und Naturkatastrophen wie Erdbeben anthropomorphe Kräfte zu vermuten. Zweitens erläutert er, warum es plausibel ist, Religion als Versuch zu betrachten, unsere Umwelt zu anthropomorphisieren. Er nennt dafür vier Gründe: Unsere Welt ist schwer zu deuten und unbeständig. Daher besteht unser wichtigstes Bedürfnis darin, sie zu deuten. Dabei setzen wir auf die für uns bedeutungsvollsten Möglichkeiten. Und bei diesen für uns bedeutungsvollsten Möglichkeiten handelt es sich um anthropomorphe Deutungen. Drittens führt Guthrie Beweise aus der Kognitionswissenschaft und der Entwicklungspsychologie an. Generell betrachtet er Religiosität als eine Art Wette gegen die Unsicherheit und Instabilität der Natur. Dabei geht es ihm nicht darum, die Wichtigkeit der Religion für die Gesellschaft zu unterstreichen und zu dokumentieren, sondern eine Theorie zu entwickeln, die den Ursprung religiösen Verhaltens erklärt.

4. Im Mahayana, dem größeren und verbreiteteren Zweig des Buddhismus (im Unterschied zum kleineren, weniger theistischen Theravada) betrachtet man das Erscheinen des Buddha auf der Erde traditionell als die Manifestation des reinen Dharma, jedoch in menschlicher Gestalt. Über Devas als vermenschlichte, gottähnliche Geister siehe Nimian Smart: Dimensions of the Sacred: An Anatomy of the World's Beliefs (Berkeley 1996).
5. Forschungen des Kognitionspsychologen Justin Barrett ergaben, dass gläubige Versuchspersonen in Fragebögen zu den Eigenschaften Gottes in der Regel »theologisch korrekte« Antworten gaben: Gott sei allgegenwärtig und allwissend, könne sich nicht irren und sehe alles. Wurden diese Teilnehmer seiner Studien aber im persönlichen Gespräch befragt, schrieben sie Gott bestimmte Eigenschaften zu, die im Widerspruch zu ihren schriftlichen Antworten standen – er habe eine begrenzte Aufmerksamkeitsspanne, könne Dinge falsch einschätzen und wisse nicht alles. Siehe Justin l. Barrett: Theological Correctness: Cognitive Constraint and the Study of Religion, in: Method and Theory in the Study of Religion 11 (1998), S. 325–339, und: Cognitive

Constraints on Hindu Concepts of the Divine, in: Journal for the Scientific Study of Religion 37 (1998), S. 608–619.

1. Adam und Eva im Garten Eden

1. Die Menschen entwickelten sich vor 2,5 Millionen Jahren in Ostafrika aus affenartigen Vorfahren (*Australopithecus*). Von Ostafrika wanderten sie nach Nordafrika, Europa und Asien ein. Während der folgenden fast zwei Millionen Jahre wurde die Erde von zahlreichen Arten der Gattung Mensch (Homo) bewohnt. Dazu gehörten *Homo neanderthalensis, Homo erectus, Homo soloensis, Homo denisova, Homo ergaster* und so weiter. Der europäische *Homo sapiens* wird manchmal als Cro Magnon bezeichnet, weil im Jahr 1868 in einer gleichnamigen Höhle in der Nähe des Dorfes Les Eyzies in Frankreich fünf *Homo-sapiens*-Skelette gefunden wurden. Die »Out-of-Africa-Theorie« geht davon aus, dass der anatomisch moderne Mensch sich vor rund 200 000 Jahren in Afrika entwickelte und dass vor etwa 125 000 Jahren ein Zweig dieser frühen Menschen, *Homo sapiens*, nach Europa einwanderte, wo er eine ältere Menschenart ablöste, den Neandertaler. Diese Theorie wurde jüngst durch DNA-Funde untermauert. Doch wurden kürzlich in Djebel Irhoud in Marokko mindestens 300 000 Jahre alte *Homo-sapiens*-Fossilien gefunden, die darauf hindeuten, dass unsere Spezies doch älter ist, als ursprünglich vermutet. Siehe Jean-Jacques Hublin et al.: New Fossils from Jebel Irhoud, Morocco, and the Pan-African Origin of *Homo sapiens*, in: Nature 546 (June 8, 2017), S. 289–292.
   Manche Forscher vertreten, durchaus nachvollziehbar, die Auffassung, die Ursprünge des *Homo sapiens* lägen nicht in Ost- oder Südafrika, wie häufig angenommen wird, sondern in Nordafrika, und 50 000 Jahre früher als die bisher geschätzten 60 000 bis 70 000 Jahre. Siehe dazu: Jean-Jacques Hublin und Shannon P. McPherron, Hg.: Modern Origins: A North African Perspective (New York 2012), und Simon J. Armitage et al.: The Southern Route ›Out of Africa‹: Evidence for an Early Expansion of Modern Humans into Arabia, in: Science 331/6016 (2011), S. 453–456.

Heute wird allgemein angenommen, dass *Homo sapiens* und *Neandertaler* mindestens zehntausend Jahre lang gemeinsam Europa bewohnten, vermutlich zwischen 40 000 und 30 000 v. Chr., und es gibt zahlreiche Beweise für eine Vermischung der beiden Arten. (Alle heutigen Nicht-Afrikaner weisen in ihrer DNA einen zweiprozentigen Neandertaler-Anteil auf.) Eine wahrscheinliche Erklärung für diese Entdeckung besagt, dass es wahrscheinlich im Jungpaläolithikum (Jungsteinzeit) zu Vermischungen zwischen Neandertalern und *Homo sapiens* kam. Doch wurde kürzlich am Ufer eines Flusses in Sibirien der etwa 45 000 Jahre alte Knochen eines Mannes gefunden, der mit dem modernen Menschen und dem Neandertaler verwandt war. Die Forscher schätzen, dass die Vermischung etwa 7 000 bis 10 000 Jahre stattfand, bevor dieser Neandertaler lebte, was bedeutet, das die Vermischung der beiden Menschenspezies bereits vor 60 000 Jahren erfolgt sein könnte. Siehe Richard E. Green et al.: A Draft Sequence of the Neanderthal Genome, in: Science 328 (2010), S. 701–722, und Jennifer Viegas: 45,000-Year-Old Man Was Human-Neanderthal Mix, in: abc.net.au/science/articles/2014/10/23/4113107.htm

2. Eine exzellente Einführung in das Leben unserer *Homo-sapiens*-Vorfahren bietet Becoming Human: Evolution and Human Uniqueness von Ian Tattersall (New York 1999). Die beste und verständlichste Einführung in die Rolle der Frau in paläolithischen Gesellschaften ist The Invisible Sex von J. M. Adovasio, Olga Soffer, Jake Page (New York 2007).
3. »Körperschmuck«, schreibt Gillian Morris-Kay, »war höchstwahrscheinlich eine wichtige Vorstufe zur Erschaffung von Kunstwerken, die nicht am Körper getragen wurden. Dass Farben verwendet wurden, um die Haut, Knochen und Perlen zu schmücken, zeugt von Freude an Formen und Farben. Dass Zähne, Muscheln und Knochen durchbohrt und einzelne oder mehrere dieser Schmuckstücke auf Schnüre aufgezogen wurden, um sie als einzelnes Amulett oder als Kette zu verwenden, ist nach der Körperbemalung die älteste bekannte Form, Schmuck zu tragen.« Gillian Morris-Kay: The Evolution of Human Artistic Creativity, in: Journal of Anatomy 216 (2010), S. 161.
4. In der Höhle von Mas-d'Azil im Südwesten Frankreichs wurde der Schädel einer Frau gefunden, dessen leere Augenhöhlen mit

bearbeiteten Knochenplättchen dekoriert wurden, um die Augen nachzubilden, während der Unterkiefer offenbar durch den Kieferknochen eines Rentiers ersetzt wurde. Der Schädel wird auf etwa 12 000 v. Chr. datiert, also in das Magdalénien.
Dazu schreibt Paul Pettitt: »Rituelle Bestattungen mit voller symbolischer Struktur fanden ab 30 000 BP statt, möglicherweise schon früher; und eine gewisse symbolische Komponente bei Bestattungen ist bereits seit 100 000 BP nachweisbar.« Paul Pettitt: The Palaeolithic Origins of Human Burial (New York 2011), S. 269.
Bryan Hayden schreibt: »Paläolithische Grabstätten sind nicht nur ein klarer Hinweis auf einen vorhandenen Jenseitsglauben, sie deuten auch darauf hin, dass es möglicherweise bereis eine frühe Form der Ahnenverehrung gab. Bis vor 150 000 Jahren scheint es überhaupt keine Bestattungen gegeben zu haben. Wenn ein Mensch starb, ließen die anderen ihn offenbar auf dem Boden liegen, wo der Leichnam dann verweste oder von Tieren gefressen wurde, wie es heute in Tibet noch geschieht. ... Auch ist es möglich, dass die frühen Menschen ihre Toten auf erhöhte Plattformen legten oder in Bäumen festbanden, damit Vögel und Insekten den Körper verzehrten, und nicht große Raubtiere. ... Bei den ersten archäologisch nachweisbaren Bestattungen zeigt sich noch keine völlige Abkehr von den früheren Praktiken. Es ist nicht so, dass ein neues System von Glaubensvorstellungen und Ritualen die älteren Gepflogenheiten vollständig ersetzte. Und auch ist nicht plötzlich ein größeres Hygienebewusstsein feststellbar ... oder wurden sich die damaligen Menschen plötzlich der Sterblichkeit und des Todes bewusst. Vielmehr hat die Bestattung eindeutig eine symbolische Bedeutung. Sie erfordert besonderen Aufwand und es werden dabei rituelle Feuer entzündet, und die Toten erhalten symbolische Opfergegenstände und speziell ausgewählte Steine als Grabbeigaben.« Brian Hayden: Shamans, Sorcerers and Saints (Washington, D.C. 2003), S. 115.
Ich stimme mit David Wengrow darin überein, dass »die kulturelle Vorstellung von spirituellen Mischwesen in den frühen Jäger-und-Sammler-Kulturen sich höchstwahrscheinlich eher in den Grabfunden aus paläolithischer und mesolithischer Zeit nachweisen lässt – was zurückreicht bis zu den frühesten erkennbar künstlich vorgenommenen Kombinationen von

menschlichen und tierischen Körperteilen in den Höhlen von Skhul und Qafzeh (circa 100–80 000 v. Chr.) und weiter zu den so genannten ›schamanischen‹ Gräbern der Natufien-Periode –, als in dem, was von den damaligen Felsmalereien erhalten blieb.« David Wengrow: Gods and Monsters: Image and Cognition in Neolithic Societies, in: Paléorient 37/1 (2011), S. 154–155.

5. Eine Anmerkung zu dem Wort »Seele«. Es handelt sich eindeutig um einen westlichen Begriff mit spezifischen religiösen Konnotationen, der nicht auf alle Religionen angewendet werden sollte. Hier in diesem Buch wird er als Synonym für »spirituelle Essenz« gebraucht und kann, wenn Ihnen das besser gefällt, durch »Geist« ersetzt werden. Ein Beispiel für eine der frühesten Verwendungen des Wortes »Seele« ist die kürzlich in Zincirli (früher Sam'al) in der Nähe von Gaziantep in der Türkei gefundene Stele. Siehe dazu Dennis Pardee: A New Aramaic Inscription from Zincirli, in: Bulletin of the American Schools of Oriental Research 356 (2009), S. 51–71; J. David Schloen und Amir S. Fink: New Excavations at Zincirli Höyük in Turkey (Ancient Sam'al) and the Discovery of an Inscribed Mortuary Stele, in: Bulletin of the American Schools of Oriental Research 356 (2009), S. 1–13; und Eudora J. Struble und Virginia Rimmer Herrmann: An Eternal Feast at Sam'al: The New Iron Age Mortuary Stele from Zincirli in Context, in: Bulletin of the American Schools of Oriental Research 356 (2009), S. 15–49.
6. In der Wissenschaft herrscht Einigkeit, dass die Menschen im Jungpaläolithikum ihre Toten bestatteten; ob dies aber auch schon im Mittel- und Altpaläolithikum geschah, ist umstritten. Siehe Julien Riel-Salvatore und Geoffrey A. Clark: Grave Markers: Middle and Early Upper Paleolithic Burials and the Use of Chronotypology in Contemporary Paleolithic Research, in: Current Anthropology 42/4 (2001), S. 449–479.
   »Über Jahrzehnte«, merkt hierzu William Rendu an, »haben Forscher die Existenz von Grabstätten im westlichen Europa vor der Ankunft des anatomisch modernen Menschen bezweifelt. Nach einer erneuten Untersuchung des bereits entdeckten Neandertaler-Skeletts in La Chapelle-aux-Saints und dortiger Feldforschung wurde zum ersten Mal die Hypothese aufgestellt, dass Neandertaler ihre Toten bestatteten. Die beteiligten Wissen-

schaftler gelangten zu dem Schluss, dass der Neandertaler von La Chapelle-aux-Saints von anderen Mitgliedern seiner Gruppe in einer künstlich ausgehobenen Grube beigesetzt wurde, die sie zuschütteten, um den Leichnam zu schützen. Diese Entdeckung belegt, dass Neandertaler ihre Toten bestatteten und über die hierfür notwendigen kognitiven Fähigkeiten verfügten.« William Rendu: Evidence Supporting an Intentional Neandertal Burial at La Chapelle-aux-Saints, in: Proceedings of the National Academy of Sciences of the United States of America 111/1 (2014), S. 81. Die frühesten und am wenigsten umstrittenen Beweise für Neandertaler-Bestattungen stammen aus den Begräbnisstätten von Skhul und Qafzeh in Israel, die auf ein Alter von 100 000 Jahren datiert wurden. Doch hat man beigesetzte Neandertaler-Knochen an vielen Orten in Europa und Asien gefunden, zum Beispiel in Teschik Tasch, Mittelasien, und in Schanidar im Irak, wo man eine große Höhle entdeckte, in der mehrere Neandertaler beigesetzt wurden. Bei einigen dieser Bestattungsplätze fanden sich Hinweise auf Kannibalismus. Siehe Rainer Grun et al.: U-series and ESR Analyses of Bones and Teeth Relating to the Human Burials from Skhul, in: Journal of Human Evolution 49/3 (2005), S. 316–334, und André Leroi-Gourhan: The Hunters of Prehistory, Übers.: Claire Jacobson (New York 1989), S. 52.

7. Der Animismus ist natürlich nicht wirklich eine Religion. Das gab es im damaligen Stadium unserer Evolution noch nicht. Man sollte sich den Animismus eher als ein Glaubenssystem vorstellen, eine Linse, durch die Adam und Eva die Welt und ihre Stellung darin betrachteten.
8. Es herrscht kein Mangel an Theorien über Sinn und Funktion der paläolithischen Höhlenmalereien. Es gibt die Theorie, dass es sich um »Kunst um der Kunst willen« handelt, die keine inhärente Bedeutung hat. Zwar gilt diese Annahme, die den prähistorischen Menschen nur geringe kognitiven Fähigkeiten zutraut, inzwischen weitgehend als veraltet, doch es gibt noch immer einige Anhänger der Theorie, zum Beispiel John Halverson, der schreibt: »Nehmen wir an, dass die Höhlenmalerei keine ›Bedeutung‹ im eigentlich Sinn des Wortes hat, keine religiösen, mythologischen oder metaphysischen Bezüge, keinen magischen oder praktischen Zweck. Sie ist dann als Widerspiegelung eines frühen

kognitiven Entwicklungszustandes zu verstehen, als Beginn des Abstrahierens in Form von bildlichen Darstellungen. Wir hätten es dann mit einer autotelischen Aktivität zu tun, einer Art Spiel, genauer gesagt einem freien Spiel mit zukünftigen Bedeutungen. Daher könnte die paläolithische Kunst sehr wohl in einem sehr präzisen und aufschlussreichen Sinn Kunst um der Kunst willen gewesen sein.« John Halverson: Art for Art's Sake in the Paleolithic, in: Current Anthropology 28/1 (1987), S. 63. Viele andere Forscher betrachten die paläolithische Höhlenmalerei als ein Mittel zum Informationsaustausch. Zum Beispiel könnte sich in ihr »demographischer Stress« widerspiegeln, das »Schließen sozialer Netzwerke in Phasen starken Bevölkerungswachstums«. Laut Barton, Clark und Cohen könnte mit der paläolithischen Malerei ein Anspruch auf Landbesitzrechte ausgedrückt worden sein. »Die Malereien drückten möglicherweise symbolisch solche Besitzansprüche aus. Das ist bei tragbaren bemalten Objekten leicht nachvollziehbar, aber auch durch Malereien auf Felsen und in Höhlen könnten angeeignete Besitzrechte an dem betreffenden Gebiet gut sichtbar (und ›dauerhaft‹) markiert worden sein.« Siehe C. Michael Barton, G. A. Clark und Allison E. Cohen: Art as Information: Explaining Upper Palaeolithic Art in Western Europe, in: World Archaeology 26/2 (1994), S. 199–200. Siehe auch Clive Gamble: Interaction and Alliance in Palaeolithic Society, in: Man 17/1 (1982), S. 92–107, und The Palaeolithic Settlement of Europe (Cambridge 1986), und Michael Jochim: Palaeolithic Cave Art in Ecological Perspective, in: Hunter-Gatherer Economy in Prehistory, Hg. G. N. Bailey (Cambridge 1983), S. 212–219. Jene, die den strukturalistischen Ansatz vertreten, gehen davon aus, dass die paläolithische Höhlenkunst Ausdruck einer umfassenderen Weltsicht, Kosmologie und Denkweise ist, die der paläolithischen Kultur im Rahmen eines universellen Sinngefüges eine feste Struktur verlieh. Der ursprüngliche und prominenteste Vertreter dieser Theorie war André Leroi-Gourhan, der aber dennoch eine religiöse Bedeutung der Höhlen ausschloss. Laut Leroi-Gourhan und Michelson haben wir es demnach »nicht mit Spuren religiöser Praktiken, wie es die älteren Prähistoriker glaubten, ja überhaupt nicht mit Religion oder Metaphysik zu tun, sondern mit einem infrastrukturellen Gerüst, das vermutlich als

Basis für eine unendliche Anzahl detaillierter moralischer Symbole und vielseitig nutzbarer Praktiken diente. ... Die Themen, die in dieser paläolithischen Kunst zu Tage treten, laden eher zu psychoanalytischen als zu religionshistorischen Studien ein.« André Leroi-Gourhan und Annette Michelson: The Religion of the Caves: Magic or Metaphysics?, in: October 37 (1986), S. 16.
Die wohl bekannteste Theorie zur paläolithischen Höhlenkunst geht davon aus, dass dort »Analogiezauber« praktiziert wurde. Kurz gesagt, diente die Höhlenmalerei nach dieser Theorie dazu, auf magische/spirituelle Art Erfolg bei der Jagd zu beschwören. Diese Malereien sollten Schutz für die Jäger bewirken und die Ernährung sicherstellen, indem sie den Künstlern/Jägern spirituelle und physische Macht über ihre Beutetiere verliehen. Zu den Hauptargumenten, die für diese Theorie ins Feld geführt werden – meiner Meinung nach irrtümlich, wie ich in diesem Buch zeige – gehört, dass zu den häufigsten Motiven der prähistorischen Künstler Tiere zählen, die anscheinend von Speeren durchbohrt wurden, bluten und/oder Ritzungen aufweisen, die Messerschnitten ähneln.
Der bedeutendste Verfechter der »Analogiezauber«-Theorie war Abbé Henri Breuil, der argumentierte, die prähistorischen Malereien seien deshalb in den geheimnisvollen Tiefen der Erde erschaffen worden, weil man auf diese Weise versuchte, Kontrolle über die Natur zu erlangen. Diese frühen Künstler seien in die Eingeweide der Erde hinabgestiegen (ein möglicher Zusammen zu Zeugung und Schwangerschaft?) und hätten dort in den finstersten, am schwersten zugänglichen Teilen der Höhle versucht, auf magische Weise den Geist bestimmter Tiere einzufangen, um so den Jagderfolg und die Fruchtbarkeit und Fortpflanzung ihrer Beutetiere sicherzustellen. Henri Breuil: Four Hundred Centuries of Cave Art, Übers. Mary Boyle (New York 1979).
Schließlich gibt es da noch jene Wissenschaftler, zu denen ich gehöre. Sie sind der Auffassung, dass die paläolithische Höhlenmalerei Ausdruck eines religiösen Impulses und daher mit spiritueller Bedeutung aufgeladen ist. David Lewis-Williams glaubt, dass diese Kunstwerke in tranceartigen Zuständen geschaffen wurden (vielleicht unter Drogeneinwirkung), und zwar von Schamanen, und dass die ganze Höhle eine Art Schleier oder Grenze

zwischen dieser Welt und der Welt der Geister war. Siehe Jean Clottes und David Lewis-Williams: The Shamans of Prehistory: Trance Magic and the Painted Caves (New York 1998. Deutsch: Schamanen: Trance und Magie in der Höhlenkunst der Steinzeit. Sigmaringen 1997), und David Lewis-Williams, David Pearce: Inside the Neolithic Mind: Consciousness, Cosmos, and the Realm of the God (London 2005).

Dagegen bezweifeln Kevin Sharpe und Leslie Van Gelder, dass es sich bei den Malereien und Zeichnungen in den Höhlen um religiöse »Kunst« handelt. Sie schreiben dazu: »Die schamanische Hypothese folgt der großen Tradition, die ›Kunst‹ in den Höhlen im europäischen Südwesten zu deuten, indem man den jungpaläolithischen Schöpfern dieser ›Kunst‹ religiöse Botschaften und Absichten unterstellt. (Beachten Sie, dass wir, wie viele andere, das Wort ›Kunst‹ in Anführungszeichen setzen, weil es unter diesen Artefakten zwar auch manche künstlerischen Darstellungen gibt, dies auf sehr viele aber nicht zu trifft. Es ist durchaus möglich, dass ihre Schöpfer überhaupt keine künstlerischen Absichten verfolgten.) Der bedeutendste Pionier bei der Entdeckung, systematischen Erfassung und Interpretation der prähistorischen ›Kunst‹ im südwestlichen Europa war Henri Breuil. ... Breuil war, wie sein prominenter Nachfolger André Glory, katholischer Priester (hier sei auch auf den jesuitischen Archäologen-Theologen Pierre Teilhard de Chardin verwiesen). Daher scheint es ganz natürlich, dass diese religiösen Archäologen in die majestätischen, ehrfurchtgebietenden Artefakte religiöse Bedeutungen und Absichten hineininterpretierten. Sie gaben den unterirdischen Räumen mit den prähistorischen Malereien Namen wie »Heiligtum«, »Kathedrale«, »Kapelle« und dergleichen. Damit begannen sie eine Tradition, in der sich das kulturelle Ethos des späten neunzehnten und des zwanzigsten Jahrhunderts in Frankreich und Spanien widerspiegelt, das auch heute noch stark spürbar ist. Dazu muss man nur einen Blick auf Webseiten über prähistorische Kunst werfen und auf New-Age-Literatur, die sich mit diesem Thema befasst. Lewis-Williams passt perfekt in diese Tradition hinein. Die ›Kunst‹ fühlt sich romantisch und geheimnisvoll an. Da entsteht ganz automatisch eine religiöse Interpretation. Das ergibt eine gute Story. Und es ist für diese

spekulativen Behauptungen auch gar nicht nötig, selbst in den Höhlen herumzukriechen und sich schmutzig zu machen.« Kevin Sharpe, Leslie Van Gelder: Human Uniqueness and Upper Paleolithic ›Art‹: An Archaeologist's Reaction to Wentzel van Huyssteen's Gifford Lectures, in: American Journal of Theology and Philosophy 28/3 (2007), S. 313–314.
Dass ich mit dieser Analyse nicht übereinstimme, dürfte offensichtlich sein. Als Antwort werde ich einfach Lewis-Williams zitieren: »Trotz der Vielfalt [der Wandmalereien in den französischen Höhlen] lassen sich doch einige Konstanten feststellen. Am offensichtlichsten und erstaunlichsten ist die Tatsache, dass die Menschen ihre Bilder tief unter der Erde schufen, oft an Stellen, die nur für eine einzelne Person zugänglich waren; viele wurden möglicherweise sogar nur von dem Maler selbst je gesehen. Es ist schwer vorstellbar, dass diese prähistorischen Künstler solche versteckten Bilder geschaffen hätten, wenn sie nicht an eine Unterwelt geglaubt hätten, die von übernatürlichen Tieren und möglicherweise auch Geistwesen bevölkert war. Wie viele Kulturen überall auf der Welt glaubten diese Menschen des Jungpaläolithikums sehr wahrscheinlich an einen Kosmos, der in mehreren Schichten oder Ebenen aufgebaut ist: eine Unterwelt, die Ebene, auf der die Menschen leben, und ein Reich oberhalb des Himmels. Man kann aber nur mutmaßen, an welche übernatürlichen Wesen die Menschen im Jungpaläolithikum glaubten und auf welche Weise sie sich von ihnen beeinflusst fühlten.« David Lewis-Williams: Into the Dark: Upper Palaeolithic Caves in Western Europe, in: Digging Stick 27/2 (2010), S. 5. Siehe auch Sharpe, Van Gelder: »Human Uniqueness and Upper Paleolithic ›Art‹«, a.a.O., S. 311–345.

9. Diese These vom »in Ebenen aufgebauten Kosmos« wurde von Lewis-Williams brillant formuliert. Er merkte an, dass »für die Menschen im Jungpaläolithikum das Betreten der Höhlen vermutlich wie eine Reise in die Unterwelt war. ... Die Höhlengänge waren die ›Eingeweide‹ der Unterwelt, und die Wände, Böden und Decken waren dünne ›Membranen‹, die man durchstoßen und so in die Zonen gelangen konnte, die sich dahinter befanden. Bei den Plätzen in den Höhlen, wo rituelle Aktivitäten stattfanden, handelte es sich demnach um ›Eingänge‹ zu bestimmten

Bereichen innerhalb der Unterwelt.« David Lewis-Williams: Conceiving God: The Cognitive Origin and Evolution of Religion (London 2010), S. 210.

10. Andere wunderbar erhaltene Beispiele für Höhlenmalerei finden sich unter anderem in den Höhlen von Altamira und Tito Bustillo in Spanien. Das Bild aus El Castillo ist eine »große rote, getüpfelte Scheibe« auf dem »Panel de las Manos«. A.W.G. Pike et al.: U-Series Dating of Paleolithic Art in 11 Caves in Spain, Science 336 (2012), S. 1411–1412. Siehe auch M. Garcia-Diez, D. L. Hoffman, J. Zilhao, C. de las Heras, J. A. Lasheras, R. Montes, A.W.G. Pike: Uranium Series Dating Reveals a Long Sequence of Rock Art at Altamira Cave (Santilana del Mar, Cantabria), in: Journal of Archaeological Science 40 (2013), S. 4098–4106. Weiterführende Informationen zu den Kunstwerken des Jungpaläolithikums, ihrer geographischen Verteilung, Datierung und Vielfalt finden Sie in folgenden Quellen: Oscar Moro Abadia und Manuel R. Gonzalez Morales: Paleolithic Art: A Cultural History, in: Journal of Archaeological Research 21 (2013), S. 269–306; Paul Bahn, Natalie Franklin, Matthias Stecker, Hg.: Rock Art Studies: News of the World IV (Oxford 2012); Gillian M. Morris-Kay: The Evolution of Human Artistic Creativity, in: Journal of Anatomy 216 (2010), S. 158–176; Michel Lorblanchet: The Origin of Art, Diogenes 214 (2007), S. 98–109; Paul Pettitt, Alistair Pike: Dating European Palaeolithic Cave Art: Progress, Prospects, Problems, in: Journal of Archaeological Method and Theory 14/1 (2007), S. 27–47; Curtis Gregory: The Cave Painters: Probing the Mysteries of the World's First Artists (New York 2006); Gunter Berghaus: New Perspectives on Prehistoric Art (Westport, Conn. 2004); Randall White: Prehistoric Art: The Symbolic Journey of Humankind (New York 2003); Paul Bahn: The Cambridge Illustrated History of Prehistoric Art (Cambridge 1998) und Margaret W. Conkey: A Century of Palaeolithic Cave Art, in: Archaeology 34/4 (1981), S. 21–22.

11. Die Volp-Höhlen wurden an einem Sommertag des Jahres 1912 von den drei Söhnen des Grafen Henri Bégouën entdeckt, einem Professor für Vorgeschichte an der Universität von Toulouse (daher der Name Drei-Brüder-Höhle). An jenem Tag bauten die Brüder sich aus Holzkisten und leeren Benzinkanistern ein Boot,

mit dem sie auf einem schmalen Arm des Flusses Volp zum halb unter Wasser stehenden Eingang einer der Höhlen ruderten. Im Halbdunkel entdeckten sie die schwach erkennbaren Ritzzeichnungen an den Wänden, auch wenn ihnen die Bedeutung ihres Fundes damals sicherlich nicht klar war. Beim Ausbruch des Ersten Weltkriegs mussten sie die Erkundung der Höhlen zunächst aufgeben, da sie zum Kriegsdienst einberufen wurden. Erst nach dem Kriegsende 1918 widmeten sich die drei Brüder wieder ihrem Kindheitsabenteuer in den Höhlen. Inzwischen hatte ihr Vater, der Graf Bégouën, die Bedeutung des Fundes erkannt und Kontakt zu seinem Freund, dem Archäologen und katholischen Priester Henri »Abbé« Breuil aufgenommen. Meine Beschreibung der Volp-Höhlen stützt sich zu einem großen Teil auf die Schilderungen Breuils in Henri Breuil: Four Hundred Centuries of Cave Art, Übers. Mary Boyle (New York 1979), S. 153–177.

12. Weitere paläolithische »Instrumente« finden Sie in Ian Tattersall: Becoming Human, aaO. (s.o. Anm. 1/2), S. 13–14 und 213. Randall White schreibt: »Es mehren sich die Beweise, dass bei der Auswahl der für die Malerei passenden Stellen in den Höhlen die Akustik eine Rolle spielte. Mit einer Studie in drei Höhlen (Fontanet, Le Portal und Niaux) konnte Michel Dauvois zeigen, dass in den Höhlen an Zonen mit besonders guter Akustik auch auffallend viele Malereien und Ritzzeichnungen vorhanden sind. Diese Art der Forschung steckt noch in den Kinderschuhen, aber man kann sich leicht vorstellen, dass die Akustik wichtig war, vor allem wenn bei den Aktivitäten in den Höhlen gesungen, gechantet und auf Flöten oder Litophonen gespielt wurde.« Randall White: Prehistoric Art, aaO. (s.o. Anm. 1/10), S. 16.
13. Lewis-Williams vermutet, dass es sich bei den Punkten um Aufzeichnungen von Visionen handelt (d. h. seltsamen, andersweltlichen Bildern, die ein Schamane während seiner Trancereisen sieht), die von den prähistorischen Menschen auf diese Weise festgehalten und »konkretisiert« wurden, nachdem sie sich in »veränderten Bewusstseinszuständen« befunden hatten. Leroi-Gourhan und Michelson dagegen vertreten die Auffassung, dass die geometrischen Muster Geschlechtsorgane symbolisieren: »[Die Muster] bestehen aus Männer- und Frauendarstellungen; Symbolen für Geschlechtsorgane; unterschiedlichen

Zeichen, die sich in zwei Gruppen unterteilen lassen: ›ausgefüllte‹ Zeichen (Ovale, Dreiecke, Rechtecke) und ›dünne‹ Zeichen (gerade, hakenförmige oder sich verzweigende Linien und aufgereihte Punkte); und dann gibt es Handabdrücke, für die Menschen ihre Hände an die Höhlenwände legten und die Umrisse farbig nachzeichneten. Wir verglichen die Motive der einzelnen Zeichenserien und gelangten zu dem Schluss, dass es sich um vielfältige Variationen sexueller Symbole handelt, wobei die Strichzeichen für das männliche Element stehen, und die ausgemalten Zeichen für das weibliche Element.« David Lewis-Williams: Debating Rock Art: Myth and Ritual, Theories and Facts, in: South African Archaeological Bulletin 61/183 (2006), S. 105–111, und The Mind in the Cave: Consciousness and the Origins of Art (London 2004) und Leroi-Gourhan The Religion of the Caves, aaO. (s.o. Anm. 1/8), S. 12–13.

14. Ilga Zagorska schreibt über die Symbolik des roten Ockers bei steinzeitlichen Bestattungsritualen: »Die Farbe Rot erinnert an natürliche Substanzen in dieser Farbe, zum Beispiel Blut. Dass bei Bestattungen Rot eine wichtige Rolle spielte, steht in Zusammenhang mit dem Konzept des Todes und der Bewahrung der Lebensenergie. Es wird magische Kraft erzeugt, um den Toten die Reise ins Jenseits zu erleichtern. In einem umfassenderen Sinn wird Ocker mit der spirituellen Welt assoziiert und mit der Erweiterung des Wissens, und im Zusammenhang mit Bestattungen bringt man es auch mit den Anfängen des symbolischen Denkens in Verbindung. ... Allerdings betonen Wissenschaftler auch, dass der Gebrauch des Ockers sich im Lauf der Zeit und in unterschiedlichen Regionen veränderte, und dass sein Vorhandensein oder seine Abwesenheit nicht immer nachzuvollziehen und erklärbar ist.« Ilga Zagorska: The Use of Ochre in Stone Age Burials of the East Baltic, in: The Materiality of Death: Bodies, Burials, Beliefs, Hg. Fredrik Fahlander und Terje Oestigaard (Oxford 2008), S. 115.

    Julien Riel-Salvatore und Geoffrey A. Clark weisen darauf hin, dass der weitverbreitete Gebrauch von Ocker möglicherweise auch rein praktische Gründe hatte: »Er könnte der Isolierung gegen Kälte und Feuchtigkeit gedient haben, man konnte mit ihm glattere Oberflächen auf Stein oder polierten Knochenperlen erzeugen. Er könnte wegen seiner adstringierenden oder antiseptischen Wirkung verwendet worden sein, oder sogar um den Verwesungsprozess zu verlangsamen. ... Deshalb belegt sein Vorhandensein in Gräbern vielleicht einfach nur, dass die damaligen Menschen eine nützliche Substanz kannten, die dann im Verlauf des Jungpaläolithikums nach und nach auch wegen ihrer ästhetischen Möglichkeiten und/oder ihrer Eignung für Rituale verwendet wurde. Da der Ocker sich auch in einigen der Qafzeh-Gräber findet, muss er bereits im Mittelpaläolithikum bekannt gewesen (und höchstwahrscheinlich genutzt worden) sein. Das lässt vermuten, dass er erst später, vielleicht ab 20 000 BP in großem Umfang genutzt wurde.« Julien Riel-Salvatore, Geoffrey A. Clark: Grave Markers: Middle and Early Upper Paleolithic Burials and the Use of Chronotypology in Contemporary Paleolithic Research, in: Current Anthropology 42/4 (2001), S. 449–479. Siehe auch Erella Hovers, Shimon Ilani, Ofer Bar-Yosef, Bernard Vandermeersch: An Early Case of Color Symbolism: Ochre Use by Modern Humans in Qafzeh Cave, in: Current Anthropology 44/4 (2003), S. 491–522.

15. Zu den ältesten künstlerischen Ausdrucksformen im Paläolithikum zählen die positiven und negativen Handabdrücke in rotem (am häufigsten), schwarzem, weißem und gelbem (am seltensten) Ocker. Während die positiven Handabdrücke entstanden, indem eine Hand in nasses Pigment getaucht und dann gegen eine Höhlenwand gepresst wurde, stellte man die negativen Abdrücke vermutlich her, indem man mit dem Mund Pigment um die Hand herumsprühte und so um Finger, Handgelenk und Handrücken einen Halo erzeugte. Es finden sich in einer großen Zahl der Höhlen in Südfrankreich, Nordspanien und Italien positive und negative Handabdrücke, aber ihr Vorkommen ist keineswegs auf Höhlen in Westeuropa beschränkt. Die Entdeckung negativer Handabdrücke in Indonesien, die etwa zeitgleich mit denen in El Castillo und Altamira entstanden, und figurativer Kunst, die so alt ist wie in Chauvet, hat weitreichende Folgen für unser Bild von Ursprung, Entwicklung und Bedeutung der jungpaläolithischen Kunst. Siehe Paul Pettitt, A. Maximiano Castillejo, Pablo Arias, Roberto Peredo, Rebecca Harrison: New Views on Old Hands: The Context of Stencils in El Castillo and

La Garma Caves (Cantabria, Spain), in: Antiquity 88 (2014), S. 48; M. Aubert, A. Brumm, M. Ramli, T. Sutikna, E. W. Saptomo, B. Hakim, M. J. Morwood, G. D. van den Bergh, L. Kinsley, A. Dosseto: Pleistocene Cave Art from Sulawesi, Indonesia, in: Nature (2014), S. 223–237; und Michel Lorblanchet: Claw Marks and Ritual Traces in the Paleolithic Sanctuaries of the Quercy, in: An Enquiring Mind: Studies in Honour of Alexander Marshack, Hg. Paul Bahn (Oxford 2009), S. 165–170.

Bei der überwiegenden Zahl von Handabdrücken handelt es sich um solche der linken Hand. Das scheint in Zusammenhang mit der Herstellungsmethode zu stehen (d. h. es wurde die rechte Hand benutzt, um ein Behältnis für das Pigment zu halten, z. B. eine Muschelschale, ein anderer Behälter oder eine Art Strohhalm). Außerdem wurden die Handabdrücke offenbar bevorzugt bei Rissen, Vertiefungen oder Buckeln im Höhlengestein angebracht. Handabdrücke finden sich, so Pettritt et al., »in offensichtlicher Nähe zu natürlichen Spalten, Wölbungen oder Vertiefungen. … Insgesamt 80 % der Handabdrücke in La Garma und 74 % in El Castillo befinden sich dicht bei Spalten, Wölbungen oder Vertiefungen in den Höhlenwänden. Da Zonen mit ›glatten Wänden‹ in den Höhlen gut und in ausreichender Zahl vorhanden sind, kann diese Häufung kein Zufall sein. Manche Handabdrücke wurden offenbar gezielt in die Topographie der Wand ›eingepasst‹, und manche wurden auf Ausbuchtungen in den Wänden platziert, so dass es aussieht, als würden sie sich dort festhalten, und zwar genau dort, wo Höhlenbesucher sich auch heute auf dem Weg durch die Höhle tatsächlich festhalten.« Paul Pettitt et al.: New Views on Old Hands, aaO. S. 53.

In zwei Artikeln argumentiert Dean Snow, dass die überwiegende Zahl der negativen Handabdrücke des Jungpaläolithikums von Frauen stammt. Nach der Analyse von 32 Handabdrücken aus 8 Höhlen in Spanien und Frankreich gelangte Snow zu dem Schluss, dass Frauen für 24 der 32 prähistorischen Handabdrücke verantwortlich waren (also für 75 %). Zwar konnte der von Snow verwendete Algorithmus moderne Handabdrücke nur in 60 % der Fälle richtig Männern oder Frauen zuordnen, doch er behauptet, dass der Sexualdimorphismus des frühen *Homo sapiens* im Jungpaläolithikum ausgeprägter war, als es heute der Fall ist. Auch wenn Snows Hypothese umstritten ist, wirft sie doch einige interessante Fragen bezüglich der der Kunst des Jungpaläolithikums auf, nämlich welches Geschlecht in erster Linie die Kunst jener Epoche schuf? Wenn für die Höhlenmalereien hauptsächlich die Frauen verantwortlich waren, was bedeutet das für die Theorien von Breuil und Lewis-Wiliams, nach deren Auffassung die Felsbilder mit »Analogiezauber« und den veränderten Bewusstseinszuständen von Schamanen in Zusammenhang standen? Und schließlich: Spielt es für die Bedeutung und den Zweck der jungpaläolithischen Kunst überhaupt eine Rolle, ob sie von Frauen oder Männern geschaffen wurde? Siehe Dean Snow: Sexual Dimorphism in Upper Palaeolithic Hand Stencils, in: Antiquity 80 (2006), S. 390–404, und: Sexual Dimorphism in European Upper Paleolithic Cave Art, in: American Antiquity 4 (2013), S. 746–761.

In der (1906 entdeckten) Höhle von Gargas in den französischen Pyrenäen fand man über 150 Handabrücke aus der Zeit zwischen 27 000 und 25 000 BP. Jedoch fehlen bei zahlreichen Gargas-Abdrücken im Gegensatz zu den jungpaläolithischen Höhlenmalereien einzelne Finger. Es überrascht nicht, dass sich um diese Handabdrücke viele Spekulationen rankten, seit Emilé Cartailhac sie erstmalig erwähnte. Die Interpretationen dieser Handabdrücke mit den fehlenden Fingern lassen sich auf drei Hypothesen reduzieren: 1. Die Finger der »Künstler« wurden als Teil eines Opferrituals abgetrennt (z. B. für eine Initiation, »Analogiezauber« oder um die Zugehörigkeit zu einer Gruppe oder den Ausschluss aus einer solchen anzuzeigen); 2. Verlust von Fingern durch andere äußere Einwirkung (z. B. Erfrierungen, Verletzung, Krankheit, Geburtsfehler); 3. Die Finger wurden absichtlich weggekrümmt, um mit den Abdrücken Botschaften zu übermitteln (vielleicht handelt es sich um eine Zeichensprache von Jägern und Sammlern). Die dritte Hypothese erscheint am überzeugendsten, aber wirklich befriedigend sind sie alle nicht.

Wenn die Finger bei Opferritualen abgetrennt wurden, müsste man doch eigentlich erwarten, dass diese Verstümmelungen in Gargas alle nach dem gleichen Muster stattfanden. Doch ein solches einheitliches Muster ist nicht erkennbar. Wenn die

Verstümmelungen absichtlich erfolgten, oder wenn als Zeichensprache Finger gekrümmt wurden, um bestimmte Tiere zu symbolisieren, müsste diese Praxis auch in vielen anderen Höhlen verewigt sein, doch vergleichbare Handabdrücke wurden nur in zwei weiteren Höhlen gefunden. Das absichtliche Amputieren von Fingern erscheint zudem unlogisch, weil es die Sicherheit und Produktivität der betroffenen Person beeinträchtigt, was Nachteile für die Überlebensfähigkeit der ganzen Sippe oder des Stammes mit sich brächte. Außerdem wurden klar erkennbar mehrere Handabdrücke in Gargas von der derselben Person angefertigt, und dennoch fehlen von einem Abdruck zum nächsten unterschiedliche Finger. Das deutet stark darauf hin, dass es sich nicht um abgetrennte, sondern um absichtlich gekrümmte Finger handelt. Siehe André Leroi-Gourhan: The Hands of Gargas: Toward a General Study, in: October 37 (1986), S. 18–34; Ali Sahly: Les Mains mutilées dans l'art préhistorique (Toulouse 1966); Breuil: Four Hundred Centuries of Cave Art, aaO. (s.o. Anm. 1/8), S. 246–257; Émile Cartailhac: Les mains inscrites de rouge ou de noir de Gargas, in: L'anthropologie 17 (1906), S. 624–625.

16. Zur symbolischen Natur der jungpaläolithischen Höhlenmalerei schreibt Lewis-Williams: »Es handelt sich demnach nicht, wie oft angenommen wird, um Tiere, die draußen vor den Höhlen häufig anzutreffen waren: Und fast nie wird die Umgebung des Tieres gezeigt ... kein Gras, keine Bäume, keine Flüsse oder überhaupt irgendetwas aus der natürlichen Welt. Stattdessen sind die Umrisse oft an die Form des Gesteins angepasst, so wird beispielsweise ein natürlicher kleiner Buckel als Tierauge genutzt. Manche Figuren sind so gezeichnet, dass sie scheinbar durch Spalten oder Risse in den Felsen hineinzukriechen scheinen, während andere nur teilweise gezeichnet wurden und der Rest des Bildes durch den Schatten ergänzt wird, der entsteht, wenn man eine Kerze oder ein Talglicht in einer bestimmten Position hält.« David Lewis-Williams: Inside the Neolithic Mind (London 2009), S. 83–84.

17. Archäologische Funde aus dem Jungpaläolithikum belegen, dass zwischen den in der Höhlenmalerei dargestellten Tieren und der damaligen Ernährung des *Homo sapiens* kaum ein Zusammenhang bestand. Zu den in der Höhlenmalerei porträtierten Tieren

merkt Leroi-Gourhan an: »Statistisch gesehen, ist die Zahl der [in der jungpaläolithischen Höhlenmalerei] dargestellten Tierarten sehr viel kleiner als die Zahl der damals in der Umgebung der Höhlen vorkommenden Arten. Die paläolithischen Künstler proträtierten nicht wahllos alle möglichen Tiere, sondern nur bestimmte Arten, und dabei handelte es sich um Arten, die im täglichen Leben dieser Menschen nicht notwendigerweise eine wichtige Rolle spielten.« André Leroi-Gourhan: The Dawn of European Art: An Introduction to Palaeolithic Cave Painting (Cambridge 1982), S. 45.
In einer zweiten Veröffentlichung befasst sich Leroi-Gourhan erneut mit diesem Thema: »Verglichen mit den Knochenfunden von Tieren in den meisten damaligen Siedlungsplätzen, stellt sich die Frage, wie repräsentativ die Liste der in der Höhlenmalerei dargestellten Tiere ist. Vielleicht lässt sich eine Parallele zu der späteren Tradition der Darstellung von Löwen und Adlern in der europäischen Wappenkunst ziehen. Diese beiden Tiere kommen, obwohl sie für die Ernährung praktisch keine Rolle spielten, in der Wappenkunst wesentlich häufiger vor als Kalb oder Schwein. Es besteht guter Grund zu der Annahme, dass die paläolithischen Tierbilder in den Höhlen eher ein Bestiarium darstellen als eine Sammlung essbarer Tierarten.« André Leroi-Gourhan: Treasures of Prehistoric Art (New York 1967), S. 111.
Abschließend sei Margaret Conkey zitiert: »Die Häufigkeit der gezeichneten Tiere steht oft in starkem Kontrast zu ihrem tatsächlichen Vorkommen und ihrem Anteil an den ausgegrabenen Speiseabfällen. Wie es auch Patricia Vinnicombe in »People of Eland«, ihrer ausgezeichneten Untersuchung über die Felsmalerei der Kung in Südafrika, vorschlägt, kann man Levi-Strauss' Beobachtung zustimmen, dass die Tierarten für die Felsmalerei nicht ausgewählt wurden, weil sie ›gut zu essen‹ waren, sondern weil sie ›sich gut zum Denken eigneten‹.« Margaret W. Conkey: A Century of Palaeolithic Cave Art, in: Archaeology 34/4 (1981), S. 23. Siehe auch Patricia Vinnicombe: People of Eland: Rock Paintings of the Drakensburg Bushmen as a Reflection of Their Life and Thought, 2. Aufl. (Johannesburg 2009). Lévi-Strauss' Zitat stammt aus: Totemism, Übers. Rodney Needham (London 1991), S. 89.

White wies darauf hin, dass »Jagdzauber als Zweck der Höhlenmalerei (und auch der tragbaren Steinbilder) sehr unwahrscheinlich ist, weil die Tiere fast nie unter Schmerzen und leidend dargestellt werden. Gewalt und eindeutige Jagdszenen kommen so gut wie nie nicht vor. Sie stellen eine absolute Ausnahme dar, wie der ausgeweidete Bison von Lascaux und die Jagdszene mit Pfeil und Bogen auf einen durchbohrten Knüppel aus La Vache.« Randall White: Prehistoric Art, aaO. (s.o. Anm. 1/10), S. 119.

18. »Die Höhle selbst«, schreibt Leroi-Gourhan, »wird in die Kunst einbezogen, da natürliche Strukturen der Höhlenwände von den Künstlern in ihre Arbeiten integriert werden. Hier lassen sich zwei Arten unterscheiden. Einmal nutzen die Maler natürliche Reliefstrukturen für den Rücken, Nacken oder Schenkel eines Tieres, die dann vervollständigt werden. Dann werden Spalten oder Kanten für weibliche Symbolik genutzt, indem ihnen dünne Zeichen oder Punkte hinzugefügt werden. So wurde die Höhle zum ›aktiv Mitwirkenden‹.« Leroi-Gourhan: The Religion of the Caves, aaO. (s.o. Anm. 1/8), S. 16.

19. Breuils Beschreibung des Zauberers ist besonders eindrucksvoll: »Zuallererst muss der ›Gott‹ erwähnt werden, den Graf Bégouën und ich zunächst den ›Zauberer‹ nannten: Von all den Ritzbildern im Heiligtum ist nur dieses in schwarzer Farbe ausgeführt, vier Meter über dem Boden und nur über einen geheimen Korridor zu erreichen, der in einer Spirale aufwärts führt. Offensichtlich herrscht er über alle anderen Tiere, die sich dort in unglaublicher Anzahl finden, oft in einem schrecklichen Gewirr. Er ist 75 cm groß und 50 cm breit. Seine Darstellung ist vollständig, aber die Ausführung von uneinheitlicher Qualität: Der Kopf ist nur schwach sichtbar, und zwar Augen, Nase, Stirn und das rechte Ohr. Dieser Kopf hat runde Augen mit Pupillen. Zwischen den Augen verläuft eine Linie, die die Nase darstellt und in einem kleinen Bogen ausläuft. Die spitzen Ohren sind die eines Hirsches. Aus einem schwarz gemalten Band auf der Stirn ragen zwei große Geweihstangen in die Höhe. Sie haben keine vorderen Enden, nur ein kurzes Ende, das sich ziemlich hoch über der Basis der Stangen befindet. Die Gestalt besitzt keinen Mund, sondern einen sehr langen Bart, der bis hinunter auf die Brust reicht. Die erhobenen Unterarme sind nach vorn ausgestreckt und enden in

zwei nah beieinander gehaltenen Händen mit kurzen Fingern. Sie sind farblos und fast unsichtbar. Ein breites schwarzes Band bildet den Umriss des gesamten Rumpfes und wird im Bereich der Lendenwirbelsäule schmaler. Die runden Beine sind gebeugt. Ein Punkt markiert das linke Kniegelenk. Die Füße und großen Zehen sind ziemlich sorgfältig ausgeführt und zeigen eine Bewegung, die an einen Cakewalk-Tanz erinnert. Das männliche Glied ist betont, aber nicht erigiert. Es ist gut entwickelt und zeigt nach hinten in Richtung des buschigen Schwanzes eines Wolfes oder Pferdes. So betrachten wir diese Gestalt aus dem Magdalénien als die wichtigste in der Höhle. Nach reiflicher Überlegung sind wir der Ansicht, dass sie der Geist ist, der über diese Vielfalt von Wildtieren und Jagdexpeditionen herrscht.« Breuil: Four Hundred Centuries of Cave Art, aaO. (s.o. Anm. 1/8), S. 176–177.

20. Diese Beziehung zu den Tieren verleiht dem Schamanen eine gewisse Macht über sie. Er kann die Welt durch die Augen des Tieres sehen. Die Tiere helfen ihm, Probleme zu lösen, Omen zu deuten oder Kranke zu heilen. Dazu Jose Antonio Lasheras: »Die Kommunikation zwischen den unterschiedlichen Realitätsebenen erfordert einen Zelebranten, Vermittler, Schamanen oder Priester, der Verbindung zu den kleinen Geistern aufnimmt, die allem Leben schenken, und der die scheinbare Wirklichkeit beeinflusst, die uns umgibt und die wir ständig sehen. Der Zelebrant-Künstler oder der Schamane findet in den Reliefstrukturen der Höhlendecke den Bison, den Hirschen und die Pferde von Altamira, die ihm helfen, Verbindung zu den Dingen aufzunehmen, die durch sie repräsentiert werden. Die paläolithische Kunst verfügte über ein spezifisches Bestiarium, das mit einer mündlichen Überlieferung verknüpft war, mit weitverbreiteten Geschichten – Mythen –, die erklären, warum diese Kunst in der weiten europäischen Landschaft über Jahrtausende in kohärenter Weise präsent war.« Jose Antonio Lasheras: The Cave of Altamira: 22,000 Years of History, in: Andoranten (2009), S. 32.
21. Das Bild des so genannten vogelköpfigen Mannes in Lascaux zeigt eine menschliche Gestalt, die vor einem angreifenden Bison hinfällt oder rücklings auf dem Boden liegt. Das angreifende Tier, dessen gesenkte Hörner auf die Brust des Mannes zielen, wurde offenbar durch einen mit Widerhaken versehenen Speer in den

Leib getroffen. Rechts des Mannes sieht man einen Stock oder Stab, der mit einem Vogel verziert ist. Unter dem Bison, dort wo der Speer seinen Körper durchbohrt, erkennt man ein rundes Gebilde, das aus dem Bauch des Tieres austritt. In Anbetracht der Ähnlichkeit der Gesichtszüge des Mannes mit dem Vogel auf dem Stab haben manche Forscher dieses ikonische Bild als Beweis für schamanische Praktiken interpretiert. Siehe Matt Rossano: Ritual Behaviour and the Origins of Modern Cognition, in: Cambridge Archaeological Journal 19/2 (2009), S. 249–250; Jean Clottes und David Lewis-Williams: The Shamans of Prehistory: Trance and Magic in the Painted Caves (New York 1998), S. 94–95; Noel Smith: An Analysis of Ice Age Art: Its Psychology and Belief System, American University Studies, Series XX, Fine Arts, vol. 15, book 15 (New York 1992); Henri Breuil und Raymond Lantier: The Men of the Old Stone Age (New York 1965), S. 263–264; und Jacquetta Hawkes und Sir Leonard Woolley: Prehistory and the Beginnings of Civilization (New York 1963), S. 204–205.

Das vielleicht berühmteste Mischwesen aus dem Paläolithikum ist der *Löwenmensch*, die 30 000 Jahre alte Elfenbeinstatue eines langgliedrigen Mannes mit einem kunstvoll geschnitzten Löwenkopf, die im Lonetal, Baden-Württemberg, gefunden wurde. An der 28 cm großen Statue fehlt der rechte Arm und Fuß. Am ganzen linken Arm und um die Ohren befinden sich gleichmäßige Kerben, deren Bedeutung unklar ist. Der *Löwenmensch* ist nicht nur eines der ältesten und berühmtesten therianthropischen Bildnisse, es handelt sich bei ihm auch um eines der frühesten Beispiele für bewegliche Kunst. Siehe Joachim Hahn: Kraft und Aggression: Die Botschaft der Eiszeitkunst im Aurignacien Süddeutschlands? (Tübingen 1986) und Thomas Wynn, Frederick Coolidge und Martha Bright: Hohlenstein-Stadel and the Evolution of Human Conceptual Thought, in: Cambridge Archaeological Journal 19/1 (2009), S. 73–84.

22. Breuil argumentierte, dass die Menschen im Paläolithikum Tierbilder auf Höhlenwände malten, um eine erfolgreiche Jagd sicherzustellen und ihre Jäger vor Verletzungen zu schützen. Laut Breuil erklärt diese Theorie sowohl die offenbar beliebige, wie zufällige Anordnung der Bilder in den Höhlen, in der sich

einfach nur die Zufälligkeit der Begegnung mit diesen Tieren in der Natur spiegelt, und die gelegentlichen Einkerbungen und Markierungen auf den Bildern, die mit scharfen Werkzeugen ausgeführt wurden und auf Gebärdenspiele oder magische Jagdrituale hindeuten. Breuils Theorien über die Höhlenmalereien des Paläolithikums und den »Analogiezauber« waren bis in die 1960er Jahre wissenschaftlicher Konsens, und noch heute finden sie sich in vielen Lehrbüchern über prähistorische Kunst.
Seit den 1960er Jahren regte sich aber zunehmend Kritik gegen Breuil. So wurde darauf hingewiesen, dass die Höhlenbilder gar nicht für Analogiezauber geeignet waren, weil viele der dargestellten Tiere gar nicht auf dem Speiseplan der paläolithischen Menschen standen. Andere vertraten die Auffassung, dass Breuil als katholischer Priester voreingenommen war, was seine Deutung der Höhlen als heilige Orte betraf. Außerdem wurde auf methodische Probleme seiner Forschungen hingewiesen, etwa darauf, dass er sich auf allzu sehr vereinfachende ethnographische Deutungen der Kultur der San-Buschleute in Südafrika stützte. Zudem wurde Breuil vorgeworfen, die Höhlenmalerei eurozentrisch und kolonialistisch zu interpretieren, indem sie gegenüber der beweglichen Kunst höher bewertet wurde.
Sogar Breuils Nachzeichnungen der Höhlenbilder wurden kritisiert. Bei Breuils Interpretation des Zauberers hinterfragte zum Beispiel Roland Hutton das hinzugefügten Geweih. Doch trotz dieser negativen Bewertungen und der Tatsache, dass Breuil bei einigen Zeichnungen Fehler nachgewiesen wurden, hat Jean Clottes (einer der wenigen Personen, denen Zugang zu den Höhlen gewährt wurde) wiederholt die Authentizität des Zauberer-Bildes und die Genauigkeit von Breuils Nachzeichnung bestätigt. Siehe hierzu Oscar Moro Abadia und Manuel R. Gonzalez Morales: Paleolithic Art: A Cultural History, in: Journal of Archaeological Research 21 (2013), S. 269–306; Margaret Conkey: A Century of Palaeolithic Cave Art, in: Archaeology 43/4 (1981), S. 20–28; Paul Bahn: The Cambridge Illustrated History of Prehistoric Art (Cambridge 1998), S. 62–63; Ronald Hutton: Witches, Druids, and King Arthur (New York 2003), S. 33–35; Peter Ucko: Subjectivity and the Recording of Palaeolithic Cave Art, in: The Limitations of Archaeological Knowledge, Hg. T. Shay

und J. Clottes (Liege 1992), S. 141–180; Robert Bégouën und Jean Clottes: Les Trois-Frères After Breuil, in: Antiquity 61 (1987), S. 180–187; und Jean Clottes und David Lewis-Williams: The Shamans of Prehistory: Trance Magic and the Painted Caves (New York 1998).

2. Der Herr der Tiere

1. Alberto C. Blanc schreibt: »Bei dem Bild des so genannten ›Zauberers‹, das von Abbé Breuil als Zauberer beschrieben wurde, der ein aus Bestandteilen mehrerer Tiere gefertigtes Kostüm trägt – das Geweih eines Hirschen, die Tatzen eines Bären, die Augen einer Eule, der Schwanz eines Wolfes oder Pferdes – handelt es sich offensichtlich um das Bildnis des Gottes oder Geistes einer Jagdkultur. Abbé Breuil selbst revidierte seine Interpretation schon 1931, indem er unmissverständlich erklärte, dass das, was er einen ›Zauberer‹ genannt hatte, wohl eher ein mystisches übernatürliches Wesen sein müsse, ausgestattet mit den Attributen der Tiere, die von dem Stamm bejagt wurden. ... Andere so genannte ›maskierte Figuren‹ in der jungpaläolithischen Kunst repräsentieren sehr wahrscheinlich ebenfalls solche Götter oder Geister.« Alberto C. Blanc: Some Evidence for the Ideologies of Early Man, in: Social Life of Early Man, Hg. Sherwood Washburn, (London 2004), S. 121.
   »Anfangs interpretierte Breuil die Gestalt als tanzenden Zauberer. Nach längerem Nachdenken gelangte er aber zu dem Schluss, dass es sich nicht um einen Zauberer, sondern um einen Gott handelte, um eine Darstellung jenes übernatürlichen Wesens, das heute Herr der Tiere genannt wird. ... Doch der Name »Zauberer« haftete dem Bild bereits an und wurde in der Literatur nie durch die Bezeichnung ›der gehörnte Gott‹ ersetzt. Man sollte aber beachten, dass für Breuil die Figur dieses Gottes ›mit den gleichen Symbolen magischer Kräfte (Maske) ausgestattet war wie seine menschlichen Priester‹ (Bégouën und Breuil, 1958, S. 54). Es handelte sich also um einen maskierten Gott.« Henry Pernet: Ritual Masks: Deceptions and Revelations (Eugene, Ore. 1992), S. 26.

Alby Stone stimmt bezüglich des Herrn der Tiere mit Breuils Meinungsänderung überein: »Der Zauberer von Les Trois Frères könnte die Abbildung eines Menschen in einem rituellen Tierkostüm sein, aber ebenso gut kann es sich um das Porträt eines Gottes oder mächtigen Geistes handeln. Es könnte außerdem auch als metaphorisches Porträt eines geschätzten und mächtigen Individuums gedacht gewesen sein.« Alby Stone: Explore Shamanism (Loughborough, U.K. 2003), S. 130. Siehe auch Morris-Kay: The Evolution of Human Artistic Creativity, aaO. (s.o. Anm. 1/3), S. 169. Bettina Arnold und Derek Counts beschreiben den Herrn der Tiere als »mit Kräften ausgestattet, zu denen die göttliche Herrschaft über wilde (z. B. Löwen und Wildschweine) und domestizierte (z. B. Maultiere, Kühe und Schafe) Tiere ebenso gehört wie der Schutz der Jäger bei der Jagd.« Bettina Arnold und Derek Counts, Hg.: The Master of Animals in Old World Iconography (Budapest 2010), S. 9.
Laut Jacquetta Hawkes und Sir Leonard Woolley besteht kein Zweifel, dass »Höhlenmalerei und in geringerem Maße auch die von den Menschen zu Hause angefertigte Kunst dem Tierkult diente, der zum Teil magisch und zum Teil wirklich religiös war. ... Der Status des Individuums und das Leben des Stammes hingen völlig von der ausreichenden Vermehrung der Jagdtiere und dem Jagderfolg ab, und die Kunst antwortete auf die Dringlichkeit dieser Bedürfnisse. So zweckorientiert sie daher auch gewesen sein mag, lässt sie sich doch nicht von dem religiösen Impuls trennen, ein Gefühl der Gemeinschaft mit den Tieren und der Natur zu erzeugen, eine Participation mystique.« Jacquetta Hawkes und Sir Leonard Woolley: Prehistory and the Beginnings of Civilization (New York 1963), S. 204–205.
Mehr über den Herrn der Tiere finden Sie bei Jacqueline Chittenden: The Master of Animals, in: Hesperia: The Journal of the American School of Classical Studies at Athens 16/2 (1947), S. 89–114, und bei Nanno Marinatos: The Goddess and the Warrior: The Naked Goddess and Mistress of the Animals in Early Greek Religion (London 2000), S. 11–12.

2. Die in neun Höhlen auf der indonesischen Insel Sulawesi gefundenen negativen Handabdrücke wurden mit Hilfe der Uran-Thorium-Datierung auf ein Alter von 39 900 Jahren BP geschätzt, was

sie zu den weltweit ältesten negativen Handabdrücken macht. Darüberhinaus ergab die Uran-Thorium-Datierung zweier figürlicher Zeichnungen aus den indonesischen Höhlen Leang Timpuseng I und II (ein Hirscheber-Weibchen und ein unbestimmbares schweineähnliches Tier) ein Alter von 35 400 respektive 35 700 Jahren BP. Weitere Informationen zu der Entdeckung und Datierung der Höhlenmalereien auf Sulawesi siehe M. Aubert, A. Brumm, M. Ramli, T. Sutikna, E. W. Saptomo, B. Hakim, M. J. Morwood, G. D. van den Bergh, L. Kinsley, A. Dosseto: Pleistocene Cave Art from Sulawesi, Indonesia, in: Nature 514 (2014), S. 223–227.
Aubert et al. schreiben dazu: »Unsere Datierungsergebnisse von Sulawesi legen nahe, dass figurative Kunst bereits Bestandteil des kulturellen Repertoires der ersten modernen Menschenpopulationen war, die vor über vierzigtausend Jahren in diese Region einwanderten. Es ist möglich, dass die Höhlenmalerei sich zu etwa der gleichen Zeit unabhängig voneinander in den beiden am weitesten voneinander entfernten Siedlungsgebieten des frühen modernen Menschen entwickelte. Ein alternatives Szenario geht jedoch davon aus, dass Höhlenmalerei bereits von den ersten *Homo sapiens* weithin praktiziert wurde, die Jahrzehntausende früher Afrika verließen. Daher könnte die naturalistische Tiermalerei in Leang Timpuseng und Leang Barugayya 2 ebenso wie in der Chauvet-Höhle in Frankreich sich nicht erst in Westeuropa und Sulawesi entwickelt haben, sondern viel älteren Ursprungs sein. Wenn das zutrifft, ist zu erwarten, dass wir zukünftig weitere Handabdrücke, figurative Kunst und andere bildliche Darstellungen aus der frühesten Phase der weltweiten Ausbreitung unserer Spezies entdecken werden.« Maxime Aubert et al.: Pleistocene Cave Art from Sulawesi, Indonesia, S. 226.

3. Zu den Höhlen in Malaga siehe Alistair Pike et al.: U-Series Dating of Paleolithic Art in 11 Caves in Spain, in: Science 336 (2012), S. 1409–1413. Zu der Entdeckung in der Nähe des Aveyron-Tales siehe Jacques Jaubert et al.: Early Neanderthal Constructions Deep in Bruniquel Cave in Southwestern France, in: Nature 534 (2016), S. 111–127.
4. Nähere Informationen zu den im Höhlensystem von Zhoukoudian in der Nähe Pekings entdeckten *Homo-erectus*-Schädeln (dem so genannten Peking-Menschen) finden Sie in Brian M.

Fagan und Charlotte Beck, Hg.: The Oxford Companion to Archaeology (London 1996), S. 774. Das Alter der Knochen von Zhoukoudian wird auf 700 000 bis 200 000 Jahre geschätzt; inzwischen herrscht aber Einigkeit, dass sie nicht viel älter als 500 000 Jahre sein können. Siehe Peter Peregrine und Melvin Ember: Hg.: Encyclopedia of Prehistory, Bd. 3: East Asia and Oceania (New York 2001), S. 352. Erkenntnisse über die Bestattungspraktiken des *Homo erectus* in der Zhoukoudian-Höhle siehe Brian M. Fagan und Charlotte Beck, Hg.: The Oxford Companion to Archaeology (New York 1996), S. 774, und Peter Peregrine und Melvin Ember, Hg.: Encyclopedia of Prehistory, Bd. 3: East Asia and Oceania (New York 2001), S. 352.

5. Tylor argumentiert: »Die Doktrin der Seele unter den niederen Rassen lässt sich erklären, indem man die animistische Theorie der Entwicklung dieser Doktrin darlegt. Offenbar beschäftigten den denkenden Menschen, wenn auch noch auf einem niedrigen Kulturniveau, im besonderen Maße zwei Gruppen von biologischen Problemen. Erstens: Was macht den Unterschied zwischen einem lebendigen Körper und einem toten aus; was ist die Ursache für Wachen, Schlafen, Trance, Krankheit und Tod? Zweitens: Was hat es mit den menschlichen Gestalten auf sich, die in Träumen und Visionen auftauchen? ... Die uralten wilden Philosophen gingen einen ersten Schritt, indem sie schlussfolgerten, dass jeder Mensch offensichtlich zwei Dinge hat, die zu ihm gehören, nämlich ein Leben und eine Traumgestalt.« Edward Burnett Tylor: Primitive Culture (London 1889), S. 428.
6. Zu Max Müller und den »Begegnungen mit der Natur« siehe: Introduction to the Science of Religion (London 1873. Deutsch: Einleitung in die vergleichende Religionswissenschaft. Straßburg 1874) und Comparative Mythology (London 1909). Es sollte erwähnt werden, dass Maretts Buch, in dem er eine Theorie des *Präanimismus* vorschlägt, als Kritik an Tylors Animismus-Theorie verfasst wurde. Siehe Robert Ranulph Marett: The Threshold of Religion (London 1914), S. 14.
7. Das Argument, rituelle Praktiken könnten bestimmte Gefühle auslösen, die dann einen evolutionären Vorteil bringen, findet sich bei Walter Burkert: Creation of the Sacred: Tracks of Biology in Early Religions (Cambridge, Mass. 1996), S. 177.

8. Schon der Begriff *Transzendenz* impliziert möglicherweise eine westliche philosophische Perspektive, die sich auf die so genannten Religionen des Ostens nicht anwenden lässt. Dennoch, wenn wir Transzendenz als das definieren, »was sich jenseits befindet«, stellen wir fest, dass mit *Nirwana* als endgültige Befreiung aus dem Kreislauf der Wiedergeburt und mit *Moksha* als Freiheit von den Fesseln des Karma und der Illusion der Wirklichkeit (*Maya*) im Osten vergleichbare Transzendenz-Vorstellungen existieren. Das Konzept der »Leerheit« (Shunyata) – insoweit es sich dabei um ein Bemühen handelt, den Sinn zu begreifen, der die Grundlage unserer Wirklichkeit darstellt – impliziert ebenfalls Transzendenz, vor allem wenn wir Nagarjunas Behauptung berücksichtigen, es gäbe keine »nichtleere Identität«. In diesem Sinn kann alles, was über die transzendente Wirklichkeit gesagt werden kann, auch über die Leerheit gesagt werden. Siehe J. G. Arapura: Transcendent Brahman or Transcendent Void: Which Is Ultimately Real? Transcendence and the Sacred, in: Transcendence and the Sacred, Hg. A. M. Olson und L. S. Rouner (Notre Dame, Ind. 1981), S. 83–99.
9. Émile Durkheim: The Elementary Forms of Religious Life (New York 1995), S. 227. Siehe auch W. Robertson Smith: Lectures on the Religion of the Semites: The Fundamental Institutions (New York 1969).
10. Echos der Durkheimschen Theorie sind heute bei seinen intellektuellen Erben zu vernehmen. Der Soziologe Peter Burger vertritt zum Beispiel die Auffassung, dass die Religion Gesellschaften nicht nur Bedeutung und Sinn verleiht, indem sie dem menschlichen Tun eine kosmische Bedeutung gibt, sondern dass sie Gesellschaften *legitimiert*. Religion, schreibt Burger, »ist die menschengemachte Aufstellung einer allumfassenden heiligen Ordnung, das heißt eines heiligen Kosmos, der in der Lage ist, sich im Angesicht des allgegenwärtigen Chaos selbst zu erhalten.« Peter Burger: The Sacred Canopy: Elements of a Sociological Theory of Religion (New York 1967), S. 51.
11. Freuds Ansichten zur Religion siehe: Totem und Tabu. Einige Übereinstimmungen im Seelenleben der Wilden und der Neurotiker. Wien 1913. Und Die Zukunft einer Illusion. Leipzig, Wien und Zürich 1927.

12. David Hume: Four Dissertations (London 1757), S. 94, und Ludwig Feuerbach: Das Wesen des Christentums. Leipzig 1841. S. 85. Siehe auch Feuerbachs Vorlesungen über das Wesen der Religion. Leipzig 1851.
    Girard glaubte, dass Gewalt durch mimetische Rivalität ausgelöst wird, die auftritt, wenn wir andere Menschen innerhalb unserer Gesellschaft nachahmen und deren Wünsche »übernehmen«. Siehe René Girard: Das Heilige und die Gewalt. Frankfurt a. M. 1994.
    Das Versprechen der Religion, so schrieb der deutschamerikanische Forscher Martin Riesebrodt, besteht darin, »Unglück abzuwehren, bei der Bewältigung von Krisen zu helfen und Erlösung anzubieten«. Martin Riesebrodt: The Promise of Salvation: A Theory of Religion (Chicago 2010), S. XIII.
13. Geertz definiert Religion durch den Zweck, den sie erfüllt: Menschen zu ermutigen und motivieren, indem man sie dazu bringt, an ein sinnerfülltes und kohärentes Universum zu glauben. Clifford Geertz: The Interpretation of Cultures (New York 1973), S. 87–125, 103. In ähnlicher Weise stellt A. R. Radcliffe-Brown fest: »Es gibt eine anthropologische Theorie, wonach Magie und Religion die Menschen mit Zuversicht erfüllen. Doch genauso lässt sich argumentieren, dass sie Ängste und Sorgen hervorrufen, von denen die Menschen sonst frei wären – die Angst vor schwarzer Magie und Geistern, die Angst vor Gott, vor dem Teufel, vor der Hölle.« Alfred Reginald Radcliffe-Brown: Taboo, in: Reader in Comparative Religion: An Anthropological Approach, Hg.: William A. Lessa und Evon Z. Vogt (New York 1979), S. 46–56.
14. Peter van Inwagen über das Problem, Religion in Begriffen der Evolution zu erklären: »Der Glaube an Übernatürliches hat seinen Preis: Religion veranlasst den Menschen zu Verhaltensweisen (z. B. Rituale und Gebete) auf Kosten von Ressourcen, die stattdessen für Überleben und Fortpflanzung hätten genutzt werden können. Und in der Evolutionsbiologie ist es gang und gäbe, dass jedes Merkmal einer Spezies, das viel Energie und Ressourcen verbraucht, der Erklärung bedarf, zum Beispiel das bunte Gefieder der Männchen bei vielen Vogelarten.« Peter van Inwagen: Explaining Belief in the Supernatural: Some Thoughts on Paul Bloom's ›Religious Belief as an Evolutionary Accident‹, in:

The Believing Primate: Scientific, Philosophical, and Theological Reflections on the Origin of Religion, Hg.: Jeffrey Schloss und Michael Murray (Oxford 2009), S. 129.

15. Matt Rossano schreibt: »Zu den ältesten Merkmalen der Religion zählt die Ausdehnung der sozialen Welt des Menschen in den übernatürlichen Bereich, wodurch die Kooperation innerhalb der Gruppe verstärkt wird, weil ständig aktive spirituelle Aufpasser die Menschen überwachen. Der Glaube, dass die Geister ständig alles sehen, könnte geholfen haben, die Zahl nicht kooperationswilliger Mitglieder einer Gruppe zu reduzieren und gleichzeitig die Verhaltensnormen der Gruppe zu verstärken, so dass es zu größerer Kooperation zwischen den Gruppenmitgliedern kommt.« Matt Rossano: Supernaturalizing Social Life: Religion and the Evolution of Human Cooperation, in: Human Nature 18/3 (2007), S. 272. Siehe auch Robert Boyd et al.: The Evolution of Altruistic Punishment, in: Proceedings of the National Academy of Sciences 100/3 (2003), S. 3531–3535.
16. Bloom verweist auf eine alternative Betrachtungsweise, wonach »Religion eine Gruppe von Verhaltensweisen und Gedanken ist, die sich entwickelt haben, weil Gruppen von ihnen profitieren und insbesondere, um das Problem der Trittbrettfahrer zu lösen.« Aus dieser Perspektive besteht die Funktion der Religion darin, die sozialen Auswirkungen egoistischen Verhaltens unter den Individuen in einer Gruppe abzumildern. Aus diesem Blickwinkel ist es aber schwer zu erklären, warum Religionen überhaupt entstanden sind. Manche glauben, Religionen könnten sich durch »kulturelle Gruppen-Selektion« entwickeln, wenn religiöse Rituale und Überzeugungen einer Gruppe Vorteile gegenüber anderen Gruppen verschaffen. Das würde bedeuten, dass religiöse Gruppen sich besser behaupten konnten und überlebensfähiger waren. In diesem Fall wäre Religion nicht genetisch bedingt, sondern mimetisch – eine hoch umstrittene Form der Wissensübertragung, die parallel zum Prozess der genetischen Übertragung stattfinden soll. Jedoch widersprechen Tim Ingold und Gisli Palsson dieser Idee. Sie lehnen es ab, die Darwinsche Evolutionstheorie zur Erklärung kultureller Prozesse heranzuziehen, weil es sich dabei um einen grundlegenden Zirkelschluss handele. Dieses Problem kann in Konflikt zu anthropologischeren Theorien für die Entwicklung

kooperativen Verhaltens geraten. Diese Theorien stützen sich oft auf die Idee einer altruistischen Bestrafung, die eine aufwendige Maßnahme ist, die ein Individuum unternimmt, um ein anderes Individuum zu bestrafen, das eine moralische oder kooperative Norm missachtet. In diesem Sinn dient Bestrafung dazu, die Kooperation in kleinen Gruppen zu fördern und potenziell auch in großen Gruppen, wenn die Kosten und die Häufigkeit dieser Bestrafungshandlungen gering bleiben. Siehe Paul Bloom: Religion, Morality, Evolution, in: Annual Review of Psychology 63 (2012), S. 186, 196, und Tim Ingold und Gisli Palsson, Hg.: Biosocial Becomings: Integrating Social and Biological Anthropology (Cambridge 2013).

17. Manche Wissenschaftler vertreten weiterhin die Auffassung, dass religiöser Glaube einen evolutionären Vorteil mit sich bringen muss – zum Beispiel bei der Partnerwahl, wie es Jesse M. Bering in The Folk Psychology of Souls, in: Behavioral and Brain Sciences 29 (2006), S. 453–462 vorschlägt. Oder indem dank ihrer Religion manche Gesellschaften länger überdauern und stärker wachsen als andere. Diese Hypothese entwickelt David Sloan Wilson in: Darwin's Cathedral: Evolution, Religion, and the Nature of Society (Chicago 2002).
18. Scott Atran: In Gods We Trust: The Evolutionary Landscape of Religion (New York 2002), S. 43; Paul Bloom: Religious Belief as an Evolutionary Accident, in: The Believing Primate: Scientific, Philosophical, and Theological Reflections on the Origin of Religion, Hg.: J. Schloss und M. Murray (Oxford 2009), S. 118–127.

3. Das Gesicht im Baum

1. Michael J. Murray: Scientific Explanations of Religion and the Justification of Religious Belief, in: The Believing Primate: Scientific, Philosophical, and Theological Reflections on the Origin of Religion, Hg.: J. Schloss und M. Murray (Oxford 2009), S. 169. Um zu verstehen, was damit gemeint ist, Religion als neurologisches Phänomen zu betrachten, rufen Sie sich ins Gedächtnis, dass der Zauberer vor etwa 18 000 Jahren geschaffen wurde. Das Gehirn, das notwendig ist, um dieses Kunstwerk der Höhlenma-

lerei zu ersinnen, entwickelte sich bereits Jahrhunderttausende früher. Dieses Gehirn muss immer schon zu symbolischem Denken befähigt gewesen sein. Es muss über das konzeptuelle Denken verfügt haben, das vorhanden sein muss, um ein abstraktes Wesen zu erträumen, das nicht von dieser Welt ist. Es musste in der Lage sein, klar voneinander verschiedene Kategorien wie »Mensch« und »Tier« zu verbinden, und bewusst und mit konzentrierter Anstrengung eine neue, unrealistische Kategorie zu erschaffen. Diese geistigen Aufgaben sind das Produkt bestimmter Exekutivfunktionen in den Front- und Parietallappen des Gehirns, deren Entwicklung Millionen Jahre dauerte.
Wynn, Coolidge und Bright argumentieren in Bezug auf ein anderes Mischwesen – den bereits erwähnten *Löwenmenschen* –, dass das abstrakte Konzept hinter diesen Mischwesen anfänglich aus der bewussten Verknüpfung der Idee »Tier« und der Idee »Mensch« im Erinnerungsnetzwerk der Frontal- und Parietallappen resultierte. »Diese ›Tier‹- und ›Personen‹-Konzepte waren zum großen Teil unbewusste ethnobiologische Kategorien, erzeugt durch ein Parietal-Netzwerk, das sich früher entwickelt hatte, wahrscheinlich in der Anfangszeit des *Homo sapiens*. Diese beruhen ihrerseits auf älteren, grundlegenderen ontologischen Kategorien von ›belebten‹ und ›manipulierbaren‹ Objekten in Form von Temporallappen-Netzwerken, die sich noch viel früher entwickelten, vermutlich mit dem Erscheinen des *Homo erectus*.« Thomas Wynn, Frederick Coolidge, Martha Bright: Hohlenstein-Stadel and the Evolution of Human Conceptual Thought, in: Cambridge Archaeological Journal 19/1 (2009), S. 73.

2. Mehr zur Theory of Mind und ihrer Beziehung zum Animismus, siehe Maurice Bloch: In and Out of Each Other's Bodies: Theory of Mind, Evolution, Truth, and the Nature of the Social (New York 2016) und Christine S. VanPool, Elizabeth Newsome: The Spirit in the Material: A Case Study of Animism in the American Southwest, in: American Antiquity 77/2 (2012), S. 243–262.
3. Jean Piaget und andere Entwicklungspsychologen haben schon lange auf die Neigung von Kindern hingewiesen, »Dinge für lebendig und bewusst zu halten«. In der Nachfolge Piagets hat Justin Barrett den Prozess beschrieben, durch den Kleinkinder nicht nur unbelebte Dinge zu Akteuren machen, sondern ins-

tinktiv in der natürlichen Welt Bewusstsein und Absicht finden. Darüber hinaus konnten Gergely Csibra und Deborah Kelemen empirisch nachweisen, dass Kinder unwillkürlich glauben, Objekte, die sich bewegen, hätten bewusste Ziele und Absichten. Was die Sterblichkeit angeht, wies Jesse Bering nach, dass manche Kinder den physischen Tod begreifen, aber intuitiv glauben, dass das Bewusstsein den Tod des Körpers überlebt. Daher gibt es die Theorie, dass teleologisches Denken nicht kulturell weitergegeben wird, sondern angeboren ist. Teleologisches Denken versetzt uns in die Lage, uns vorzustellen, dass die natürlichen Phänomene durch einen unsichtbaren Schöpfer erschaffen wurden, auch wenn wir diesen Schöpfer nicht sehen können, sondern nur indirekt schlussfolgern, dass er existieren muss. Daher sind Kinder »intuitive Theoretiker«. Jean Piaget: Children's Philosophies, in: A Handbook of Child Psychology. Hg.: C. Murchison (Worcester, Mass. 1933), S. 537; Justin L. Barrett: Born Believers: The Science of Children's Religious Belief (New York 2012); Gergely Csibra et al.: Goal Attribution Without Agency Cues: The Perception of ›Pure Reason‹ in Infancy, in: Cognition 72/3 (1999), S. 237–267; Deborah Kelemen: Are Children Intuitive Theists? Reasoning About Purpose and Design in Nature, in: Psychological Science 15/5 (2004), S. 295–301; Deborah Kelemen und Cara DiYanni: Intuitions About Origins: Purpose and Intelligent Design in Children's Reasoning About Nature, in: Journal of Cognition and Development 6/1 (2005), S. 3–31; und Jesse Bering: Intuitive Conceptions of Dead Agents' Minds: The Natural Foundations of Afterlife Beliefs as Phenomenological Boundary, in: Cognition and Culture 2/4 (2002), S. 263–308. Siehe auch Alfred Irving Hallowells faszinierende Fallstudie über nichtmenschliche Akteure, das Selbstbild und den Kosmos in der Kultur der Ojibwa-Indianer Nordamerikas: Alfred Irving Hallowell: Ojibwa Ontology, Behavior, and World View, in: Culture in History: Essays in Honor of Paul Radin. Hg.: S. Diamond (New York 1960), S. 20–52.

4. Pascal Boyer hat zu seinen Theorien über die Weitergabe des religiösen Glaubens zwei sehr anschauliche, gut lesbare Bücher verfasst: Religion Explained: The Evolutionary Origins of Religious Thought (New York 2001. Deutsch: Und Mensch schuf

Gott. Stuttgart 2011) und The Naturalness of Religious Ideas: A Cognitive Theory of Religion (Berkeley und Los Angeles 1994).

5. Die Bezeichnung »minimal kontraintuitives Konzept« stammt von Justin Barrett, der gemeinsam mit Boyer viele Experimente durchführte, die zeigen, welche Auswirkungen anomale Ideen haben. Siehe Justin L. Barrett: Why Would Anyone Believe in God? (Lanham, Md. 2004) und Born Believers: The Science of Children's Religious Belief (New York 2012).
6. Einen alten, aber nützlichen Überblick über Baum-Mythen bietet: Cultus Arborum: A Descriptive Account of Phallic Tree Worship, with Illustrative Legends, Superstitions, Usages, &c., Exhibiting Its Origin and Development Amongst the Eastern & Western Nations of the World, from the Earliest to Modern Times; with a Bibliography of Works Upon and Referring to the Phallic Cultus. Dieses Werk wurde 1890 in London im Selbstverlag veröffentlicht und ist über Archive.org verfügbar. Die Beispiele für Mythen, in denen sprechende Bäume vorkommen, stammen aus diesem Kompendium.
   Wir wissen nicht viel über die Eiche von Sichem und die Eichen von Mamre. Nahum Sarna geht in seinem Kommentar zur Genesis kurz auf diese Bäume ein: »Die Eiche von Moreh in der Nähe von Sichem war zweifellos ein mächtiger Baum mit heiligen Assoziationen. Moreh bedeutet ›Lehrer, Orakelgeber‹. Dieser Baum (oder eine Baumgruppe) war so außergewöhnlich und so berühmt, dass er als Orientierungspunkt diente, um andere Orte in diesem Gebiet zu identifizieren. Das Phänomen eines heiligen Baumes, insbesondere wenn dieser mit einer heiligen Stätte verknüpft ist, ist in vielen Kulturen wohlbekannt. Ein auffälliger Baum, besonders wenn er sehr alt ist, konnte als ›Baum des Lebens‹ oder als ›kosmisch‹ betrachtet werden, wobei seine Wurzel den ›Nabel der Erde‹ symbolisierte, und sein Wipfel den Himmel. In diesem Sinn ist ein solcher Baum eine Brücke zwischen den Menschen und der göttlichen Sphäre. An ihm können sich Begegnungen zwischen Menschen und Gottheiten ereignen, und er ist ein ideales Medium für Orakelsprüche und Offenbarungen. Bäume könnten außerdem als Symbole für den Schutz oder die Fruchtbarkeit gegolten haben, die Gläubige von einer Gottheit erbaten. In Verbindung zu solchen Bäumen florierten Fruchtbar-

keitskulte, und diese Form des Heidentums war für viele Israeliten attraktiv.« Nahum M. Sarna: The JPS Torah Commentary: Genesis (Philadelphia 1989), S. 91. Zu erwähnen wäre da auch noch die Prophetin Deborah, die unter der »Deborah-Palme« sitzt und Recht spricht (Richter 4,5).

7. Beachten Sie, was die Schlange im Garten Eden über den Baum der Erkenntnis von Gut und Böse zu Eva sagt: »Gott weiß vielmehr: Sobald ihr davon esst, gehen euch die Augen auf; ihr werdet wie Gott und erkennt Gut und Böse.« (Genesis 3,5) Mehr dazu im Fazit.
8. Justin Barrett veranschaulicht mit den nachfolgenden Analogien, wie HADD und die Theory of Mind den religiösen Glauben verstärken, ihn jedoch nicht hervorbringen können: »Nehmen wir an, eine Frau geht durch eine tiefe Schlucht, und hinter einer Biegung des Pfades fallen plötzlich aus einer steilen Felswand Steine herab, die sie nur knapp verfehlen. HADD bewirkt nun, dass die Frau reflexartig nach dem ›Täter‹ sucht. Ein Mann, der einen Wald durchquert, hört plötzlich im Geäst ein Geräusch. HADD schreit: ›Akteur!‹ Wenn der Mensch bei einem solchen Erlebnis zu dem Schluss kommt, dass eine aktive, bewusste Kraft dafür verantwortlich ist, und ihm dann das Konzept eines übermenschlichen Akteurs als Erklärung angeboten wird, mit dem sich die Erlebnisse überzeugend erklären lassen, könnte dadurch religiöser Glaube angeregt und verstärkt werden. Wenn das Konzept eines göttlichen Wesens als guter Kandidat hierfür bereits verfügbar ist, werden Ereignisse, die von HADD übersehen worden sein könnten, bedeutsam. Wenn zum Beispiel im Mai in Kalifornien ein Kind Gott um Schnee bittet und am nächsten Tag tatsächlich durch einen Blizzard fünfzig Zentimeter Schnee fallen, sieht es sehr danach aus, dass Gott der Akteur ist. Oder einem Mann in New York wird von seinen Ärzten mitgeteilt, dass er sterben muss. Dann spürt er ein Kribbeln im ganzen Körper und ein Gefühl des Friedens, ein inneres Wissen, dass sich alles zum Guten wenden wird. Der Mann wird wieder gesund und schreibt seine wunderbare Heilung Gott zu. Weil die hypersensitive Akteur-Erkennung immer bestrebt ist, hinter einem Ereignis ein aktiv handelndes Wesen zu vermuten, wenn andere intuitive Erklärungen versagen (etwa die Naive Physik oder die

Naive Biologie), ist es wahrscheinlich, dass viele Ereignisse übermenschlichen Akteuren zugeschrieben werden.« Barrett: Cognitive Science, Religion and Theology, S. 86.

9. Jesse M. Bering hat versucht, eine kognitive Antwort auf das Problem unseres intuitiven Wissens um die Existenz der Seele zu finden, insofern es den angeborenen Glauben an ein Leben nach dem Tod betrifft. Bering argumentiert: »Da Menschen erkenntnistheoretisch unmöglich wissen können, wie es ist, tot zu sein, werden sie toten Akteuren höchstwahrscheinlich jene mentalen Zustände zuschreiben, ohne die zu sein sie sich für sich selbst nicht vorstellen können. Bei einem solchen Modell wird angenommen, dass es natürlich ist, an ein Leben nach dem Tod zu glauben, und dass soziale Transmission prinzipiell dazu dient, intuitive Vorstellungen über die Natur des Jenseits konzeptuell zu bereichern (oder zu schwächen).« Bering: Intuitive Conceptions of Dead Agents' Minds, S. 263.

4. Speere zu Pflugscharen

1. Zu der Beziehung zwischen Religion und Nahrungsmittelproduktion schreibt Gilbert Murray: »Landwirtschaft stand einst völlig im Zeichen der Religion; heute steht sie völlig im Zeichen der Wissenschaft. Wenn im Altertum ein Feld keinen Ertrag abwarf, nahm der Besitzer vermutlich an, das läge an einer ›Verunreingung‹ durch ein Unrecht, das begangen wurde. Er schaute dann, ob er selbst gegen eine Regel verstoßen hatte, oder seine Nachbarn und Vorfahren. Wenn er die vermeintlich Ursache gefunden hatte, ergriff er Gegenmaßnahmen, die nicht darauf abzielten, den chemischen Zustand des Bodens zu verbessern, sondern seine Schuldgefühle und seine Angst zu besänftigen, oder die imaginären Gefühle des imaginären Wesens, dessen Zorn er erregt hatte. Ein moderner Mensch in vergleichbarer Lage«, fährt Murray fort, »würde wahrscheinlich überhaupt keine religiösen Ursachen vermuten, jedenfalls nicht in den frühen Stadien seines Problems. Er würde vermuten, dass tiefer gepflügt oder mehr gedüngt werden muss. Erst später, wenn Katastrophe auf Katastrophe folgt, würde auch der moderne Durchschnittsmensch

sich als vom Schicksal gezeichnet empfinden und vermutlich instinktiv damit beginnen, über seine Sünden nachzudenken. Ein weiteres Merkmal folgt aus dem erstgenannten. Wir sind auf allen Seiten von nicht kartiertem Territorium umgeben, das unendlich groß erscheint. Wenn wir nun annehmen, dass dieses Unbekannte unser alltägliches Leben beeinflusst, kann es zu einem unermesslichen Faktor werden, der stärker als alles andere zu sein scheint. Wir dürfen niemals tun, was die Religion uns verbietet, und zwar ungeachtet der Anreize, die dieses Leben für uns bereithält. Hier gibt es tatsächlich kein Gleichgewicht. Wer Frieden mit seinem Gewissen schließt, ist im Grunde nicht-religiös. Der religiöse Mensch weiß, dass es ihm nichts nützt, wenn er die ganze Welt gewönne und darüber sein ewiges Heil verlöre.« Gilbert Murray: Five Stages of Greek Religion (New York 1955), S. 5–6.

2. Mircea Eliade: From the Stone Age to the Eleusinian Mysteries, Bd. 1 von History of Religious Ideas, Übers. Willard Trask (Chicago 1978), S. 29–55. Deutsch: Geschichte der religiösen Ideen. In vier Bänden. Band 1: Von der Steinzeit bis zu den Mysterien von Eleusis. Freiburg im Breisgau/Basel/Wien 2002.
3. Während der ersten Hälfte des 20. Jahrhunderts herrschte die Ansicht vor, dass im Hinblick auf die Ernährung der prähistorischen Menschen Landwirtschaft vorteilhafter gewesen sein müsse als Jagen und Sammeln. Doch verlor diese Argumentation in den 1960er Jahren an Boden. Jacob Weisdorf merkt dazu an: »Es fanden sich immer mehr Beweise, dass die frühe Landwirtschaft mehr Probleme als Nutzen brachte. Studien heutiger primitiver Gesellschaften deuteten darauf hin, dass Landwirtschaft in der Tat zermürbend, zeitaufwendig und arbeitsintensiv war. Diese Einschätzung fand in der Wissenschaft immer größere Unterstützung. ... Es wurde immer deutlicher, dass Jäger-und-Sammler-Kulturen in der Lage waren, ein Gleichgewicht aufrechtzuerhalten, wenn sie nicht von außen gestört wurden, und dass neue kulturelle Formen nur entstanden, wenn Bedingungen auftraten, die das Gleichgewicht störten. Angesichts der Tatsache, dass klimatische Veränderungen offenbar keine nennenswerten Krisen auslösten und dass die Jäger und Sammler zwar wenig Gefallen an der Landwirtschaft fanden, sie aber dennoch

einführten, erhielt die Idee, dass die Landwirtschaft aus Gründen der Notwendigkeit eingeführt wurde, neuen Auftrieb.« In Übereinstimmung mit Weisdorf haben Michael Guenevere und Hillard Kaplan überzeugend nachgewiesen, dass die Lebenserwartung von Jägern und Sammlern weit höher war, als früher angenommen. Jacob L. Weisdorf: From Foraging to Farming: Explaining the Neolithic Revolution, in: Journal of Economic Surveys 19/4 (2005), S. 565–566; Michael Guenevere und Hillard Kaplan: Longevity Among Hunter-Gatherers: A Cross-Cultural Examination, in: Population and Development Review 33/2 (2007), S. 321–365.

4. Harari argumentiert, dass der Übergang vom Jagen und Sammeln zur Landwirtschaft einfach ein »Sprung ins Ungewisse« war, da die Menschen des Neolithikums die Konsequenzen nicht völlig überblicken konnten, die dieser Wechsel mit sich bringen würde – »sie konnten nicht vorhersehen, dass Trockenzeiten durch die verstärkte Abhängigkeit von einer einzigen Nahrungsquelle noch schlimmere Folgen für sie haben würden als bisher. Auch ahnten diese frühen Bauer nicht, dass ihre in guten Jahren schier überquellenden Getreidespeicher die Begehrlichkeit von Dieben und Feinden wecken und sie zwingen würden, schützende Mauern zu bauen und ihre Vorräte zu bewachen.« Yuval Noah Harari: Sapiens: A Brief History of Humankind (New York 2015. Deutsch: Eine kurze Geschichte der Menscheheit. München 2013), S. 87.
5. Laut Childe handelte es sich bei der »neolithischen Revolution« um eine Folge klimatischer Veränderungen, wodurch mehrere geographische Oasen entstanden, die sehr günstige Bedingungen für Landwirtschaft und Nahrungsproduktion boten. Später fanden andere Forscher, zum Beispiel Robert Braidwood, keine Beweise für solche Klimakrisen und vertraten die Auffassung, die Einführung der Landwirtschaft müsse soziale und kulturelle Ursachen gehabt haben, etwa technologische Fortschritte, die es den Menschen ermöglichten, für längere Zeit Gebiete zu besiedeln, die an den Fruchtbaren Halbmond angrenzten. Im Gegensatz dazu argumentierte Lewis Binford, dass die Menschen sich durch die Weiterentwicklung ihrer materiellen Kultur an Umweltveränderungen anpassten. Zudem zwang ein Anstieg des Meeresspiegels Menschen zur Auswanderung in bisherige Randgebiete, in die

sie dann ihre Getreidesorten und Tiere mitbrachten. In starkem Gegensatz zu den wissenschaftlichen Positionen seiner Vorgänger vertrat Jacques Cauvin die Auffassung, der Beginn der landwirtschaftlichen Revolution läge im Holozän (circa 9000 BP) – einer Zeit mit sehr großem natürlichen Nahrungsangebot. Seiner Ansicht nach spielten Klima- und Umweltprobleme beim Wechsel vom Jagen und Sammeln zur Landwirtschaft keine Rolle. Wichtiger noch ist Cauvins Hinweis, dass die Entwicklung symbolischer Aktivitäten wie am Göbekli Tepe der Einführung der Landwirtschaft um fast ein Jahrtausend voranging. Die kognitive Entwicklung des *Homo sapiens* im Hinblick auf die Hervorbringung bildlicher Symbole geschah also, lange bevor die Menschen sesshaft wurden. Siehe Vere Gordon Childe: Man Makes Himself, 3. Aufl. (London 1936); Robert J. Braidwood: The Agricultural Revolution, in: Scientific American 203 (1960), S. 130–141; Braidwood: Prehistoric Men, 6. Aufl.. (Chicago 1963); Lewis R. Binford: Post-Pleistocene Adaptations, in: New Perspectives in Archaeology, Hg.: L. R. Binford und S. R. Binford (Chicago 1968), S. 313–342; Jacques Cauvin: The Birth of the Gods and the Origins of Agriculture (Cambridge 2007).

6. Das Einzige, worüber sich die Forscher im Hinblick auf die Anfänge der Landwirtschaft und deren auslösende Faktoren einig sind, ist, dass sie sich nicht einig sind. »Weithin herrscht offenbar Einigkeit, dass keines der bisher entwickelten Modelle völlig zufriedenstellt«, beobachtet Weisdorf. »Die Theoretiker, die nach einer rationalen Erklärung für den Übergang vom Jagen und Sammeln zur Landwirtschaft suchen, finden immer neue Erkenntnisse. Zum Beispiel zeigt sich immer deutlicher, dass die Menschen offenbar schon vor der Einführung der Landwirtschaft sesshaft wurden und diese nicht der Grund für die Sesshaftigkeit war. Und bereits die Jäger und Sammler, die dann zur Landwirtschaft übergingen, verfügten über die für den Landbau nötigen Werkzeuge. Auch deuten neue Beweise darauf hin, dass die Landwirtschaft sich in bereits relativ komplexen, wohlhabenden Gesellschaften entwickelte, in denen es ein vielseitiges Nahrungsangebot gab, und dass diese Gesellschaften von anderen Gesellschaften umgeben waren, deren Umweltbedingungen eine schlechtere Versorgungslage mit sich brachten. Auch ver-

hielt es sich offenbar so, dass die egalitären Verhältnisse in den Jäger-und-Sammler-Gesellschaften in den landwirtschaftlichen Siedlungen durch hierarchische soziale Strukturen ersetzt wurden und dass die Stämme der Jäger und Sammler eine kommunale Organisationsstruktur aufwiesen, während bei den Bauern eine familiäre Organisation in Form von Einzelhaushalten vorherrschte.« Weisdorf: From Foraging to Farming, aaO. (s.o. Anm. 4/4), S. 581–582.

7. Allan Simmons bemerkt dazu: »Viele, aber nicht alle Forscher stimmen überein, dass die ersten Domestizierungen von Tieren vor allem in der nördlichen Levante und der südöstlichen Türkei stattfanden, und nicht in der südlichen Levante.« Simmons stützt diese Feststellung und sein Argument, dass »die Tier-Domestizierung als ein Endresultat des Sesshaftwerdens betrachtet werden sollte [nicht als dessen Katalysator]«, auf archäologische Beweise vom Göbekli Tepe und aus anderen neolithischen Fundstätten im Südosten der Türkei. In Übereinstimmung mit Simmons weist Joris Peters darauf hin, dass die Domestizierung von Tieren erst erfolgte, als die Menschen schon für längere Zeit das Leben als Jäger und Sammler zugunsten stärkerer Sesshaftigkeit aufgegeben hatten. Dazu schreibt Peters: »Morphometrische Erkenntnisse und andere Indizien zeigen, dass das Schaf und vermutlich auch die Ziege zuerst im südlichen Taurus-Vorland domestiziert wurden, und zwar im präkeramischen Neolithikum B [circa 7600-6000 v. Chr.]. ... Demnach ist die Einbeziehung von Schafen und Ziegen in die Landwirtschaft an diesen frühen Siedlungsplätzen weit weniger ›revolutionär‹, als die Bezeichnung ›Neolithische Revolution‹ nahelegt. ... Aufgrund archäozoologischer und paläobotanischer Erkenntnisse wissen wir heute, dass große klimatische Veränderungen und/oder eine Verschlechterung des natürlichen Nahrungsangebotes als Ursachen praktisch ausscheiden, was sehr dafür spricht, dass vor allem soziokulturelle Faktoren für den Übergang von der Jagd zur landwirtschaftlichen Tierhaltung verantwortlich waren.« Allan Simmons: The Neolithic Revolution in the Near East: Transforming the Human Landscape (Tucson 2007), S. 141–142; Joris Peters et al.: Early Animal Husbandry in the Northern Levant, in: Paléorient 25/2 (1999): S. 27–48, S. 27.

8. Cauvin: Birth of the Gods, aaO. (s.o. Anm. 4/5). Siehe auch LeRon Shults: Spiritual Entanglement: Transforming Religious Symbols at Çatalhöyük, in: Religion in the Emergence of Civilization: Çatalhöyük as a Case Study. Hg.: Ian Hodder (Cambridge 2010), S. 73–98; Ian Hodder: Symbolism and the Origins of Agriculture in the Near East, in: Cambridge Archaeological Journal 11/1 (2001), S. 108.
   Ian Hodder weist zurecht darauf hin, dass »Religionen oder neue Akteurformen nicht die zentralen Ursachen für die Domestizierung von Pflanzen und Tieren und das Aufkommen von dörflichen Siedlungen darstellten, sondern dass sich die Religion und neue Symbole in die neue Lebensweise einflochten. Die Religion spielte eine wichtige Rolle. Sie ermöglichte neue Akteurformen, indem sie eine symbolische Welt der Gewalt bereitstellte, durch die neue langfristige soziale und ökonomische Beziehungen entwickelt werden konnten, aber es gibt keine überzeugenden Beweise dafür, dass die Religion eine unabhängige Ursache für die Veränderungen war.« Ian Hodder: The Role of Religion in the Neolithic of the Middle East and Anatolia with Particular Reference to Çatalhöyük, in: Paléorient 37/1, (2011), S. 111–122, S. 121. Siehe auch Hodder: Symbolism and the Origins of Agriculture in the Near East, S. 108.

5. Erhabene Personen

1. Es existieren zahlreiche Varianten der sumerischen Flutlegende, aber sie alle beruhen im Wesentlichen auf drei Grundversionen: der *Sumerischen Sintflut-Erzählung* in sumerischer Sprache; dem *Atrachasis-Epos*, das um 1700 v. Chr. in akkadischer Sprache niedergeschrieben wurde, und Tafel XI des *Gilgamesch-Epos*, ebenfalls auf Akkadisch verfasst, das ins zwölfte vorchristliche Jahrhundert datiert wird. Hinzufügen sollten wir noch die kürzlich entdeckte *Archen-Tafel*, die ihr Übersetzer Irving Finkel auf etwa 1750 v. Chr. datierte. Meine Version der sumerischen Fluterzählung basiert auf zwei Übersetzungen des Atrachasis-Epos – die erste (und beste) von Stephanie Dalley: Myths from Mesopotamia; die zweite von Benjamin R. Foster: Before the Muses: An

Anthology of Akkadian Literature (Bethesda 2005) – ergänzt durch Material aus der *Archen-Tafel*, übersetzt von Irving Finkel in: The Ark Before Noah: Decoding the Story of the Flood (New York 2014). Durchsetzt ist das Ganze mit ein paar Prisen der babylonischen Version im Gilgamesch-Epos, ebenfalls von Dalley übersetzt (mit ein paar literarischen Schnörkeln meinerseits).

2. Die ersten Versuche der Sumerer, eine Schrift zu entwickeln, waren kaum mehr als *Piktogramme*, also Bildsymbole, von denen jedes ein bestimmtes physisches Objekt darstellte. Zum Beispiel stand das Bild eines Kruges für das Wort »Bier«. Später wurden den Bildern Laute zugeordnet, zum Beispiel *bar, la* oder *am*. Indem die Sumerer die Keillinien verbanden oder durchkreuzten, war es ihnen möglich, ein Alphabet mit etwa sechshundert Buchstaben zu erschaffen.
   Interessant ist, dass es sich bei den ältesten geschriebenen Texten nicht um Schöpfungsmythen oder große Götter- und Heldenepen handelte, sondern um frühgeschichtliche Steuerdokumente, Listen von Einnahmen und Ausgaben, Zählungen von Schafen, Ziegen und Rindern, und buchhalterische Aufzeichnungen darüber, wer wem etwas schuldete. Tatsächlich diente die Schrift anfangs ausschließlich buchhalterischen Zwecken. Erst viel später wurden in diesen Texten Zahlen und Wörter zu komplexen Sätzen kombiniert. Und noch länger dauerte es, bis schließlich aus diesen Sätzen jene reich ausgeschmückten, unvergesslichen Mythen gewebt wurden, die über Jahrtausende die Religionen Mesopotamiens formten.
   In diesem frühen Stadium der mesopotamischen Entwicklung ging es, das möchte ich betonen, in der Religion fast gar nicht um Doktrinen, sondern um die Sorge für die Wohnstätten der Götter. Daniel T. Potts, Professor für altorientalische Archäologie an der New York University, verdanken wir eine eindrucksvolle Analyse von fast viertausend so genannten archaischen Texten, den frühesten Beispielen für die Proto-Keilschrift in Mesopotamien. Sie wurden in Müllablagerungen im Eanna-Distrikt gefunden, im Tempelkomplex der Inanna, der Stadtgöttin von Uruk. Es lässt sich kaum etwas gegen Potts' Interpretation einwenden, dass es sich bei diesen Texten um archivierte Steuerdokumente handelt, woraus folgt, dass die Keilschrift ursprünglich zum Zweck

der Buchführung und Zählung entwickelt wurde. Ich hatte die Ehre, bei einem Engelsberg-Seminar in Schweden einen seiner Vorträge erleben zu dürfen. Seine Forschungsergebnisse wurden dort von der Axel and Margaret Ax:son Johnson Foundation publiziert. Professor Potts' Artikel trägt den Titel: Accounting for Religion: Uruk and the Origins of the Sacred Economy, in: Religion: Perspectives from the Engelsberg Seminar 2014 (Stockholm 2014), S. 17–23.

3. Michael Wise schreibt: »Aramäisch wurde als Folge der politischen Realitäten zur Alltagssprache in Palästina. Im Nahen Osten wurde Aramäisch vor dem jüdischen Exil jahrhundertelang als Verwaltungssprache verwendet, was schon im Neuassyrischen Reich begann. Die Neubabylonier und die Perser nutzten es weiterhin als Verkehrssprache.« Siehe hierzu auch Fitzmyer: »Die aramäischen Dokumente der jüdischen Militärgarnison auf der Nilinsel Elephantine aus dem fünften Jahrhundert v. Chr. sind seit Anfang dieses Jahrhunderts bekannt und vermitteln ein gutes Bild des offiziellen Aramäisch, wie es vom südlichen Ägypten über den Fruchtbaren Halbmond bis ins Industal in Gebrauch war, bis die internationale Kommunikation nach den Eroberungen Alexanders auf die griechische Sprache umstieg.« Das würde bedeuten, dass Aramäisch schon früher als im ersten Jahrhundert v. Chr. das Akkadische als Sprache der Eliten und der politischen Klasse ablöste. Michael Wise: Language and Literacy in Roman Judaea: A Study of the Bar Kochba Documents (New Haven 2015), S. 9, 279; siehe auch Joseph Fitzmyer: The Aramaic Language and the Study of the New Testament, in: Journal of Biblical Literature 99/1 (1980), S. 5–21, S. 9.
4. Zugegebenermaßen ist die Etymologie von *ilu, el* (oder *Elohim*), und *ilah* (Ursprung des Wortes *al-ilah* oder *Allah*) noch keineswegs geklärt. Die beste Arbeit zu diesem Thema stammt von Marvin H. Pope: El in the Ugaritic Texts (Leiden 1955).
5. Niemand weiß genau, wie viele Götter das mesopotamische Pantheon bevölkerten. Laut Jean Bottéro umfasst die vollständigste, von babylonischen Gelehrten durchgeführte Zählung fast zweitausend Götternamen. Doch Antonius Damiel zählte in seinen *Pantheon Babylonicum* dreitausenddreihundert Namen. Siehe Jean Bottéro: Religion in Ancient Mesopotamia, Übers.

Teresa Lavender Fagen (Chicago 2004) und Antonius Damiel: Pantheon Babylonicum: Nomina Deorum e Textibus Cuneiformibus Excerpta et Ordine Alphabetico Distributa (Rom 1914). Zwar verraten uns die mesopotamischen Geschichten über Götter und Göttinnen enorm viel über die Religionen Mesopotamiens, doch gab es ironischerweise im Sumerischen gar kein Wort für »Religion«. Der Grund hierfür ist, dass Religion in Mesopotamien nicht als separate Lebenskategorie betrachtet wurde. Religion *war* Leben. Die Existenz eines Gottes ließ sich nicht von der Funktion des Gottes trennen. Mit anderen Worten, hatten weder An noch Schamasch eine Existenz außerhalb oder jenseits der natürlichen Funktion des Himmels oder der Sonne. Einfach ausgedrückt: Die Götter sind, was die Götter tun. Wenn ein Gott oder eine Göttin ihre Funktion nicht mehr erfüllten, oder wenn diese Funktion in der Gesellschaft an Bedeutung verlor, schwand diese Gottheit dahin und hörte schließlich ganz auf zu existieren.

6. Mehr zu Kenyons Forschungen zu den Schädeln von Jericho finden Sie in: Digging up Jericho (New York 1957). Hodder argumentiert, dass die neolithische Praxis, Köpfe abzutrennen und die Schädel einzugipsen und zur Schau zu stellen, wie sie insbesondere in Jericho und Çatalhöyük nachgewiesen wurde, nicht notwendigerweise auf religiöse Aktivitäten schließen lässt: »Bei beiden ausgegrabenen Beispielen für die Praxis, die Köpfe Verstorbener abzutrennen, gibt es gute Gründe für die Annahme, dass es sich um Personen handelte, denen eine besondere Behandlung zuteil wurde. Vielleicht waren sie wichtige Stammesälteste oder Ritualführer. Dass Schädel aufbewahrt werden, zeigt, welche Bedeutung die Ahnen hatten. ... Es gibt keinen Grund, hier den Glauben an ›Götter‹ als Hintergrund zu vermuten. Sicherlich war für diese Menschen die Vergangenheit, die Ahnen, von Bedeutung, ebenso wichtig werden für sie Mythen und jene Ältesten und Schamanen gewesen sein, die Rituale leiteten. Aber man sollte nicht mehr dahinter vermuten als einen häuslichen Kult und das Gedenken an die Ahnen.« Ian Hodder: Symbolism and the Origins of Agriculture in the Near East, in: Cambridge Archaeological Journal 11/1 (2001), S. 111.
7. Laut Stephen Bertman »ist das Wort *Zikkurat* von dem akkadischen Wort *zigguratu* hergeleitet, das ›Gipfel‹ oder ›hoch gele-

gener Ort‹ bedeutet.« Stephen Bertman: Handbook to Life in Ancient Mesopotamia (New York 2003), S. 194, 197.
Doch ist nicht wirklich geklärt, ob die Zikkurat an einen Tempel angeschlossen oder selbst ein Tempel war. Herodot, eine der frühesten Quellen für Sinn und Funktion der Zikkurat, beschrieb diese Bauwerke folgendermaßen: »In der Mitte des einen Teils der Stadt steht der Königspalast, umgeben von einer hohen und dicken Mauer. Und in der Mitte des anderen Stadtteils steht bis zum heutigen Tag die heilige Anlage des Zeus Belus, ein Platz mit zwei Achtelmeilen Seitenlänge und Toren aus Bronze. Im Zentrum dieser Anlage wurde ein massiver Turm errichtet, eine Viertelmeile lang und breit. Auf diesem erhebt sich ein zweiter Turm und auf diesem ein weiterer, so dass es letztlich acht aufeinandergebaute Türme sind. Der Weg hinauf windet sich spiralförmig an den Türmen entlang. Ungefähr auf halber Höhe befindet sich eine Terrasse mit Sitzgelegenheiten, wo die Aufsteigenden sich hinsetzen und rasten können. Im obersten Turm gibt es einen großen Schrein. Darin steht eine große, gut gepolsterte Liege, und daneben ein goldener Tisch. Doch es gibt in dem Schrein kein Götterbildnis, und auch kein Mensch verbringt dort die Nacht, außer eine einheimische Frau, die von dem Gott aus allen Frauen erwählt wurde. So sagen es die Chaldäer, die Priester dieses Gottes sind. Die gleichen Chaldäer sagen, dass der Gott selbst den Schrein zu besuchen pflegt und dann auf der Liege ausruht. So ist es selbst in Theben, in Ägypten ..., denn auch dort schläft eine Frau im Tempel des Zeus von Theben, und weder die ägyptische noch die babylonische Frau, die im Tempel schläft, hat Geschlechtsverkehr mit Männern.« Herodot 1, S. 181-182.
Leider wurde nie eine mesopotamische Quelle gefunden, die Herodots Anspielungen auf göttliche Sexrituale bestätigt hätte.
John H. Walton schreibt: »Die Zikkurat spielt in keinem der Rituale eine Rolle, die uns aus Mesopotamien bekannt sind. Wäre die bekannte Literatur unsere einzige Informationsquelle, müssten wir zu dem Schluss kommen, dass die Zikkurat keinerlei weltliche Funktion besaß. Die Zikkurat war ein heiliger Ort, und eine profane Nutzung strikt verboten. Obwohl das Gebäude auf der Spitze der Zikkurat dazu gedacht war, den jeweiligen Gott zu beherbergen, handelte es sich nicht um einen Tempel, der von

den Gläubigen für religiöse Zeremonien aufgesucht wurde. Es gab dort kein Bildnis und keine andere Repräsentation der Gottheit. Gleich am Fuß der Zikkurat stand typischerweise ein Tempel, wo das Götterbildnis aufbewahrt wurde und Zeremonien stattfanden. ... Die Zikkurat als Gebäude diente dazu, die Treppe [zwischen Himmel und Erde] zu tragen. Diese Treppe symbolisierte die Reise der Götter von einer Wirklichkeitsebene in die andere. Die Zikkurat diente ausschließlich der Annehmlichkeit der Götter und wurde instandgehalten, um ihnen die Reise zu erleichtern. Auf der Spitze der Zikkurat befand sich das Tor der Götter, der Eingang in ihre himmlische Wohnstätte. Am Fuß der Zikkurat befand sich der Tempel, und die Menschen hofften, dass Gott oder Göttin dorthin herabstiegen, um Geschenke und die Huldigung seines/ihres Volkes entgegenzunehmen.« John H. Walton: Ancient Near Eastern Thought and the Old Testament: Introducing the Conceptual World of the Hebrew Bible (Grand Rapids 2006), S. 120–122.
Interessant ist, dass streng genommen jeder Bürger für den Tempel arbeitete, weil dem Tempel das ganze Land gehörte. Die Bauernhöfe, die Weinberge, die Weiden, auf denen das Vieh graste, die Flüsse voller Fische – das alles war persönlicher Besitz des im Tempel verehrten Gottes. Der Bauer, der das Land bestellte, tat das im Namen des Gottes. Er brachte seine Ernte dem Gott als Opfergabe. Diese Gaben wurden von den Tempelpriestern sorgfältig gezählt und in Listen eingetragen, und der Bauer erhielt einen Teil seiner Ernte zurück, als »Bezahlung« für seine Arbeit. So war es auch mit den Fischern und ihrem Fang in den göttlichen Flüssen, den Viehzüchtern auf den Weiden des Gottes, den Winzern, die die göttlichen Trauben kelterten und so weiter. In dieser Frühphase der mesopotamischen Geschichte war Religion nicht viel mehr als organisierte Arbeit im Dienste einer bestimmten Gottheit, strikt überwacht von einer Bürokratie aus professionellen Priestern. Das Verhältnis der Laien zum Tempel war rein funktional. Siehe Potts: Religion: Perspectives from the Engelsberg Seminar 2014, aaO. (s.o. Anm. 5/2).

8. Diese Statuetten werden allgemein als »Venusfigurinen« bezeichnet – ein unglücklich gewählter Oberbegriff, den sich die Europäer ausdachten, von denen sie entdeckt wurden (denn diese Figurinen

haben keinerlei Bezug zur römischen Göttin Venus). Zu ihnen gehört die bereist erwähnte Venus von Berekhat Ram, die mit etwa 300 000 Jahren die älteste jemals gefunden Statue und vermutlich auch das älteste Kultobjekt überhaupt ist, und die in Grimaldi, Italien, gefundene Doppel-Venus. Letztere ist die außergewöhnlichste und offenkundig ritualistischste dieser Statuetten. Auch unter dem Kosenamen »die Schöne und das Biest« bekannt, ist die Doppel-Venus eine perfekt polierte blassgrüne Statuette, die sich aus zwei geschnitzten Körpern zusammensetzt: Sie stehen Rücken an Rücken und sind an Kopf, Schultern und Oberschenkel miteinander verbunden. Der eine Körper ist der einer schlanken schwangeren Frau, die ihren Rücken nach hinten biegt. Der andere Körper ist nichtmenschlich. Niemand weiß, um was für ein Wesen es sich dabei handelt. Es ist geschmeidig und schlangenartig, fast wie ein Reptil, mit dem Gesicht eines mythischen, vielleicht gehörnten Tieres. An der oberen Spitze der Statuette gibt es ein Loch, so dass sie als Amulett getragen werden konnte.
Es gilt als unstrittig, dass diese Statuetten eine rituelle Funktion im Leben unserer Vorfahren gehabt haben müssen. Die Venus von Dolní Věstonice, etwa 29 000 Jahre alt, weist oben am Kopf klar definierte Löcher auf, die vielleicht mit Weihrauch, Kräutern oder Blüten gefüllt wurden. Bei der vor etwa 30 000 Jahren aus Kalkstein geschnitzten Venus von Willendorf ist das Gesicht durch eine Art gewebten Schleier oder Haarflechten verdeckt. Bei der Venus vom Hohlefels (circa 45 000 – 35 000 BP) befindet sich dort, wo eigentlich der Kopf sein müsste, eine Art Haken. Tatsächlich ist bei vielen Venus-Figurinen der Kopf verhüllt oder sie sind gesichtslos, als sollten sie nicht eine bestimmte Frau darstellen, sondern die Weiblichkeit symbolisieren. Einen Katalog aller so genannter Venus-Figurinen in alphabetischer Reihenfolge können Sie sich auf Don's Maps anschauen: http://donsmaps.com/venus.html – Einen Überblick über die Theorien zur Deutung der Venus-Figurinen finden Sie in R. Dale Guthrie: The Nature of Paleolithic Art (Chicago 2005).

9. »Eine kultische Statue war niemals ausschließlich ein religiöses Bildnis, sondern stets mit einer Gottheit verbunden und von ihr erfüllt. Sie brachte daher göttliche Gegenwart in die irdische Realität.« Angelika Berlejung: Washing the Mouth: The Consecration

of Divine Images in Mesopotamia, in: The Image and the Book: Iconic Cults, Aniconism, and the Rise of the Book Religion in Israel and the Ancient Near East. Hg.: K. van der Toorn (Leuven 1997), S. 46.

Jan Assmann schreibt: »Die Statuen, so heißt es, haben zwei Naturen, eine göttliche und eine materielle, die eine oberhalb, die andere unterhalb des Menschen. Als Bildner der Götterstatuen erinnert sich der Mensch seines eigenen göttlichen Ursprungs, und in ihrer frommen Pflege und Verehrung macht er die Götter auf Erden heimisch.« Assmann fährt fort: »Die Statue ist nicht Bild des Leibes, sondern Leib der Gottheit. Sie bildet nicht seine Gestalt ab, sondern gibt ihm Gestalt. In der Statue nimmt die Gottheit Gestalt an, so wie in einem heiligen Tier oder in einem Naturphänomen. Die Statue wird nicht ›gemacht‹, sondern sie wird ›geboren‹. ... Die Ägypter haben die Trennungslinie zwischen Bild und Gottheit nicht verwischt; aber sie haben sie an einer anderen Stelle, auf einer anderen Ebene gezogen, als wir das gewohnt sind.« Jan Assmann: Ägypten. Theologie und Frömmigkeit einer frühen Hochkultur. Stuttgart 1984, S. 50, 57.

10. Viele Forscher vertreten die derzeit allerdings noch heiß umstrittene Auffassung, dass die ägyptischen Hieroglyphen direkt von der sumerischen Keilschrift beeinflusst wurden, oder dass zumindest die Idee, Gedanken zu verschriftlichen, aus Mesopotamien nach Ägypten gelangte. Siehe Geoffrey Sampson: Writing Systems: A Linguistic Introduction (Palo Alto 1990).
11. Die ägyptischen Götter konnten in mehreren verschiedenen Gestalten in Erscheinung treten. Manchmal verschmolzen zwei Gottheiten zu einer, die dann die Kräfte beider verkörperte. Ein Beispiel dafür ist der Gott Amun-Re (siehe 6. Kapitel).
    Zu diesen dualen Aspekten der Götter (kosmisch und aktiv/abstrakt) schreibt Assmann: »Im Licht der Frage nach der kosmischen Dimension der Götter als eines heuristischen Modells erweist sich das Wesen des Thoth, des Gottes der Schrift- und Rechenkunst, der Beamtentugenden Genauigkeit, Korrektheit, Überblick, Wissen als ›Mondhaftigkeit‹, als die religiöse Ausdeutung des Mondes und als solche Teil der umfassenden religiösen Weltauslegung, als welche wir in diesem Abschnitt den ägyptischen Polytheismus interpretieren. ... Was wir aus diesen

Beispielen lernen und auf den Gottesbegriff der Ägypter hin verallgemeinern können, ist, dass sich die ›kosmische Dimension‹ der Götter nicht in der bloßen Materialität von kosmischen Elementen wie Erde, Luft, Wasser usw. oder Himmelskörpern wie Sonne und Mond erschöpft, sondern sich auf die spezifischen Komplexe von Handlungen, Wesenzügen, Gesinnungen und Eigenschaften bezieht, als welche die kosmischen Phänomene ›in action‹ ausgelegt werden und an denen auch der Mensch teilhat.« Assmann: Ägypten. Theologie und Frömmigkeit, aaO. (s.o. Anm. 5/9), S. 98.

12. Zu den linguistischen Beweisen für die indoeuropäischen Wanderungsbewegungen siehe James Patrick Mallory: In Search of the Indo-Europeans: Language, Archaeology and Myth (New York 1989). Weitere Informationen zur indoeuropäischen Religiosität siehe Gerald James Larson, Hg.: Myth in Indo-European Antiquity (Berkeley 1974); J. P. Mallory und D. Q. Adams, Hg.: The Encyclopedia of Indo-European Culture (London und Chicago 1997).
13. Sogar Soma, bei dem es sich um eine Pflanze handelte, die wegen ihrer bewusstseinsverändernden Wirkung von den Indoeuropäern geschätzt, aber ursprünglich nicht vermenschlicht wurde, nimmt schließlich die Gestalt des hinduistischen Mondgottes Chandra an und wird als sitzende Gottheit dargestellt, die einen Becher des berauschenden Getränks in einer ihrer vier Hände hält.
14. Die mykenische Schrift ist unter dem ziemlich prosaischen Namen Linear B bekannt. Edith Hall schreibt dazu, dass es mykenische Ausgrabungsstätten nicht nur im einstigen Mykene selbst gibt, sondern auch in Theben, Tiryns, Therapne, Pylos und auf Kreta. Hall zeigt ganz ausgezeichnet auf, welchen Einfluss Mykene auf das antike Griechenland hatte. Edith Hall: Introducing the Ancient Greeks: From Bronze Age Seafarers to Navigators of the Western Mind (New York 2015), S. 29–49. Deutsch: Die alten Griechen: Eine Erfolgsgeschichte in zehn Auftritten. München 2017.
15. Barbara Graziosi: The Gods of Olympus: A History (New York 2014), S. 12.
16. Laut Barbara Graziosi verehrten die Athener trotz Phidias' berühmter Statue der jungfräulichen Athene im Parthenon auch

weiterhin das Olivenholz als Athene. Während der Feierlichkeiten zu Ehren der Göttin wurde das zeremonielle Opfer dem Holzstück dargebracht, nicht Phidias' Statue. The Gods of Olympus, aaO. (Anm. 5/15), S. 47. Eine Beschreibung der *Athena Parthenos* des Phidias finden Sie in Pausanias: Description of Greece. Übers.: W.H.S. Jones (Cambridge, Mass. 1935) S. 1–15. Deutsch: Beschreibung Griechenlands. Ein Reise- und Kulturführer aus der Antike. Übersetzt von Jacques Laager. Zürich 1998.

17. Über Athene als Sonnengöttin siehe Miriam Robbins Dexter: Proto-Indo-European Sun Maidens and Gods of the Moon, in: Mankind Quarterly 55 (1984), S. 137–144. Über Hera siehe Walter Burkert: Griechische Religion der archaischen und klassischen Epoche. Stuttgart 2011. Greek Religion. Übers.: John Raffan (Cambridge, Mass. 1985), S. 31.
18. James Lesher merkt im Kommentar zu seiner herausragenden Xenophanes-Übersetzung an: »Fragment 15 verallgemeinert …, dass verschiedene Tierarten Götter nach ihrem Ebenbild darstellen würden, wenn sie könnten. Sie würden den Göttern Körper wie ihre eigenen geben. … Zumindest vordergründig handelt es sich hierbei um Kommentare zur Vielfalt des religiösen Glaubens und einer gewissen Neigung, den Göttern solche Eigenschaften zuzuschreiben, die sich die Gläubigen auch selbst zuschreiben. Es wird uns nicht mitgeteilt [von Xenophanes], ob [seine] Kommentare dazu dienen sollen, diesen Glauben zu *unterminieren*, indem er als falsch entlarvt oder der Lächerlichkeit preisgegeben wird, wobei sie aber in der Regel so verstanden werden.« James H. Lesher: Xenophanes of Colophon: Fragments; A Text and Translation with Commentary (Toronto 1992), S. 89, 91.
19. Xenophanes wird zitiert in Catherine Osborne: Presocratic Philosophy: A Very Short Introduction (Oxford 2004). Thales wird zitiert in Cicero: The Nature of the Gods (Oxford 2008). Weitere Informationen zum griechischen Monotheismus in Laurel Schneider: Beyond Monotheism: A Theology of Multiplicity (London 2007). Martin West bezeichnet dieses griechische Konzept vom »einen Gott« als »geistlosen Gott«, aber es ist schwer zu sagen, ob Denker wie Platon dieser Definition zustimmen würden. (Siehe hierzu Platons Werk *Timaios*.) Martin Wests Zitat stammt aus Towards Monotheism, in: Pagan Monotheism in

Late Antiquity. Hg.: Polymnia Athanassiadi und Michael Frede (Oxford 1999), S. 21–40.

6. Der höchste Gott

1. Rita Freed schreibt: »Echnaton wurde auf eine Weise bildlich dargestellt, die für damalige Betrachter, gemessen an den traditionellen Darstellungen des menschlichen Körpers, an die sie gewöhnt waren, schockierend gewirkt haben muss.« Zahlreiche angeborene Krankheiten wurden für die ungewöhnliche Gestaltung Echnatons in der ägyptischen Bildhauerei verantwortlich gemacht, unter anderem das Marfan-Syndrom. Doch haben DNA-Untersuchungen diese Hypothese mehr oder weniger widerlegt. Deshalb wird inzwischen vermutet, dass die ungewöhnlichen körperlichen Merkmale Echnatons und seiner Familie, einschließlich seiner Frau Nofretete und seines Sohnes Tutanchamun, von den Künstlern der Amarna-Periode absichtlich übertrieben dargestellt wurden. Viele Ägyptologen sind, wie James Hoffmeier schreibt, der Ansicht, dass »der einzigartige Amarna-Stil eher symbolisch verstanden werden sollte, statt als naturalistische (oder übertriebene) Abbildung von gesundheitlichen Anomalien des Königs. ... Es gibt Überlegungen, dass die männliche Gestalt des Königs mit weiblichen Merkmalen ausgestattet wurde, um die allumfassende Natur des Aton als alleiniger Schöpfer widerzuspiegeln, der zugleich Vater und Mutter ist.« In Übereinstimmung mit Hoffmeier schrieb Gay Robins: »Da eine Funktion der ägyptischen Kunst darin bestand, religiöse Ideen visuell zum Ausdruck zu bringen, stand die Veränderung in der Darstellung der königlichen Gestalt höchstwahrscheinlich in Zusammenhang mit ... Echnatons neuen religiösen Ideen.« Siehe Rita Freed: Art in the Service of Religion and the State, in: Pharaohs of the Sun: Akhenaten, Nefertiti, Tutankhamun (Boston 1994), S. 112; James K. Hoffmeier: Akhenaten and the Origins of Monotheism (Oxford 2015), S. 133; Ahad Eshraghian und Bart Loeys: Loeys-Dietz Syndrome: A Possible Solution for Akhenaten's and His Family's Mystery Syndrome, in: South African Medical Journal 102/8 (2012), S. 661–664; Gay Robins:

The Representation of Sexual Characteristics in Amarna Art, in: Journal of the Society for the Study of Egyptian Antiquities 23 (1993), S. 36.

2. Die *Enneade* besteht aus dem Schöpfergott Atum, seinen Kindern Schu und Tefnut, deren Kindern Nut und Geb und deren Kindern Isis, Osiris, Seth und Nephthys. Siehe Rudolf Anthes: Egyptian Theology in the Third Millennium B.C., in: Journal of Near Eastern Studies 18/3 (1959), S. 169–212.
   Die Sonne wurde in den Regionen Ägyptens unter verschiedenen Namen verehrt, zum Beispiel als Re, Chepre, Horus und Atum, doch bis zum vierzehnten Jahrhundert war all das in eine nationale Sonnenverehrung eingeflossen, und jeder dieser Sonnengötter stand für andere Aspekte der Sonne. Frühe Beispiele für diese religiösen Praktiken finden sich in den *Pyramidentexten*, die wahrscheinlich während der 5. und 6. Dynastie entstanden (2350-2175 v. Chr.): »Ich scheine im Osten wie Re, ich reise in den Westen wie Kheperâ [Chepre], ich lebe durch das, wodurch Horus, der Herr des Himmels, lebt, so wie es Horus, der Herr des Himmels, verfügt hat.« (PT 888). Und an einer anderen Stelle in den *Pyramidentexten* heißt es: »Sie werden dich ins Dasein bringen wie Re im Namen des Re. Du wirst dich wie Re von ihren Gesichtern abwenden und in seinem Namen von Atum.« (PT 1693-1695). Raymond O. Faulkner: The Ancient Pyramid Texts (Oxford 1969), S. 156, 250–251.
3. Etwa zweihundert Jahre vor der Krönung Echnatons, verfestigte Ahmose I. (circa 1539-1514 v. Chr.), der Begründer der 18. Dynastie, die Verbindung zwischen Amun und Re – der eine Stadtgott Thebens, der Hauptstadt des Nordens, und der andere Stadtgott der südlichen Hauptstadt Heliopolis. 1901 entdeckte Georges Legrain in Karnak eine Stele Ahmoses I. mit folgender Inschrift: »Horus: Von großer Erscheinung ... Gold-Horus: Der die Zwei Länder verbindet, der König von Ober- und Unterägypten, Herr der Zwei Länder: Neb-peheti-Re, Sohn des Re, sein Geliebter: Ahmose (möge er ewig leben!), Sohn des Amon-Re, ... sein Geliebter, sein Erbe, dem der Thron gegeben wurde, ein wahrhaft guter Gott, mit mächtigen Waffen. In ihm ist keine Falschheit, ein Re ebenbürtiger Herrscher ...« Auf dieser Stele, argumentiert Hoffmeier, finden wir den konkreten Beweis, dass die Namen Amun

und Re von Ahmose I. »in synonymer Parallele benutzt wurden, womit er die beiden Götter gleichsetzte«. Die Vermischung des thebanischen Herrscherhauses mit dem Sonnenkult von Heliopolis war ein cleverer politischer Schachzug Ahmoses I., der nach jahrhundertelangen Konflikten die Vereinigung von Ober- und Unterägypten entschlossen vorantrieb. Hoffmeier schreibt dazu: »Die Ideologie des universal herrschenden Pharao erforderte eine universale Gottheit, und Amun-Re, die Verschmelzung von Himmel und Sonne, eignete sich gut für diese Rolle.« Mark-Jan Nederhof: Karnak Stela of Ahmose, n.p. [zitiert 24. April 2014], mjn.host.cs.st-andrews.ac.uk/egyptian/texts/corpus/pdf/urkIV-005.pdf; Georges Legrain: Second Rapport sur les travaux exécutés à Karnak du 31 octobre 1901 au 15 mai 1902, in: Annales du Service des Antiquités de L'Égypte 4 (1903), S. 27–29; James Breasted: Ancient Records of Egypt, Bd. 2 (Chicago 1906), S. 13–14; Hoffmeier: Akhenaten and the Origins of Monotheism, aaO. (s.o. Anm. 6/1), S. 50, 59.

4. Es ist noch nicht abschließend geklärt, ob Echnaton während der ihn prägenden Lebensjahre Heliopolis besuchte und wie viel er über die Theologie Unterägyptens wusste. Die meisten Ägyptologen sind sich einig, dass Echnaton vermutlich in Memphis aufwuchs, der Stadt, die Ahmose I. fast zwei Jahrhunderte zuvor von der Fremdherrschaft der Hyksos befreit hatte. Doch selbst wenn Echnaton sich nie in Heliopolis aufhielt, muss er doch mit dem Sonnenkult in Kontakt gekommen sein. Donald Redford schrieb: »Die ganze ägyptische Religion war so vom Sonnengott und seiner Theologie durchdrungen, dass es kaum vorstellbar ist, man hätte einen jungen Prinzen gänzlich vor diesem Einfluss abschotten können, und zwar unabhängig davon, wo er aufwuchs.« Donald Redford: Akhenaten the Heretic King (Princeton 1984), S. 59.
5. Quellenangabe für die Echnaton-Zitate: Maj Sandman: Texts from the Time of Akhenaten (Bruxelles 1938), S. 7.
   Während der Regentschaft Amenophis' III., Echnatons Vater, war die Sonnenscheibe des Aton ein wichtiges Symbol, was darauf hinweist, dass es am Anfang des 14. Jahrhunderts v. Chr. bereits eine gewisse Hinwendung zu einer »Sonnenreligion« gab. Nach dem Tod Amenophis' III. wurde der König vergöttlicht und wurde

mit der Sonnengottheit gleichgestellt. Laut Raymond Johnson übte der Verlust des Vaters zusammen mit der Vergöttlichung des toten Pharaos als Aton einen starken Einfluss auf Echnatons religiöse Einstellung aus. Johnson weist darauf hin, dass Echnatons anfängliches Handeln nach seiner Thronbesteigung weder monotheistisch noch radikal war. Vielmehr betrieb Echnaton eine hochentwickelte Form des Ahnenkultes, bei der sein vergöttlichter Vater zum Mittelpunkt der religiösen Praktiken und Sehnsüchte seines Sohnes wurde. Die Mehrheit der Ägyptologen akzeptiert Johnsons Sichtweise nicht. Siehe Raymond Johnson: Monuments and Monumental Art Under Amenhotep III: Evolution and Meaning, in: Amenhotep III: Perspectives on His Reign. Hg.: David O'Connor und Eric H. Cline (Ann Arbor 2001), S. 63–94; Donald B. Redford: The Sun-Disc in Akhenaten's Program: Its Worship and Antecedents, I, in: Journal of the American Research Center in Egypt 13 (1976), S. 47–61; Erin Sobat: The Pharaoh's Sun-Disc: The Religious Reforms of Akhenaten and the Cult of the Aten, in: Hirundo: The McGill Journal of Classical Studies 12 (2013–2014), S. 70–75, 73.

6. Wann genau Zarathustra seinen Glauben predigte, ist unklar. Zeitangaben schwanken zwischen völlig mystischen Jahreszahlen (8000 v. Chr.) bis zu den Anfängen des iranischen Königreiches (7. Jahrhundert v. Chr.). Ich halte es für die logischste Annahme, dass die Geburt des Zoroastrismus zwischen 1100-1000 v. Chr. erfolgte. Den Grund dafür erläutere ich in meinem Artikel Thus Sprang Zarathustra: A Brief Historiography on the Date of the Prophet of Zoroastrianism, in: Jusur 14 (1998–99), S. 21–34.
7. Die Götter des altorientalischen Iran hatten Funktion und Aufgabe, aber ihr Einfluss war global, nicht lokal. Zum Beispiel galt Mithra als die göttliche Verkörperung des Begriffs »Bündnis« oder »Eid«, wurde aber mit der Sonne assoziiert, weil die Sonne alles sieht. Dennoch merkt Boyce an: »Wie die meisten indoiranischen Götter stellte man sich Mithra in menschlicher Gestalt vor, auch wenn er größer als jeder sterbliche König war.« Die Götter seien selbst abstrakt gewesen, behauptet Boyce, »weil es kein natürliches Objekt gab, das man als normale physische Verkörperung einer Gottheit betrachten konnte. Zwar existierte bereits in indoiranischer Zeit eine Assoziation von Mithra und

Vauruna Apam Napat mit Feuer und Wasser, aber das war nicht ihr kennzeichnendes Merkmal und nicht wirklich für sie wesenhaft. Jedoch gab es eine andere Gruppe von Göttern, die physikalische Phänomene repräsentierten. Und von ihnen lässt sich sagen, dass sie in der Vorstellung der Zoroastrier tatsächlich diese Phänomene *waren*.« Zum Beispiel traf das auf Atar zu, den Gott des Feuers, auf Anahita, die Wassergöttin, und Asman, den Himmelsgott. Mary Boyce: A History of Zoroastrianism. Bd. 1: The Early Traditions (Leiden 1975), S. 24, 31, 68–69.
Zoroastrier sind unter mehreren Namen bekannt. Im Iran nennt man sie Zartuschti, wobei sie sich selbst aber als Beh-Din bezeichnen. In Südasien kennt man sie als Parsen. Die Griechen nannten sie Magis.

8. Auch wenn manche Forscher – Boyce ist einer von ihnen – nicht glauben, dass Zarathustra Ahura Mazda als alleinigen Gott des Universums betrachtete, ist es doch eine Tatsache, dass in den Gathas kein anderer Gott existiert. Bei den Gathas handelt es sich um eine Sammlung von siebzehn Hymnen in altavestischer Sprache, die dazu gedacht waren, laut gesungen zu werden, und angeblich von Zarathustra selbst verfasst wurden. Siehe Herman Lommel: Die Religion Zarathustras. Nach dem Awesta dargestellt (Hildesheim 1971).
Aller Wahrscheinlichkeit nach war Ahura Mazda ein »Proto-Varuna« und entstand vermutlich als ein Gott, dessen eigentlicher Name in Vergessenheit geriet. Mit anderen Worten, wir kennen diese Göttergestalt nur durch seine beiden hauptsächlichen Beinamen: »Ahura«, was »Herr« bedeutet, und Mazda, was »weise« oder »Weisheit« bedeutet. Mehr über die Etymologie von Ahura Mazda in F.B.J. Kuiper: Ahura ›Mazda‹ ›Lord Wisdom‹?, in: Indo-Iranian Journal 18/1–2 (1976), S. 25–42.
9. Diese Widerspiegelungen, die Zoroastrier als Amescha Spentas oder »Heilige Unsterbliche« kennen, manifestieren sich als sechs verschiedene Emanationen: Vohu Manah (»guter Gedanke«), Ascha Vahistah (»Wahrhaftigkeit«), Khschathra Variya (»Liebe«), Spenta Armaiti (»Frömmigkeit«), Haurvatat (»Gesundheit«) und Ameretat (»Unsterblichkeit«). Diese Widerspiegelungen werden durch Ahura Mazdas göttlichen Willen erschaffen und dienen dazu, die wesentlichen Eigenschaften der Gottheit zu verkör-

pern. Die Zoroastrier betrachteten die Amescha Spentas als verehrungswürdig, jedoch nicht eigenständig, sondern nur im Rahmen der Anbetung Ahura Mazdas.
Zum ersten Mal tauchen die Amescha Spentas in den Gathas auf. Zwar wird der Name »Amescha Spentas« dort nicht genannt, jedoch die Namen der sechs Widerspiegelungen (siehe Yasna 47,1). In den späteren Schriften des Avesta – der Textsammlung, deren ältester Teil die Gathas sind – werden die Amescha Spentas selbst zu Göttern, die Ahura Mazda an seinem himmlischen Hof dienen. Dinshaw J. Irani: Understanding the Gathas: The Hymns of Zarathushtra (Wolmsdorf, Pa. 1994).

10. Wie schon erwähnt, stimmen nicht alle Zoroastrismus-Forscher der These zu, dass Zarathustra Monotheist war, unter anderem Mary Boyce in ihrer umfassenden History of Zoroastrianism, 3 Bd. (Leiden 1975–1991). Eine entgegengesetzte Auffassung vertritt Farhang Mehr: The Zoroastrian Tradition: An Introduction to the Ancient Wisdom of Zarathustra (Rockport, Mass. 1991).
11. Bemerkenswert ist auch, dass das »Gottes-Determinativ« – ein Symbol, das in der ägyptischen Hieroglyphenschrift dem Namen eines Gottes beigefügt wurde, um anzuzeigen, dass es sich um einen Gottesnamem handelte – für Atons Name nie benutzt wurde. In Echnatons Denken gab es keinen Grund, Aton explizit als göttlich zu kennzeichnen, als wäre er ein Gott unter vielen. Erik Hornung: Echnaton. Die Religion des Lichtes. Zürich 1995. Engl.: Akhenaten and the Religion of Light. Übers.: David Lorton (Ithaca and London 1999), S. 85, 199.
12. Solche exklusivistischen Ideale zeitigen gewisse politische und ökonomische Konsequenzen. Schließlich führt die Leugnung der Existenz aller anderen Götter dazu, dass deren Priester und anderen Diener arbeitslos werden und in der Bevölkerung Verwirrung entsteht. Es ist bekannt, dass Echnatons religiöse Reformen Macht und Privilegien der Elite der Amun-Re-Priester stark reduzierten, die während der 18. Dynastie enorm wohlhabend geworden waren. Ähnlich bedrohte Zarathustras Religion die Macht und Autorität der Magi, weil alle anderen Götter durch einen einzigen Gott ersetzt wurden, der keinen Bedarf an ihren Mantras und Ritualen hatte. Daher überrascht es nicht, dass

nach dem Tod Echnatons und Zarathustras in beiden Fällen die Priesterschaft die bisherigen religiösen Traditionen wiederherstellte, was in Ägypten auf sehr gewaltsame Weise geschah.

13. Man kann den Henotheismus auch als den Glauben an eine einzige höchste Realität verstehen, die sich in Gestalt zahlreicher Götter und Göttinnen manifestiert, wobei jede dieser Gottheiten, als Avatar der höchsten Wirklichkeit, ganz legitim religiös verehrt werden kann.
14. Der Begriff »Politicomorphismus« stammt von Thorkild Jacobsen, der höchst eloquent über diesen Prozess im alten Orient geschrieben hat. Siehe The Treasures of Darkness: A History of Mesopotamian Religion (New Haven 1976), S. 73.
    Jacobsen schrieb: »Die Sumerer und Akkadier stellten sich ihre Götter in Menschengestalt vor, beherrscht von menschlichen Emotionen und in einer Welt lebend, die von gleicher Art wie die Menschenwelt war. Fast alle dieser Götterwelten stellen daher eine Projektion irdischer Zustände dar. ... Ähnlich erklärt es sich auch, dass die politische Organisation der Götter demokratisch war und sich grundsätzlich von den autokratischen Territorialstaaten unterschied, die uns in Mesopotamien in historischer Zeit begegnen. Die älteren politischen Organisationsformen des prähistorischen Mesopotamiens spiegeln sich im Herrschaftsbereich der Götter wider.«
    Jacobsen weiter: »Unser Material deutet darauf hin, dass die Gesellschaften im prähistorischen Mesopotamien demokratisch organisiert waren und nicht, wie in späteren Zeiten, autokratisch. Offenbar handelte es sich um eine Regierungsform, bei der die öffentlichen Angelegenheiten von einem Ältestenrat geregelt wurden und die höchste Entscheidungsgewalt bei der Versammlung aller Mitglieder der Gemeinschaft – oder besser gesagt, allen erwachsenen freien Männern – lag.« Thorkild Jacobsen: Primitive Democracy in Ancient Mesopotamia, in: Journal of Near Eastern Studies 2/3 (1943), S. 167, 172.
15. Meine Wiedergabe des Enuma Elisch beruht auf der Übersetzung in Wilfred G. Lamberts Anthologie Babylonian Creation Myths (Winona Lake, Ind. 2013). Mehr über Marduks Verwandlung und die Metapher des Königs der Götter siehe Jacobsen: The Treasures of Darkness, aaO. (s.o. Anm. 6/14).

16. Der assyrische Gott Aschschur besaß als einziger Gott in Mesopotamien keine besondere Funktion oder Eigenschaft, ja noch nicht einmal eine Persönlichkeit. Das kam daher, dass Aschschur nicht einfach als Stadtgott der assyrischen Hauptstadt verstanden wurde. Vielmehr *war er die Stadt*. Er war die vergöttlichte Stadt. So nahm er einfach die Wesenszüge seiner Bewohner an. Als sich daher im 13. Jahrhundert v. Chr. aus dem bislang idyllischen Kleinstädtchen Aschschur der Hauptort des expansionistischen assyrischen Reiches entwickelte, verwandelte sich auch der Gott Aschschur – von einer wenig attraktiven, unpersönlichen Gottheit zum Kriegsgott und Herrscher des Himmels. Siehe Wilfred G. Lambert, The God Aššur, in: Iraq 45/1 (1983), S. 82–86, S. 84.
17. Die Forscher sind sich weithin einig, dass Shiva ursprünglich unter dem Namen Rudra bekannt war, »der Heulende«, und dass das Wort shiva (»gütig, glückverheißend«) in der vedischen Zeit als Adjektiv für Rudra verwendet wurde. Die beiden Wörter werden dann in nachvedischer Zeit austauschbar und Rudra wird als Synonym für Shiva benutzt. Hinzu kommt, dass Shiva noch zahlreiche andere Namen gegeben wurden, wodurch seine Verbindung zu anderen Göttern umso größer wird (*Devendra*, »oberster Gott«; *Trilokinatha*, »Herr der drei Reiche«; *Ghrneshwar*, »Herr des Mitgefühls«; und *Parameshevara*, »Höchster Herr«). »Rudra«, behauptet Mark Muesse, »hatte keine Freunde unter den anderen Göttern und hielt sich bevorzugt an wilden, furchterregenden Orten auf. ... Die Arier brachten Rudra normalerweise außerhalb ihrer Dörfer Opfergaben dar und beschworen ihn, sich von ihnen fernzuhalten. Doch paradoxerweise war Rudra auch ein Heiler. ... Tatsächlich glauben viele Forscher, dass der vedische *Deva* Rudra als Prototyp für den später als Shiva bekannten Gott diente.«
Ähnlich beobachtet Doris Srinivasan: »In den nach-rigvedischen Samhitas wird Rudra immer mehr zu dem großen Gott wie in der Svetasvatara Upanishad verkündet [d. h. er wird zu Rudra-Shiva]. Während dieses Prozesses dienen die Beschreibungen von Rudras Aussehen und seines Umfeldes nicht mehr dazu, mythische oder buchstäbliche Bilder zu übermitteln. Stattdessen dient die Summe seiner Merkmale und Wesenszüge als theologisches Statement über die Absolutheit des Allerhöchsten, das als Gott

erfahren wird. Ein solcher Gott umfasst alles, erschafft alles und herrscht über alles. ... Die radikale Intensivierung von Rudras Erscheinung und Verhalten kann daher als spekulativer Versuch innerhalb der vedischen Tradition verstanden werden, die Natur des allumfassenden Höchsten Gottes zu definieren.« Mark Muesse: The Hindu Traditions: A Concise Introduction (Minneapolis 2011), S. 47–48; Doris Srinivasan: Vedic Rudra-Śiva, in: Journal of the American Oriental Society 103/3 (1983), S. 544–545.

7. Gott ist Eins

1. Zum Zeitpunkt der babylonischen Invasion war das Königreich Israel bereits in zwei Teile zerbrochen. Das nördliche Königreich hatte sich 722/21 v. Chr. der assyrischen Armee von Sargon II. geschlagen geben müssen. Sehr wahrscheinlich flohen die Schriftgelehrten aus dem Norden infolge der assyrischen Krise in den Süden und nahmen ihre Niederschriften und mündlichen Erzählungen mit. Wenn das zutrifft, dann könnte der Einfluss der Elohist-Quelle bereits im späten 8. Jahrhundert v. Chr. begonnen haben, einer Zeit in der das nördliche und das südliche Königreich schwere Krisen durchmachten.
   Die Assyrer griffen die israelischen Königreiche zweimal an (722/21 unter Sargon II. und 701 v. Chr. unter Sanherib). Hinzu kamen regionale Konflikte mit den Aramäern, den Moabitern und anderen Volksstämmen, was zur Produktion einer ganzen Reihe prophetischer Orakel und Bücher in diesem und dem folgenden Jahrhundert führte – in dem Bestreben, die Situation mit dem Gottesbild der Israeliten in Einklang zu bringen: Jesaja (Süden), Amos (Norden), Hosea (Norden), Micha (Süden), Nahum (Norden), Zefanja (Süden), Habakuk (Süden), Josua, Buch der Richter, Samuel, Buch der Könige, Teile der Psalmen und Teile des Deuteronomiums.
   Theoretisch könnte man argumentieren, dass die ausdrückliche Anbetung Elohims (d. h. die nördliche Perspektive) nach der Zerstörung des nördlichen Königreiches im Jahr 722/721 v. Chr. endete. Die Anbetung Jahwes im Süden setzte sich noch bis 586 v. Chr. fort, aber der Jahwe-Kult veränderte sich vermut-

lich durch die aus dem Norden mitgebrachten Geschichten über Elohim (was zum Aufstieg von J/E führte). Mit anderen Worten, in den 135 Jahren zwischen der Zerstörung des nördlichen und der Zerstörung des südlichen Reiches kann es bereits zu einer Verschmelzung von J und E gekommen sein. Aber selbst wenn eine solche Vermischung in dieser Phase nicht stattfand, wurden J und E definitiv während des sechsten und fünften vorchristlichen Jahrhunderts von den Autoren des Priesterkodexes kombiniert. Die Vorrangstellung des Jahwe-Materials, seine Verbindung zu Mose und der Umstand, dass es älter wirkt, erklärt sich vermutlich aus der Tatsache, dass das südliche Königreich länger überlebte als der Norden und dass der Gott des Nordens (Elohim) 722 vom Gott der Assyrer (Aschschur) besiegt wurde. Wäre damals statt des Nordens der Süden zerstört worden, würde möglicherweise die Elohist-Quelle älter als der Jahwist wirken. Doch so fühlt sich das Elohist-Material jünger und weniger persönlich an als das Jahwist-Material. Dann, nach dem babylonischen Exil, schwanden die Vorurteile gegenüber dem Norden, und die Autoren und Bearbeiter des Priesterkodexes bemühten sich, möglichst viele ihrer Überlieferungen und Geschichten zu bewahren, was, aus der Perspektive des zweiten Jesaja, die Verschmelzung von J und E zu einem einzigen Gott notwendig machte.

2. Ludwig Köhler schreibt dazu: »Dass Gott der gebietende Herr ist, das ist der eine und grundlegende Satz der Theologie des Alten Testaments. ... An ihn lehnt sich alles andere an. Von ihm aus und nur von ihm aus kann alles verstanden werden.« Ludwig Köhler: Theologie des Alten Testaments. Tübingen 1953, S. 12.
3. Genau genommen bedeutet Jahwe nicht »Ich bin«. Obwohl Gott Mose in Exodus 3,14 antwortet: *ehyeh asher ehyeh*, »Ich bin der ›Ich-bin-da‹«, weist er Mose an, den Israeliten zu sagen: »Jahwe, der Gott eurer Väter, der Gott Abrahams, der Gott Isaaks und der Gott Jakobs, hat mich zu euch gesandt.« (Exodus 3,15) Anders als das Wort *ehyeh*, bei dem es sich um die 1. Person Singular des hebräischen Verbs *hyh* (»ich bin/werde sein«) handelt, ist *Yahweh*, Gottes richtiger Name in der hebräischen Bibel, eine Variante der 3. Person Singular dieses Verbs (»Er ist/wird sein«). Siehe Francis Brown, S. R. Driver, Charles Briggs: A Hebrew and English

Lexicon of the Old Testament (Oxford 1951), S. 217–218, und Sigmund Mowinckel: The Name of the God of Moses, in: Hebrew Union College Annual 32 (1961), S. 121–133.

4. Mose(s) ist ein ägyptischer Name. Er enthält die gleiche Wurzel wie die theophoren Namen Tuthmosis (»aus Thoth geboren; von Thoth hervorgebracht«) und Ramses (»aus Ra geboren; von Ra hervorgebracht«). In der hebräischen Bibel heißt es, Mose sei ein Sohn hebräischer Eltern. In der ursprünglichen Geburtsgeschichte werden ihre Namen nicht erwähnt. Erst viel später gab man ihnen Namen, um seine Abstammung zu untermauern und seine Verwandschaft mit seinen israelitischen Vorfahren zu bekräftigen: »Amram nahm seine Tante Jochebed zur Frau. Sie gebar ihm Aron und Mose. Die Lebenszeit Amrams betrug hundertsiebenunddreißig Jahre.« (Exodus 6,20)
   Zwar gibt es keine archäologischen Beweise für Moses Existenz, aber es ist möglich, dass er im Neuen Reich geboren wurde, vielleicht eine Generation oder zwei nach der weltbewegenden, jedoch letztlich zum Scheitern verurteilten monotheistischen Revolution des ketzerischen Pharaos Echnaton. Daher vermuten einige Forscher, dass Mose stark durch Echnatons radikalen Monotheismus beeinflusst war und dass es sich bei der Religion der Israeliten in Wahrheit um eine Form des Aton-Kultes handelte, die, trotz der Säuberungen nach Echnatons Tod, überlebt hatte. Siehe Donald B. Redford: Akhenaten: The Heretic King (Princeton 1984); Jan Assmann: Of Gods and Gods: Egypt, Israel, and the Rise of Monotheism (Madison 2008); From Akhenaten to Moses: Ancient Egypt and Religious Change (Kairo 2014).
5. In der Genesis wird angedeutet, dass die Midianiter Nachkommen Midians waren, einem der Söhne Abrahams und dessen Frau Ketura (Genesis 25,1-2). Das wirkt jedoch wie nachträglich von den Bearbeitern des Alten Testaments eingefügt, um Mose mit Abraham zu verknüpfen, und sollte nicht unbesehen geglaubt werden. Wahrscheinlich ist es am besten, sich die Midianiter nicht als die Bewohner eines bestimmten Ortes vorzustellen, sondern als ein Stammesverband nichtsemitischer Wüstenbewohner, deren Siedlungsgebiet sich vom Sinai bis nach Arabien erstreckte. Siehe William J. Dumbrell: Midian: A Land or a League?, in: Vetus Testamentum 25/2 (1975), S. 323–337.

6. Zur Verortung des »Gottesberges« in der Nähe von Seïr, siehe Deuteronomium 33,2 und Richter 5,4. Die biblischen Widersprüchlichkeiten, was die Person des Mose angeht, betreffen nicht nur seinen Aufenthaltsort. Zum Beispiel trägt Moses Schwiegervater drei verschiedene Namen: Reguël (Exodus 2, Numeri 10), Jitro (Exodus 3,4 und 18) und Hobab (Numeri 10, Richter 4). Zur Verwirrung bei trägt Richter 4,11, wo Hobab als Moses Schwiegervater bezeichnet wird, während Hobab in Numeri 10,29 der Sohn Reguëls ist (also Moses Schwager oder ein Mitglied von Reguëls Stamm). Auch wenn die Gründe unklar sind, dürfte feststehen, dass hier verschiedene, zu unterschiedlichen Zeiten von unterschiedlichen Autoren verfasste Quellen zusammengefasst wurden, um eine zusammenhängende Mose-Geschichte zu erzählen. Siehe William Foxwell Albright: Jethro, Hobab, and Reuel in Early Hebrew Tradition, in: Catholic Biblical Quarterly 25/1 (1963), S. 1–11.
7. Streng genommen war jeder, der auf staatlichen Baustellen arbeitete, ein Sklave des Pharaos. Und Priester galten als Sklaven des Tempels, an dem sie ihren Dienst versahen. Siehe Schafik Allam: Slaves, in: The Oxford Encyclopedia of Ancient Egypt. Hg.: D. Redford (Oxford 2001), S. 293–296.
   In Exodus 12,37 wird berichtet, die Israeliten hätten »sechshunderttausend Mann, nicht gerechnet die Kinder« gezählt (vgl. Exodus 38, Numeri 2). Träfe das zu, müsste es insgesamt über eine Million Israeliten gegeben haben, womit ihre Anzahl in etwa so groß gewesen wäre wie die damalige ägyptische Gesamtbevölkerung. Das ist natürlich absurd. Man sollte diese Zahlenangabe nicht ernst nehmen.
   Für den Exodus-Bericht gibt es ein weites Spektrum an Datierungen. Manche Forscher setzen ihn relativ früh an, um etwa 1447 v. Chr., während andere ein erheblich späteres Datum vermuten, vielleicht sogar erst um 1270 v. Chr. Der älteste Hinweis auf »Israel« als Gruppe oder Volk findet sich auf der so genannten Israel-Stele (circa 1208 v. Chr.), auf der die militärischen Eroberungen des Pharaos Merenptah aufgelistet sind. (Er war der dritte Sohn von Ramses II. und regierte von 1213 bis 1203 v. Chr.) In der siebenundzwanzigsten Zeile dieser Stele heißt es: »Israel ist verwüstet, seine Saat ist nicht mehr.« Das deutet darauf hin, dass

ein Volk namens »Israel« bereits am Ende des 13. Jahrhunderts v. Chr. existiert haben muss, was im Widerspruch zur biblischen Chronologie des Exodus steht, der sich nach verbreiteter Auffassung um 1280 v. Chr. ereignet haben soll (+ 40 Jahre in der Wildnis = 1240 v. Chr. für die Eroberung Kanaans durch Josua). Das Problem besteht hier darin, dass die Bibel berichtet, es wären mehrere Jahrhunderte vergangen, bis die Israeliten aus verschiedenen Stämmen unter Saul und David zu einem gemeinsamen Volk (d. h. »Israel«) zusammenwuchsen – im 11. Jahrhundert v. Chr. (also ein Zeitrahmen, der das Buch Josua, das Buch der Richter, das seinerseits über mehrere Jahrhunderte reicht, und die ersten Kapitel von 1 Samuel umfasst).
Der Pharao Ramses II., in dessen Regentschaft die Exodus-Ereignisse gefallen sein sollen (Exodus 1,8-11), regierte von 1279 bis 1213 v. Chr., was nicht zu dem Eintrag auf der Israel-Stele zu passen scheint. Bedenken Sie aber, dass die Bibel keine Daten für Josua nennt und dass die Bibelforscher die ägyptischen Aufzeichnungen nutzen, um den Exodus zu datieren. Siehe Michael G. Hasel: Israel in the Merenptah Stela, in: Bulletin of the American Schools of Oriental Research 296 (1994), S. 45–61; Anson F. Rainey: Israel in Merenptah's Inscription and Reliefs, in: Israel Exploration Journal 51/1 (2001), S. 57–75; Hans Goedicke: Remarks on the ›Israel-Stela‹, in: Wiener Zeitschrift für die Kunde des Morgenlandes 94 (2004), S. 53–72; Bryant Wood: The Rise and Fall of the 13th-Century Exodus-Conquest Theory, in: Journal of the Evangelical Theological Society 48/3 (2005), S. 475–489.

8. Ein möglicher Hinweis zu Jahwes Herkunft könnte in der rätselhaften Weise enthalten sein, wie er sich Mose vorstellt. In Exodus 3,13 erklärt Jahwe: »Ich bin der ›Ich-bin-da‹.« De Moor merkt dazu an, dass sich so auch der ägyptische Sonnengott Ra selbst bezeichnete. Johannes C. De Moor: The Rise of Yahwism: The Roots of Israelite Monotheism. 2. Aufl. (Leuven 1997). Siehe auch Walter Zimmerli: Old Testament Theology in Outline (Edinburgh 1978), S. 152; Michael C. Astour: Yahweh in Egyptian Topographic Lists, in: Festschrift Elmar Edel. Ägypten und Altes Testament. Hg.: Manfred Görg (Bamberg 1979), S. 17–19; Horst Dietrich Preuß: Theologie des Alten Testaments. Bd. 1 und 2.

Stuttgart 1991 u. 1992. Engl.: Old Testament Theology (Louisville 1995), S. 69.
Die Verbindung zu den Midianitern erscheint plausibel, da sie eine Art Makel in Moses Lebenslauf darstellt, den sein Bruder Aaron und seine Schwester Mirjam ihm vorhalten: »Mirjam und Aaron [redeten] über Mose wegen der kuschitischen Frau, die er sich genommen hatte. Er hatte sich nämlich eine Kuschiterin zur Frau genommen.« (Numeri 12,1) So, wie ja auch für Moses Schwiegervater mehrere Namen gebraucht werden (siehe oben), wird Moses Frau hier als Kuschiterin bezeichnet, obwohl nirgendwo erwähnt wird, dass Mose sich eine zweite Frau nahm. Ungeachtet dieser Widersprüche erhält die midianitische Verbindung zusätzliche Bestätigung durch die Geschichte des Bileam, der wahrscheinlich ein Midianiter und, wichtiger noch, ein Prophet Jahwes war (Numeri 22-24; 31,8). Siehe L. Elliott Binns: Midianite Elements in Hebrew Religion, in: Journal of Theological Studies 31/124 (1930), S. 337–354; George W. Coats: Moses in Midian, in: Journal of Biblical Literature 92/1 (1973), S. 3–10; Karel van der Toorn: Family Religion in Babylonia, Ugarit, and Israel: Continuity and Change in the Forms of Religious Life. (Leiden 1996), S. 283.

9. Els Name wird in der Bibel überwiegend in der Pluralform gebraucht: Elohim, was wörtlich »Götter« bedeutet. Wenn die Bibel den Namen Elohim benutzt, werden dazu meistens Verben in der 3. Person Singular, männlich, verwendet (z. B.: »er sagte« oder »er erschuf«). Es gibt aber eine Handvoll Fälle, in denen Elohim in der 1. Person Plural spricht – »Lasst uns Menschen machen als unser Abbild, uns ähnlich.« (Genesis 1,26) Seit der King-James-Übersetzung der Bibel ins Englische, geschaffen zu Beginn des 17. Jahrhunderts, wurde dies in der englischsprachigen Welt einfach als Beispiel für den *Pluralis majestatis* gedeutet, ungeachtet der Tatsache, dass es in der hebräischen Sprache den Majestätsplural gar nicht gibt. In Wirklichkeit benutzt El an diesen Bibelstellen den Plural, weil El zu den anderen göttlichen Wesen seines Hofes spricht (zum Beispiel Genesis 35,7; 2 Samuel 7,23 und Psalm 58,11; siehe auch Genesis 11,7 und Jesaja 6,7). Mit anderen Worten, laut dem ersten Kapitel der Genesis ist El nicht der einzige Gott im Universum. El ist lediglich der höchste Gott in einen he-

notheistischen Pantheon. Siehe Frank Moore Cross: Yahweh and the God of the Patriarchs, in: Harvard Theological Review 55/4 (1962), S. 225–259, und Canaanite Myth and Hebrew Epic: Essays in the History of the Religion of Israel (Cambridge, Mass. 1997); Mark S. Smith: The Early History of God: Yahweh and the Other Deities in Ancient Israel, 2. Aufl. (Grand Rapids 2002), S. 32–43; W. R. Garr: In His Own Image and Likeness: Humanity, Divinity, and Monotheism (Leiden 2003); Samuel Sahviv: The Polytheistic Origins of the Biblical Flood Narrative, in: Vetus Testamentum 54/4 (2004), S. 527–548.

In der religiösen Tradition der Kanaaniter nahm die Göttin Aschera einen Ehrenplatz als Gemahlin des El und Matriarchin der göttlichen Familie ein. Als im Priesterkodex El und Jahwe zu einer einzigen Gottheit verschmolzen, scheint die Verehrung Ascheras als Jahwes Frau noch eine Zeitlang angedauert zu haben. William Dever schrieb dazu: »Das ›Schweigen‹ [in der Bibel] zum Thema Aschera als die Gemahlin Jahwes, des Nachfolgers des kannanitischen Gottes El, lässt sich als Ergebnis der fast vollständigen Unterdrückung des Kultes durch die Reformer im 8. – 6. Jahrhundert verstehen. Hinweise auf ›Aschera‹ wurden zwar nicht völlig getilgt [aus der hebräischen Bibel] ... aber von späteren Bearbeitern missverstanden oder so uminterpretiert, dass nur noch das sehr schemenhafte Bild einer Göttin übrigblieb. ... Doch allein die Tatsache, dass Reformen bei den Israeliten nötig waren, verweist darauf, dass die Verehrung Ascheras, der ›Muttergöttin‹, manchmal personifiziert als Gemahlin Jahwes, bis zum Ende der Monarchie populär war.« William G. Dever: Asherah, Consort of Yahweh? New Evidence from Kuntillet ʽAjrûd, in: Bulletin of the American Schools of Oriental Research 255 (1984), S. 31. Siehe auch William G. Dever: Did God Have A Wife? Archaeology and Folk Religion in Ancient Israel (Grand Rapids 2008). Weitere Informationen zu Aschera und anderen kanaanitischen Gottheiten siehe Smith: The Early History of God, aaO. (s.o. Anm. 7/9); Dennis Pardee: Ritual and Cult at Ugarit (Atlanta 2002); John H. Walton: Ancient Near Eastern Thought and the Old Testament: Introducing the Conceptual World of the Hebrew Bible, 3. Aufl. (Grand Rapids 2009).

Die Bearbeitung durch die Autoren des Priesterkodexes ist an vielen Stellen in der Bibel deutlich erkennbar, zum Beispiel wenn Jahwe sich explizit als El zu erkennen gibt: »Als Abram neunundneunzig Jahre alt war, erschien ihm der Herr [Jahwe] und sprach zu ihm: Ich bin Gott, der Allmächtige [El Shaddai]. Geh deinen Weg vor mir und sei rechtschaffen.« (Genesis 17,1) Bandstra merkt dazu an: »Der Gott Abrahams hat [in der Bibel] drei verschiedene Namen – JHWH, El Shaddai und Elohim. Von der Schöpfung bis zu Abraham war Elohim die Gottheit. Dann offenbarte er sich Abraham und den anderen Stammvätern als El Shaddai. Die Stammväter erfuhren nie, dass JHWH sein Name ist. Hier, bei einer der seltenen Verwendungen des Namen JHWH, wird im Priesterkodex explizit JHWH und El Shaddai gleichgesetzt, damit bei den Lesern keine Verwirrung entsteht. In der historischen Darstellung des Priesterkodexes gab Gott erst im Gespräch mit Mose zu erkennen, dass er JHWH und El Shaddai ist. In [Genesis] 17,3 wechselt der Priesterautor zu Elohim, also der normalen Bezeichnung Gottes vor dem Exodus.« Barry Bandstra: Reading the Old Testament: Introduction to the Hebrew Bible. 4. Aufl. (Belmont, Calif. 2009), S. 86.

10. Die Namen verschiedener kanaanitischer Götter und Göttinnen tauchen als nicht göttliche Begriffe in der hebräischen Bibel weiterhin auf, noch lange nachdem sie ihrer göttlichen Attribute beraubt wurden. Zum Beispiel wurde aus dem kanaanitischen Meergott *Yam* schließlich das Wort für »Meer« in der hebräischen Bibel. Und aus den kanaanitischen Namen für den Gott des Todes, *Mot*, den Herrn der Winde, *Baal*, und den Sonnengott, *Schamasch*, werden die hebräischen Worte für »Tod«, »Herr« und »Sonne«. Zudem haben verschiedene archäologische Artefakte und neu entdeckte Texte wie das Ugarit-Archiv und die Mari-Briefe, und ebenso die Inschriften von Deir'Alla, Kuntillet ʿAdschrud und Chirbet el-Qōm uns eine Menge über die kanaanitische Religion verraten und über ihre Beziehung zur israelitischen Tradition. Dazu schrieb Mark Smith: »Neue archäologische Daten lassen Zweifel am lange vorherrschenden Modell aufkommen, wonach zwischen den ›Kanaanitern‹ und den Israeliten fundamentale kulturelle Unterschiede bestanden. Es gibt viele

Gemeinsamkeiten zwischen der materiellen Kultur der Israeliter und ›Kannaniter‹ in jener Region während der Eisenzeit I (circa 1200-1000 v. Chr.). Die archäologischen Funde belegen, dass die Kultur der Israeliten der ›kanaanitischen‹ Kultur sehr ähnelte und offenbar aus dieser hervorging.« Smith: The Early History of God, aaO. (s.o. Anm. 7/9), S. 6.

11. Manche Bibelwissenschaftler sind zu der Auffassung gelangt, dass die Israeliten ursprünglich Kanaaniter waren. Diese Theorie, zuerst von George Mendenhall formuliert und dann später von Norman Gottwald weiterentwickelt, geht davon aus, dass Kanaan nicht, wie im Buch Josua beschrieben, von außern erobert wurde. Vielmehr handelte es sich bei den später unter dem Namen Israeliten bekannt werdenden Stämmen um unzufriedene, in den Bergen lebende kanaanitische Viehzüchter und Hirten, die der Unterdrückung durch ihre städtischen, in den Tälern lebenden Landsleute überdrüssig waren. Während einer Reihe gewaltsamer Aufstände gegen ihre in den Stadtstaaten lebenden Lehnsherren entwickelten diese ländlichen Kanaaniter eine eigenständige Identität als Israeliten – eine Identität, die tief in der Kultur, Sprache und Religion verwurzelt blieb, aus der sie hervorgegangen war. Siehe George E. Mendenhall: The Hebrew Conquest of Palestine, in: Biblical Archaeologist 25/3 (1962), S. 65–87; Norman K. Gottwald: The Tribes of Yahweh: A Sociology of the Religion of Liberated Israel, 1250–1050 b.c.e. (Maryknoll, N.Y. 1979); George E. Mendenhall und G. A. Herion: Ancient Israel's Faith and History: An Introduction to the Bible in Context (Louisville 2001). Zu den Ähnlichkeiten zwischen der israelitischen und der kanaanitischen Kultur siehe Michael David Coogan: Canaanite Origins and Lineage: Reflections on the Religion of Ancient Israel, in: Ancient Israelite Religion: Essays in Honor of Frank Moore Cross. Hg.: Patrick D. Miller et al. (Philadelphia 1987), S. 115–184.
12. Es wird in der Bibel mehrfach erwähnt, dass Bildnisse Baals und Ascheras im Tempel in Jerusalem aufgestellt wurden und dass man für sie Altäre auf den »Kulthöhen« errichtete, wo die Israeliten zu ihnen beteten und ihnen opferten (siehe zum Beispiel 2 Könige 21,1-7). Beweise für Monolatrie finden sich in Exodus 20,3 und Deuteronomium 5,7. Dass die Israeliten den Göttern ihrer Nachbarn huldigten, siehe Richter 10,6.

13. Zwar beginnt Genesis 17 damit, dass Abram von Jahwe eine Vision empfängt, doch gibt diese Gottheit sich selbst einen anderen Namen: »Als Abram neunundneunzig Jahre alt war, erschien ihm der Herr [Jahwe] und sprach zu ihm: Ich bin Gott, der Allmächtige [El Shaddai]. Geh deinen Weg vor mir und sei rechtschaffen.« Es ist also El, nicht Jahwe, mit dem Abram seinen exklusiven Bund schließt: »Abram fiel auf sein Gesicht nieder; Gott [Elohim] redete mit ihm und sprach: Das ist mein Bund mit dir: Du wirst Stammvater einer Menge von Völkern. Man wird dich nicht mehr Abram nennen. Abraham wirst du heißen.« (Genesis 17,3-5) Wie schon bei Exodus 6 sehen wir, dass die Autoren des Priesterkodexes sich auch bei Abram/Abraham bemühten, die Jahwist-Quelle und die Elohist-Quelle zu einer in sich schlüssigen Erzählung mit einer einzigen Gottheit zu verschmelzen. Die Ungereimtheiten in der Abram/Abraham-Geschichte in der Genesis, wie auch der Mose-Geschichte im Exodus, erklären sich aus dem Versuch der Autoren des späteren Priesterkodexes, die beiden älteren, im Konflikt zueinander stehenden Jahwist- und Elohist-Erzählstränge zu einer einzigen, halbwegs schlüssigen Geschichte zusammenzustricken. Doch bei genauerem Hinsehen schimmert das originale Elohist-Material durch die für den Priesterkodex umgeschriebene Abram/Abraham-Geschichte, zum Beispiel wenn Abram mit seiner unfruchtbaren Frau Sarai und seinem Neffen Lot von Ur nach Haram zieht (Genesis 11,31 und 12,4-5). In Haram wurde Abram von einer Gottheit besucht (Genesis 12,1 u. 4), die der Priesterkodex-Autor, der diesen Abschnitt erstellte, Jahwe nennt, obwohl im Exodus Jahwe zu Mose sagt, Abraham hätte ihn nie unter diesem Namen gekannt: »Ich bin Jahwe. Ich bin Abraham, Isaak und Jakob als El-Schaddai (Gott, der Allmächtige) erschienen, aber unter meinem Namen Jahwe habe ich mich nicht zu erkennen gegeben.« (Exodus 6,2-3) Wie dem auch sei, befiehlt diese Gottheit Abram, Haran zu verlassen und in das Land Kanaan zu ziehen (Genesis 11,31 u. 12,5-6). Abram gehorcht, und indem er das tut, wird er zum ersten Menschen, der Hebräer genannt wird, was bedeutet: »Einer, der hinübergeht.« (In diesem Fall über den Fluss Jordan ins Land Kanaan.) Er zieht mit seiner Sippe in die Stadt Sichem, das Kultzentrum des Gottes El im Norden Kanaans.

In Sichem geht Abram zur Orakeleiche (ein sprechender Baum!), um einen Altar für den Gott zu bauen, der ihn in dieses Land geschickt hat. Von Sichem führt Abrams Reise ins Bergland östlich von Bet-El, das keine Siedlung ist, sondern ein dem Gott El geweihter Tempel (»Ich bin der Gott [El] von Bet-El«, erklärt El in Genesis 31,13), und dann in den Negev. Dort ließ er sich offenbar für eine Weile nieder, woran sich ein kurzer und extrem unwahrscheinlicher Ausflug nach Ägypten anschloss, dessen ganzer Zweck darin bestand, die Geschichte von Abram/Abraham (und seinem Gott!) mit der Mose-Geschichte zu verbinden (Genesis 12,10 – 13,1). Schließlich lässt sich Abraham mit seiner Sippe dauerhaft in Hebron nieder, in der Nähe anderer Orakelbäume, der Eichen von Mamre (Genesis 13,18). In Hebron führt Abram ein Leben in Reichtum und Luxus. Irgendwie gelingt es ihm, enorme Mengen an Viehbesitz, Gold und Silber anzuhäufen sowie unzählige Sklaven, Diener und ausgebildete Krieger zu beschäftigen – was alles symbolisch darauf hinweist, wie sehr er von seinem Gott gesegnet ist. Die Krieger erweisen sich als sehr nützlich. Als Eindringlinge aus Mesopotamien überraschend die kanaanitische Stadt Salem (Jerusalem) angreifen, schickt Abram seine Krieger, um die Stadt zu verteidigen. Salems dankbarer Priesterkönig Melchizedek segnet Abram daraufhin mit den Worten: Gesegnet sei Abram vom Höchsten Gott – El Elyon (Genesis 14,18-20).

14. Diese These wird durch die Begebenheit mit Jerobeam illustriert, der möglicherweise die Anbetung von Jahwe-El in Dan und Bet-El wieder belebte, indem er dort goldene Kälber aufstellen ließ. Alternativ kann man das goldene Kalb auch als Versuch der Israeliten ansehen, sich wieder ihrer ägyptischen Religiosität zuzuwenden, indem sie Hathor anbeteten, die Muttergöttin und Göttin der Liebe, die oft als Kuh dargestellt wurde. (In dieser Hinsicht ist besonders interessant, dass das goldene Kalb aus ägyptischem Schmuck hergestellt wird – Exodus 32,4: »Das sind deine Götter, Israel, die dich aus Ägypten heraufgeführt haben.«)
15. Mark Smith bemerkte dazu: »Das deutet darauf hin, dass Jahwe, ursprünglich ein Kriegsgott aus Sinai/Paran/Edom/Teiman, zu einem frühen Zeitpunkt in der Geschichte Israels unabhängig von El bekannt gewesen sein muss. Vielleicht gelangte Jahwe

durch Handelsbeziehungen mit Edom/Midian ins israelitische Hochland. In Bibelstellen wie Deuteronomium 32,8-9 finden sich literarische Überbleibsel, die auf die anfängliche Assimilation Jahwes, des Kriegsgotts aus dem Süden, in den größeren, von El angeführten, Hochland-Pantheismus hinweisen.« Smith: The Early History of God, aaO. (s.o. Anm. 7/9), S. 32–33.

16. Die Namensgebung Jahwe-El findet sich nur in einer Handvoll Bibelstellen: Genesis 21,33 – Jahwe El Olam (»der ewige Gott«); Psalm 10,12 – Jahwe El; Psalm 31,6 – Jahwe El Emet (»der treue Gott«); Psalm 94,1 – Jahwe El Neqamot (»Gott der Vergeltung«) und Psalm 140,7 – Jahwe Ely (»der Herr, mein Gott«).
17. »Laut der Bibel«, schreibt Marco Treves, »begann Gottes Herrschaft in den Tagen der Richter. Gideon wollte sich nicht von den Israeliten zum König ernennen lassen, weil er Gott, dem Herrn, nicht seine Herrschaft streitig machen wollte (Richter 8,22-23). Als die Ältesten Samuel baten, ihnen eine Person zu nennen, die sie zum König erwählen sollten, tadelte der Prophet sie, weil eine solche Thronbesteigung eine Abkehr von Gott bedeutet hätte (1 Samuel 5,4-7; 10,18-19; 12,12). Aus diesen zwei Episoden können wir schlussfolgern: a) dass nach Meinung der Autoren dieser Bibelstellen eine menschliche Monarchie und eine göttliche Monarchie sich gegenseitig ausschlossen; b) dass zur Zeit der Richter gemäß der Überlieferung Gott der König Israels war; c) dass mit der Salbung Sauls zum König Gottes Herrschaft über Israel endete.« Ähnlich beobachtete Martin Cohen: »In der Bibel findet sich der Beweis, dass die Monarchie, wie geplant, der schilonitischen Priesterschaft ideologisch untergeordnet war. In beiden Berichten über die Auswahl des ersten Monarchen wird der Regent von Samuel, dem schilonitischen Priester, gesalbt. Samuel handelt im Namen Jahwes und als offizieller Interpret des göttlichen Willens. Ebenso ist es der Schilonit Samuel, der die traditionelle Einstellung der jahwistischen Ideologie gegenüber der Monarchie völlig verwandelt. Während zuvor die Ideologie darauf beharrte, dass Israel keinen König haben sollte, weil ja Jahwe der König war, gestattete Jahwe nun die Einsetzung eines Monarchen unter seiner Oberherrschaft und, selbstverständlich, unter der Oberherrschaft von Jahwes Sprechern, also den Priestern. Die alte Garde hoffte, dass die Monarchie schwach bleiben würde, wenn sie sich der

Priesterschaft unterordnen musste. Und falls der König versuchen sollte, zu Lasten der Priester seine Macht auszubauen, würden sie Jahwes Stimme hören, die ihnen befahl, den König abzusetzen, wie es bei Saul dann ja auch tatsächlich geschah.« Marco Treves: The Reign of God in the O.T., in: Vetus Testamentum 19/2 (1969), S. 230–231; Martin Cohen: The Role of the Shilonite Priesthood in the United Monarchy of Ancient Israel, in: Hebrew Union College Annual 36 (1965), S. 59–98, S. 69.

»Die Monarchie«, schreibt Mark Smith, »war gleichermaßen eine politische wie eine religiöse Institution, und unter dem königlichen Einfluss kombinierte die Religion staatliche Macht mit religiöser Ideologie. Wenn das Ansehen der Staatsgottheit wuchs, stieg damit auch das Ansehen der Herrscherdynastie. Die spezielle Beziehung zwischen Jahwe und der davidischen Dynastie nahm die Form eines festen Bundes an, der in 2 Samuel 23,5 als ›ewiger Bund‹ bezeichnet wird. ... Das religiös-politische Konzept des Bundes gelangte in der davidischen dynastischen Theologie zur vollen Entfaltung. Die Nationalisierung des Bundes erhob Jahwe zur Nationalgottheit der Monarchie des vereinigten Reiches. Die nationale Hegemonie Jahwes war damit in Israel etabliert.«

Smith fährt fort: »Die innovative Zentralisierung der nationalen Religiosität war auch Bestandteil jenes Prozesses, der zum monotheostischen Jahwismus führte, da er die Verehrung einer einzigen Nationalgottheit förderte und andere lokale Gottheiten entwertete. Die nationale Vereinigung des Lebens unter der Herrschaft eines Königs – sowohl politisch wie religiös – trug zu einer politischen und kultischen Zentralisierung bei, indem sie die Macht in der Hauptstadt konzentrierte und öffentlich zelebrierte und dort die Anbetung der Nationalgottheit erfolgte. Diese Entwicklung ging einher mit der Entwicklung der Monarchie selbst. Dieser Prozess begann mit der unter David stattfindenden Etablierung Jerusalems als Hauptstadt, wurde unter Salomo fortgesetzt und kulminierte in den religiösen Programmen Hiskijas und Joschijas. ... Die Auswirkungen dieser kultischen Zentralisierung waren nicht nur religöser Natur, sondern sie zeitigte auch politische und ökonomische Vorteile. Die Monarchie reagierte auf die Bedürfnisse des sich entwickelnden Staates, indem sie zugleich eine innovative und konservative

Rolle spielte.« Smith: The Early History of God, aaO. (s.o. Anm. 7/9), S. 185–187.

18. Die bedeutendste Stimme dieser neuen religiösen Ausdrucksform war der Prophet Jesaja, oder, genauer gesagt, der Prophet, den die Bibelgelehrten den zweiten Jesaja nennen (Das Buch Jesaja in der Bibel ist aus drei Büchern zusammengesetzt: der erste Jesaja – Kapitel 1-39 – vor dem Exil verfasst; der zweite Jesaja – Kapitel 40-55 – entweder während oder unmittelbar nach dem Exil verfasst; und der dritte Jesaja – Kapitel 56-66, sehr viel später verfasst).
19. Ezechiels Vision Gottes als »eine Gestalt, die wie ein Mensch aussah« (Ezechiel 1,26) oder Sacharjas Vision, in der Gott ein Haus, Vorhöfe und Diener besitzt (Sacharja 3,7), belegen, dass die alte mystische Vorstellung eines vermenschlichten Gottes auch in den nachexilischen Bibeltexten nicht völlig verschwunden ist. Sie findet sich dort aber viel seltener. Siehe Smith: The Early History of God, aaO. (s.o. Anm. 7/9), S. 141–147.

8. Gott ist Drei

1. Tatsächlich identifiziert Johannes Jesus explizit als Jahwe. In einer außergewöhnlichen Szene am Ende seines Evangeliums marschiert ein fackelschwingender Mob aus Tempelpolizisten und römischen Soldaten auf, um Jesus im Garten Getsemane zu verhaften. »Wen sucht ihr?«, fragt Jesus sie. »Jesus von Nazareth«, antworten sie. Jesus erwidert: »Ich bin es«, *ego eimi*. Dabei handelt es sich um die griechische Wiedergabe des Namens Jahwe in der Septuaginta, der griechischen Übersetzung des Alten Testaments. Und damit die Bedeutung dieses Augenblicks auch wirklich keinem Leser entgeht, lässt Johannes den ganzen Mob vor der Macht der Worte Jesu zurückweichen und zu Boden stürzen (Johannes 18,1-8).
   Wie ich an anderer Stelle schrieb, ist die Bezeichnung »Sohn Gottes«, die in den synoptischen Evangelien oft für Jesus gebraucht wird, keine Beschreibung seiner besonderen Natur, sondern wurde damals häufig angewendet: In der Bibel werden viele Personen als Sohn Gottes bezeichnet, sogar Satan. Mehr

zu »Sohn Gottes« als Anrede, nicht als Beschreibung siehe mein Buch Zelot: Jesus von Nazareth und seine Zeit. Reinbek bei Hamburg 2013.

2. Chris de Wet weist darauf hin, dass für die Griechen »der Logos auch das rationale Prinzip ist, von dem das Universum gelenkt wird. Sie unterschieden zwischen mehreren Logoi-Arten ... nämlich: (a) der Logos *spermatikos*, ein in jedem Menschen angelegter Keim des Logos, ein »Vernunftkeim«; (b) der Logos *endiathetos*, ein unausgesprochener Gedanke im Geiste Gottes ...; und (c) der Logos *prophorikos* ist dann der Ausdruck des zuvor erwähnten göttlichen Gedankens. Besonders bei den Stoikern wird der Logos bereits mit (c), also dem Ausdruck, assoziiert.« Chris de Wet: Mystical Expression and the ›Logos‹ in the Writings of St. John of the Cross, in: Neotestamentica 42/1 (2008), S. 35–50, S. 39.
3. Chalupa schreibt: »Römische Kaiser waren Götter, oder zumindest wurde das bei vielen von ihnen nach ihrem Tod proklamiert. Soweit wir wissen, wurden von den 60 Kaisern, die zwischen 14 und 337 n. Chr. regierten, 36 vergöttlicht, zusammen mit 27 ihrer Familienmitglieder. Es fanden religiöse Kulthandlungen und Feste für sie statt, sie hatten ihre eigenen Priester und man weihte ihnen Altäre und Tempel. Die Frage, ob man sie bereits zu Lebzeiten als Götter betrachtete, ist bislang ungeklärt und sorgt für manche wissenschaftliche Kontroverse.« Aleš Chalupa: How Did Roman Emperors Become Gods? Various Concepts of Imperial Apotheosis, in: Anodos – Studies of the Ancient World 6–7 (2006–2007), S. 201.
4. Beim griechischen Historiker Diodor von Sizilien lesen wir, dass Philipp von Makedonien 336 v. Chr. im Theater von Aigai durch einen Leibwächter ermordet wurde, während der König die Aufstellung einer Statue seiner selbst neben den Statuen der zwölf Götter des Olymp beaufsichtigte. Es ist ungeklärt, ob Philipp schon zu Lebzeiten als Gott verehrt wurde, oder ob sein Akt der Selbstvergöttlichung in Aigai ein Motiv für seine Ermordung war. Eines steht aber fest: Nach seinem Tod wurde Philipp als göttliches Individuum behandelt. Arthur Boak schreibt hierzu: »Formell wurde die Vergöttlichung eines Monarchen dadurch möglich, dass in der griechischen Theologie und Mythologie nie eine scharfe Trennlinie zwischen der göttlichen und der mensch-

lichen Sphäre gezogen wurde. Die meisten großen Familien Griechenlands führten ihre Abstammung auf einen Gott oder Helden zurück, so wie das makedonische Königshaus für sich Herakles als Ahnen reklamierte. Die griechischen Kolonien verehrte ihren *Oikistes* nach seinem Tod als Helden und veranstalteten religiöse Zeremonien für ihn, und vergleichbare Kulte gab es auch in vielen älteren Städten Griechenlands. Zwar trifft zu, dass die religiöse Tradition der Griechen die Vergöttlichung eines Menschen zu Lebzeiten strenggenommen nicht erlaubte. Dennoch wurde diese Ehre herausragenden Männern in der griechischen Welt mehrfach schon zu Lebzeiten zuteil, und zwar schon lange vor Alexander dem Großen.« Zudem merkt Larry Kreitzer an: »Es gab bei den Griechen eine lange Tradition, ihre Könige zu vergöttlichen. Diese Praxis lässt sich durch Münzfunde mindestens ab der Regierungszeit Alexanders des Großen (336 bis 323 v. Chr.) nachweisen. Manche Könige förderten diese Praxis. Das vielleicht berühmteste Bespiel ist Antiochus IV. (175 bis 164 v. Chr.), einer von Alexanders Nachfolgern. Antiochus geriet dadurch in Konflikt mit seinen jüdischen Untertanen und bereitete die Bühne für den Aufstand der Makkabäer.« Arthur Edward Romilly Boak: The Theoretical Basis of the Deification of Rulers in Antiquity, in: Classical Journal 11/5 (1916), S. 293–294; Larry Kreitzer: Apotheosis of the Roman Emperor, in: Biblical Archaeologist 53/4 (1990), S. 212.

5. Die alten Ägypter glaubten nicht, dass ihr Pharao im Wortsinne Horus *war*. Vielmehr saß der Pharao *als* Horus auf dem Thron. Man glaubte, dass Horus den Körper des Pharaos bewohnte. Während die ägyptischen Quellen einerseits die göttliche Natur des Pharaos bestätigen, porträtieren sie ihn doch gleichzeitig eindeutig als Menschen mit menschlichen Eigenschaften und Grenzen. Natürlich schließt das nicht zwangsläufig seine Göttlichkeit aus, denn auch den Göttern wurden ja in ähnlicher Weise menschliche Eigenschaften zugeschrieben. Aber es ist eindeutig so, dass der Pharao im Vergleich zu den Göttern als weniger mächtig galt. Deshalb vermuten manche Ägyptologen, dass die Göttlichkeit des Pharaos lediglich eine Metapher oder ein Propagandamittel darstellte, dass nur wenige Ägypter wirklich ernst nahmen. Man kann sich aber nur schwer vorstellen, dass die

Idee des Gottkönigtums so lange Bestand gehabt hätte, wenn sie für die Bevölkerung insgesamt nicht von großer Bedeutung gewesen wäre. Die wahrscheinlichere Erklärung ist, dass weniger die *Person* des Pharaos für göttlich erachtet wurde, sondern das *Amt*.

Bis sie ihre Herrschaft antraten, galten die Pharaonen oder Pharaoninnen (es gab auch eine Handvoll ägyptischer Herrscherinnen) als gewöhnliche Menschen. Erst mit der Krönung begann die Vergöttlichung. Allerdings entwickelte sich mit der Zeit der Glaube, dem Pharao sei seine Rolle schon vor der Geburt vorherbestimmt gewesen. John Baines fasst es so zusammen: »Der König war ein gewöhnlicher Sterblicher mit einer göttlichen Rolle innerhalb eines ›ewigen‹ Amtes.« John Baines: Kingship, Definition of Culture, and Legitimation, in: Ancient Egyptian Kingship, Hg.: David O'Connor und David P. Silverman (Leiden 1995), S. 3–48, 6. Siehe auch Donald B. Redford: The Sun-Disc in Akhenaten's Program: Its Worship and Antecedents, II, in: Journal of the American Research Center in Egypt 17 (1980), S. 21–38; Byron E. Shafer, Hg.: Religion in Ancient Egypt: Gods, Myths and Personal Practice (Ithaca und London 1991); David P. Silverman: The Nature of Egyptian Kingship, in: Ancient Egyptian Kingship, hrsg. v. David O'Connor und David P. Silverman (Leiden 1995), S. 49–94.

6. Mehr über das Konzept des Gottkönigtums in Mesopotamien siehe Henri Frankfort: Kingship and the Gods: A Study of Ancient Near Eastern Religion as the Integration of Society and Nature (Chicago 1948); Gillian Feeley-Harnik: Issues in Divine Kingship, in: Annual Review of Anthropology 14 (1985), S. 273–313; Gebhard Selz: ›The Holy Drum, the Spear, and the Harp‹: Towards an Understanding of the Problems of Deification in Third Millennium Mesopotamia, in: Sumerian Gods and Their Representations, Hg.: I. J. Finkel und M. J. Geller (Groningen 1997), S. 167–209; Nicole Brisch: The Priestess and the King: The Divine Kingship of Šū-Sîn of Ur, in: Journal of the American Oriental Society 126/2 (2006), S. 161–176.
7. Man sollte nie vergessen, dass es Jesu wichtigste Identität auf Erden war, der Messias zu sein: »der König der Juden«, in römischer Ausdrucksweise. Jesu königlicher Rang wurde von seinen

jüdischen und römischen Anhängern bekräftigt. Die Art, wie die Christen von Jesus sprachen, glich sehr der Art, wie die Römer von ihren Kaisern sprachen. Eine Inschrift in der Stadt Ephesos aus Julius Cäsars letzten Lebensjahren bezeichnete ihn als: »Der manifest gewordene Gott und Erlöser der Menschheit.« Der Geburtstag von Cäsars Nachfolger Augustus wurde als »frohe Botschaft« bezeichnet. Genau so bezeichneten die Christen später die Geburt Jesu (und ihre Evangelien). Und das Eintreffen des Kaisers in der Stadt wurde als »Parusie« bezeichnet, ein Begriff, den die Christen für die Wiederkunft Christi verwendeten.

8. Justin, der Märtyrer, Dialog mit dem Juden Trypho, zitiert nach Dialogue with Trypho the Jew. Übers.: Lukyn Williams (New York 1930), S. 113; Paulus von Samosata zitiert nach Dennis C. Duling: Jesus Christ Through History (New York 1979), S. 74.
9. Marcion war Anhänger des Doketismus (vom griechischen Wort *dokein*, das »erscheinen« im Sinne von »scheinbar« bedeutet). Er glaubte demnach, dass Jesus nur *scheinbar* ein Mensch gewesen war, dass er als Gott nicht wirklich Fleisch werden und von einer Frau geboren werden konnte. Jesu physischer Körper war lediglich eine Illusion, die es den Menschen ermöglichen sollte, mit etwas zu interagieren, dass in Wirklichkeit reiner göttlicher Geist war. David Salter Williams bemerkt dazu: »Marcion soll außerdem ein doketistisches Jesusbild propagiert haben, indem er Jesu Körperlichkeit leugnete.« David Salter Williams: Reconsidering Marcion's Gospel, in: Journal of Biblical Literature 108/3 (1989), S. 477.
10. Gemäß der gnostischen Lehre war der unkennbare Gott des Universums (der Vater) für die Erschaffung mehrerer Gottheiten verantwortlich. In Sophia, der letzten dieser Gottheiten, erwachte der Wunsch, den unkennbaren Gott kennen zu lernen. Als Resultat dieses Wunsches kam der Demiurg ins Dasein. Irenäus, Kirchenvater aus dem 2. Jahrhundert, erzählt uns: »Diese Männer [die Gnostiker] verfälschen Gottes Wort und erweisen sich als böswillige Verdreher der Offenbarung. Sie verführen, indem sie [überlegenes] Wissen vortäuschen, viele Gläubige dazu, den rechten Weg zu verlassen, den der Schöpfer für uns vorgesehen hat. Als hätten sie etwas Besseres und Höheres zu verkünden als der Gott, der Himmel und Erde und alles darin erschuf! Mittels

fadenscheiniger, plausibel klingender Argumente verführen sie auf raffinierte Art schlichte Gemüter dazu, sich auf ihr System einzulassen; doch indem sie diesen Leichtgläubigen ihre blasphemischen, gottlosen Lehren über den Demiurgen nahebringen, führen sie diese in den Untergang. Und diese leichtgläubigen, schlichten Gemüter sind nicht in der Lage, das Falsche von der Wahrheit zu unterscheiden. Also bejahen sie, dass er [der Demiurg] der Vater und Gott von allem sein soll, was sich außerhalb des Pleromas befindet, der Schöpfer aller animalischen und materiellen Substanzen. Denn er war es, der zwei bis dahin miteinander verwechselte Formen der Existenz unterschied. Er erschuf körperliche Substanzen aus unkörperlichen, formte die himmlischen und irdischen Dinge und wurde der Gestalter [Demiurg] der materiellen und animalischen Dinge, des Rechten und des Linken, des Leichten und des Schweren, dessen, was aufwärts strebt, und dessen, was abwärts strebt. Auch schuf er sieben Himmel, über denen, wie sie behaupten, der Demiurg existiert. ... Weiter sagen sie, der Demiurg stelle sich vor, er hätte alle diese Dinge aus sich heraus geschaffen, während er sie in Wirklichkeit im Zusammenwirken mit der Achamoth erschuf. Er formte die Himmel, verstand sie aber nicht. Er schuf den Menschen, verstand ihn aber nicht. Er brachte das Licht auf die Erde, wusste aber nichts über die Erde. Und ebenso verkünden sie, er wisse nichts über all die Formen, die er erschuf, und wisse noch nicht einmal von der Existenz seiner Mutter und bilde sich ein, er selbst sei alle Dinge.« (Irenäus: Against Heresies 1.2–3, 5.2–3. Deutsch: Adversus haereses – Gegen die Häresien I und V. Freiburg u. a. 1993).
Über das Apokryphon des Johannes, siehe Frederik Wisse: The Apocryphon of John, in: The Nag Hammadi Library in English. Hg.: James M. Robinson (San Francisco 1978), S. 104–123.

11. Soren Giversen und Birger A. Pearson: The Testimony of Truth, in: Nag Hammadi Library in English, S. 448–459.
12. Marcion, das sollte nicht außer Acht gelassen werden, schrieb nur etwa fünfzig Jahre nach dem jüdischen Aufstand, der zur Zerstörung Jerusalems durch die Römer und zum Verbot der jüdischen Religion führte. Indem diese Christen sich völlig von der Religion Jesu loslösten, setzten sie nicht nur ein theologisches

Zeichen, sondern wollten dem Schicksal der Juden entgehen. Siehe hierzu: Zealot: The Life and Times of Jesus of Nazareth, S. 57–70. Deutsch: Reza Aslan, Zelot. Jesus von Nazaret und seine Zeit (Hamburg 2013).

13. Tim Carter schreibt: »Nach Marcions Auffassung war das Neue Testament durch die Lehren der Anhänger des Schöpfergottes befleckt. Er machte es sich zur Aufgabe, den Text von ihren Ergänzungen und Verfälschungen zu säubern. Folglich akzeptierte er von den vier Evangelien nur eine gekürzte Fassung des Lukasevangeliums, die mit Jesu Erscheinen in Kafarnaum im fünfzehnten Regierungsjahr des Kaisers Tiberius begann. Außerdem akzeptierte er die Paulusbriefe, entfernte aber die Pastoralbriefe, alle Zitate aus dem Alten Testament und alle positiven Erwähnungen des Judentums.« Tim Carter: Marcion's Christology and Its Possible Influence on Codex Bezae, in: Journal of Theological Studies 61/2 (2010), S. 551–552. Siehe auch Einar Thomassen: Orthodoxy and Heresy in Second-Century Rome, in: Harvard Theological Review 97/3 (2004), S. 241–256; Bart D. Ehrman: Lost Christianities: The Battle for Scripture and the Faiths We Never Knew (New York 2003), S. 104–109; Williston Walker: A History of the Christian Church (New York 1918), S. 67–69; Williams: Reconsidering Marcion's Gospel, aaO. (s.o. Anm. 8/9), S. 477–496.
14. Elaine Pagels: The Gnostic Gospels (New York 1979), S. 35. Siehe auch Elaine Pagels: The Demiurge and His Archons: A Gnostic View of the Bishop and Presbyters?, in: Harvard Theological Review 69/3–4 (1976), S. 301–324.
15. Konstantins Mutter Helena, die eine fromme Christin gewesen sein soll, behauptete, bei einer Pilgerfahrt nach Jerusalem im Jahr 326 n. Chr. das Kreuz Christi gefunden zu haben. Man schreibt ihr auch den Bau oder die Renovierung mehrerer wichtiger Kirchen in der Levante zu. Sie soll mit zahlreichen Reliquien nach Rom zurückgekehrt sein, zum Beispiel mit Erde von Golgota. Unabhängig davon, welchen Wahrheitsgehalt diese Berichte haben, belegt Helenas Status als Christin, dass das Christentum zu Beginn des 4. Jahrhunderts bis in die höchsten Kreise der römischen Gesellschaft vorgedrungen war.

    Konstantin reagierte auf die Ausbreitung des christlichen Glaubens mit dem Edikt von Mailand (circa 313), das den Christen die freie Religionsausübung im römischen Reich erlaubte. Dieses so genannte Toleranzedikt garantierte religiösen Pluralismus und beendete die Verfolgung der Christen. Zur Staatsreligion wurde das Christentum aber erst im Jahr 380 durch das Edikt von Thessaloniki der Kaiser Flavius Theodosius, Gratian und Valentinian II.

16. Ironischerweise gehörte Konstantin, der 337 starb, zu den sechsunddreißig vom Senat nach dem Tod vergöttlichten Kaisern, was von der religiösen Vielfalt innerhalb der römischen Gesellschaft zeugt. Laut Arnaldo Momigliano »verlor die Möglichkeit, vergöttlicht zu werden, für christliche Kaiser an Bedeutung, weil sie stattdessen heilig gesprochen werden konnten. Konstantin wurde im Osten schon kurz nach seinem Tod wie ein Heiliger, ja, wie ein Apostel verehrt.« Arnaldo Momigliano: How Roman Emperors Became Gods, in: American Scholar 55/2 (1986), S. 191.
17. Tertullian: Apologetical Works, und Minucius Felix: Octavius. Übers.: Rudolph Arbesmann, Sister Emily Joseph Daly und Edwin A. Quain (Washington, D.C. 1950), S. 63. Deutsch: Tertullian, Apologeticum – Verteidigung des christlichen Glaubens (Freiburg 2015).

    Plotin (205-270), der Begründer des Neuplatonismus, sprach ebenfalls auf trinitarische Art von Gott. Er nahm an, dass die göttliche Macht sich in drei Formen widerspiegelte: der einen höchsten Form, der Intelligenz und der Seele. Dazu schreibt Diarmaid MacCulloch: »Erstere repräsentiert die absolute Vollkommenheit, die zweite war ein Abbild der ersten, konnte aber von unseren mangelhaften Sinnen wahrgenommen werden, und die dritte Form war ein Geist, der die Welt belebt und daher zur Schaffung von Vielfalt in der Lage ist, im Gegensatz zu der platonischen Vollkommenheit des Einen und der Intelligenz.« Diarmaid MacCulloch: Christian History: An Introduction to the Western Tradition (London 2012), S. 80.
18. Die Modalisten versuchten, dieses Problem dadurch zu beheben, dass sie zwar die Eine-Substanz/drei Wesen-Interpretation Tertullians akzeptierten, aber argumentierten, die Substanz werde nicht *zur selben Zeit* von allen drei Wesen geteilt: Sie sei zuerst als Vater erschienen, dann als Sohn und zuletzt als heiliger Geist.
19. Hier ist nicht nur Augustinus' Bereitschaft bemerkenswert, den seiner Position innewohnenden logischen Irrtum zu ignorieren,

sondern darüber hinaus, dass im Konzept der Trinität der hellenistische Glaube fest eingebettet ist, Gott müsse als materielle Substanz verstanden werden, die geteilt und verteilt werden und, in Gestalt des Jesus Christus, menschliche Gestalt annehmen kann. Tatsächlich gab es in der Kirche des 5. Jahrhunderts praktisch nur eine materielle Vorstellung von Gott, keine spirituelle. Augustinus selbst stellte sich Gott als sehr großen Mann im Himmel vor, »mit einem gewaltig leuchtenden Körper«.

20. Chalcedon-Übersetzung von R. V. Sellers: Council of Chalcedon: A Historical and Doctrinal Survey (London 1953), S. 210. Siehe auch Roland Teske: The Aim of Augustine's Proof That God Truly Is, in: International Philosophical Quarterly 26 (1986), S. 253–268. Es ist ein wundersamer historischer Zufall, dass die Juden durch die Armeen Kyros' des Großen aus dem babylonischen Exil befreit wurden, eben jenes persischen Königs, der geholfen hatte, den Zoroastrismus in seiner dualistischen Form wiederzubeleben, und ihn zur Staatsreligion seines expansionistischen Achämenidenreiches gemacht hatte. Kyros' militärischer Erfolg beruhte darauf, dass er die Vorstellung explizit ablehnte, dass Krieg eine Schlacht zwischen zwei Göttern war, in der ein Gott den anderen besiegte. Stattdessen schuf Kyros die erste Menschenrechtscharta der Welt (den berühmten Kyros-Zylinder). Durch sie wurde eroberten Völkern die Freiheit gewährt, ganz wie es ihnen beliebte ihre eigenen Götter anzubeten. In jeder von Kyros eroberten Stadt ließ er die lokalen Tempel wieder aufbauen, beschenkte die lokalen Priester großzügig und pries die lokalen Götter. Daher sandte Kyros, lange bevor er seine Armeen nach Babylon schickte, zoroastrische Priester – Magi – mit einer Botschaft zum babylonischen Volk. Der Perserkönig ließ die Babylonier wissen, dass er nicht die Absicht habe, Marduk zu vernichten. Ganz im Gegenteil behauptete er, Marduk habe ihn beauftragt, die Babylonier von ihrem schwachen und gottlosen König Nabonid zu befreien. Eine ähnliche Botschaft überbrachten die Magi allen von den Babyloniern versklavten Völkern, somit auch den Juden. Diese List funktionierte. Im Jahr 538 v. Chr., fast fünf Jahrzehnte nach der Zerstörung Jerusalems durch die Babylonier, durchschritt Kyros in Frieden die Tore Babylons, wo er von den Babyloniern und den von ihnen Versklavten gleichermaßen als Retter willkommen geheißen wurde. Zu Kyros' ersten

Handlungen gehörte es, die verbannten Juden in ihre Heimat zurückzuschicken. Den Wiederaufbau des Jahwe-Tempels finanzierte der Perserkönig aus der Staatskasse Babylons. Daraufhin erhielt Kyros der Große von den Juden den Beinamen »Jahwes Hirte« (Jesaja 44,28). Als eine der wenigen Personen in der ganzen Bibel und als einziger Nicht-Jude wurde er Messias (»Gesalbter«) genannt (Jesaja 45,1).

9. Gott ist Alles

1. Laut Dscharīr at-Tabarī, dem Biographen des Propheten, sandte Mohammed Briefe mit der Aufforderung, sich dem Islam zu unterwerfen, an Herakleios und Chosrau, und auch an den Negus von Äthiopien, den Herrscher Ägyptens, den Herrscher von Bahrain und den Statthalter von Syrien. Die meisten Wissenschaftler halten die Briefe für historisch, doch manche, unter ihnen Gabriel Said Reynolds, zweifeln an at-Tabarīs Behauptungen. Siehe: The Emergence of Islam: Classical Traditions in Contemporary Perspective (Minneapolis 2012), S. 49.
2. Der beste Bericht über die Jahrhunderte währenden Kriege zwischen dem Byzantinischen Reich und Persien – die noch in vorchristliche Zeit zurückreichen – stammt von dem herausragenden Historiker David Levering Lewis, in: God's Crucible: Islam and the Making of Europe, 570–1215 (New York 2008).
3. Nahjmah Sayuti bezieht sich auf den Historiker Ibn Chaldun aus dem 14. Jahrhundert und merkt an: »Jene, die sich keinen Tempel leisten und kein Götterbild finanzieren konnten, stellten einen Stein vor die Kaaba oder vor einen anderen Tempel. Diesen beteten sie dann in gleicher Weise an, wie sie es auch in der Kaaba getan hätten. Die heidnischen Araber nannten diese Steine *Ansab*; ähnelten sie einem Menschen oder Tier, wurden sie *Asnam* oder *Awthan* genannt.« Masterarbeit, McGill University, 1999, S. 39.
4. Die These, dass der Islam ursprünglich eine jüdische messianische Sekte war, ist als Hagarismus bekannt und geht auf die angesehenen Historiker Patricia Crone und Michael Cook zurück, siehe deren Buch: Hagarism: The Making of the Islamic World (Cambridge 1977). Cook und Crone stützen sich dabei auf syri-

sche und hebräische Quellen über den Aufstieg des Islam und gelangen zu dem Schluss, dass Mohammed Jude war und dass seine Anhänger anfangs Hagarener genannt wurden – nach Abrahams erster Frau Hagar, von der Mohammed abzustammen behauptete. Auch wenn der Hagarimus von der Islamwissenschaft fast ausnahmslos abgelehnt wurde, findet sich sein Einfluss dennoch in einigen modernen Werken über Islamgeschichte, zum Beispiel: Tom Holland: In the Shadow of the Sword: The Birth of Islam and the Rise of the Global Arab Empire (New York 2012).

Ein wichtiger Aspekt ist, dass Mohammeds Wissen über das Judentum nicht aus der Tora stammte, sondern von seinen Begegnungen mit arabischen Juden. Zwar trifft die klassische Auffassung, der Prophet Mohammed sei Analphabet gewesen, nicht zu (als erfolgreicher Kaufmann in der damals kosmopolitischsten aller arabischen Städte dürfte Mohammed zumindest über rudimentäre Lese- und Rechtschreibkenntnisse verfügt haben, vielleicht sogar in mehreren Sprachen), aber dennoch hatte er keinen Zugang zu hebräischen Werken, weil die arabischen Juden keine Abschriften ihrer religiösen Texte besaßen. Dies erläutere ich in meinem Buch No god but God: The Origins, Evolution, and Future of Islam (New York 2005), S. 97–100. Deutsch: Kein Gott außer Gott. München 2006.

Ich habe *Allah-u Samad* mit »Gott ist einzig« übersetzt, weil das die beste Definition des schwierigen arabischen Wortes *samad* ist, das manchmal mit »ewig« übersetzt wird. Wörtlich bedeutet es: »unabhängig von allen«. Und so folge ich hier der Tradition des Ali ibn Husain, der *samad* so erklärte: »Einer, der keinen Partner hat und dem es nicht schwerfällt, Dinge zu schützen, und dem nichts verborgen bleibt.«

5. Auch wenn es den Juden im Sassanidenreich besser erging als ihren Glaubensgenossen in Byzanz – der babylonische Talmud wurde unter iranischer Herrschaft verfasst, und es entstanden zahlreiche jüdische Schulen –, verhinderten die Gesetze gegen Missionierung doch, dass die Juden Einfluss auf die großen theologischen Debatten am Königshof nehmen konnten.
6. Siehe Arent Jan Wensinck: The Two Creeds, Fikh Akbar II in The Norton Anthology of World Religions, Bd. 2, Hg.: Jack Miles (New York 2015), S. 1553–1559.

7. Zu al-Aschʿari siehe Majid Fakhry: Philosophy and Theology: From the Eighth Century C.E. to the Present, in: The Oxford History of Islam, Hg.: John L. Esposito (New York 1999).
8. Mehr über Rumis Leben siehe Annemarie Schimmel: Rumi: Ich bin Wind und du bist Feuer. München 1995. Und die neue Biographie von Brad Gooch: Rumi's Secret (New York 2017). In späteren Deutungen der ersten Begegnung zwischen Shams und Rumi entwickelte sich das Gespräch zu einer theologischen Belehrung über die Natur des Propheten Mohammed. Siehe dazu: Omid Safi: Did the Two Oceans Meet? Historical Connections and Disconnections Between Ibn 'Arabi and Rumi, in: Journal of Muhyiddin Ibn 'Arabi Society, 26 (1999), S. 55–88.
9. Mehr über die »trunkenen Sufis« siehe Ahmet Karamustafa: Sufism: The Formative Period (Berkeley 2007).
10. Ibn Arabi, geboren 1165 in Murcia – ein Jahrhundert bevor Shams und Rumi sich begegneten –, wuchs in Sevilla auf, der Hauptstadt Andalusiens. Es war eine Zeit mit bemerkenswerten Fortschritten in Kunst und Wissenschaft, eine Zeit, in der Übersetzungen griechischer wissenschaftlicher und philosophischer Werke ins Arabische weite Verbreitung fanden. Zudem entwickelte sich ein zuvor nie dagewesener fruchtbarer Austausch zwischen Juden, Christen und Muslimen. Der berühmte jüdische Philosoph Maimonides lebte zu jener Zeit in Andalusien, und ebenso einer der einflussreichsten Denker der Menschheitsgeschichte, Ibn Ruschd – im Westen bekannt als Averroës. Mehr zum Thema Andalusien unter muslimischer Herrschaft siehe María Rosa Menocal: Ornament of the World: How Muslims, Jews, and Christians Created a Culture of Tolerance in Medieval Spain (New York 2003). Deutsch: Die Palme im Westen: Muslime, Juden und Christen im alten Andalusien. Berlin 2003. Die Geschichte über Ibn Arabis Epiphanie und Ibn Ruschds Reaktion darauf stammt aus der Einleitung von William C. Chitticks ausgezeichnetem Buch The Sufi Path of Knowledge: Ibn al-Arabi's Metaphysics of Imagination (Albany 1989). Deutsch: Ibn 'Arabi: Erbe der Propheten. Herrliberg 2012.
11. »Es gibt nur eine Existenz. Diese Existenz ist, natürlicherweise, ein Seinszustand. Dieses Sein ist demnach das Eine und Einzige, Unendliche Sein. Es existiert aufgrund seiner eigenen Existenz,

unabhängig von allem anderen Erwägungen.« Bulent Rauf: Concerning the Universality of Ibn 'Arabi, in: Journal of the Muhyiddin Ibn 'Arabi Society, Bd. 6, 1987. Ibn Arabi stützte sich auf die großen Denker, die vor ihm kamen. In mancher Hinsicht knüpfte er an das Denken des größten islamischen Philosophen Ibn Sina an – im Westen als Avicenna bekannt – und entwickelte dessen Lehre von der Notwendigen Existenz weiter, welche auf der neuplatonischen Vorstellung von Gott als »reinem Sein« basierte.

Fazit: Das Eine

1. Im Buch Genesis gibt es mindestens drei Geschichten, in denen Menschen versuchen, gottgleich zu sein oder mit göttlichen Fähigkeiten herumspielen: die Geschichte von Eden; die gefallenen Engel in Genesis 6; und die Geschichte vom Turmbau zu Babel (»Auf, bauen wir uns eine Stadt und einen Turm mit einer Spitze bis zum Himmel und machen wir uns damit einen Namen ...« Genesis 11,4). Diese Geschichten enden stets damit, dass die Theologen der Genesis die Menschheit in ihre Schranken verweisen, wenn die Menschen sich erdreisten, Götter oder gottgleich sein zu wollen.
2. Siehe Michael P. Levine: Pantheism: A Non-Theistic Concept of Deity (London 1994), S. 91.
   In der »Stanford Encyclopedia of Philosophy« wird Pantheismus folgendermaßen definiert: »Ganz allgemein lässt sich der Pantheismus positiv als die Auffassung verstehen, dass Gott identisch mit dem Kosmos ist und dass nichts außerhalb von Gott existiert, oder negativ als die Zurückweisung jeder Weltsicht, die Gott als vom Universum verschieden ansieht.«
   Man unterscheidet zwischen Pantheismus und Panentheismus. Ersterer geht davon aus, dass das Universum Gott ist. Letzterer sagt, dass Gott zwar im Universum präsent ist, es aber transzendiert. William Rowe schreibt, dass der Unterschied zwischen diesen beiden Auffassungen letztlich darauf hinausläuft, wie man das Universum betrachtet: »Der Panentheismus sagt, dass das Universum endlich ist und sich innerhalb Gottes befindet, während Gott unendlich ist und nicht völlig innerhalb eines endlichen

Universums existieren oder durch dieses begrenzt sein kann.« Mit anderen Worten, der Unterschied zwischen Pantheismus und Panentheismus hat mit der Frage zu tun, ob man an die Endlichkeit des Universums glaubt oder nicht. Meiner Ansicht nach lautet die Definition für den Begriff »Universum«: »Alles, was existiert.« Also kann es keinen substanziellen Unterschied zwischen Pantheismus und Panentheismus geben. Für mich ist der Panentheismus einfach ein weiterer Weg, am Konzept eines vermenschlichten Gottes festzuhalten, eines Gottes, der über die Mechanismen des Universums hinausreichende Absichten verfolgt. Siehe William Rowe: Does Panentheism Reduce to Pantheism? A Response to Craig, in: International Journal for Philosophy of Religion 61/2 (2007), S. 65–67. Und Levine weist darauf hin, dass Gott und die Welt für den Pantheisten nicht ein und dasselbe bedeuten. Doch interpretieren Pantheisten die Welt und Gott auf identische Weise. Gott, die Welt und das alles einschließende Göttliche Einssein beziehen sich angeblich alle auf das Gleiche. Also hegen Pantheisten bezüglich Gottes und der Welt andere Vorstellungen als Nicht-Pantheisten. Nicht nur bezüglich der Eigenschaften Gottes und der Welt ist man anderer Meinung, sondern auch bezüglich dessen, was Gott und Welt bedeuten. Wenn Pantheisten behaupten, die Welt oder Gott sei ein alles einschließendes göttliches Einssein, meinen sie mit den Begriffen »Gott« und »Welt« etwas anderes, als es im nicht-pantheistischen Gebrauch dieser Begriffe üblich ist. Siehe Levine: Pantheism, aaO. (s.o.), S. 26–29. Mehr über den Pantheismus siehe H. P. Owen: Concepts of Deity (London 1971); Alasdair MacIntyre: Pantheism, in: Encyclopedia of Philosophy 6, S. 31–35; John Macquarrie: In Search of Deity (London 1984).

3. Siehe Titus Burckhardt: Vom Sufitum: Einführung in die Mystik des Islam. Rheinfelden 1989. Englisch: Introduction to Sufism (London 1995), S. 29. Die Analogie mit dem Licht, das durch ein Prisma fällt, stammt von Ibn Arabi selbst. Siehe Mazheruddin Siddiqi: A Historical Study of Iqbal's views on Sufism, in: Islamic Studies 5/4 (1966), S. 411–427.
4. Das Vedanta-Zitat stammt aus W. S. Urquhart: Pantheism and the Value of Life with Special Reference to Indian Philosophy (London 1919), S. 25. Timothy Sprigge merkt zu Urquharts Analyse an: »Die erste dieser beiden Aussagen [d. h. Nichts ist, was

nicht Gott ist] besagt, dass nichts wirklich existiert, außer dem unbeschreiblichen, all-einen Brahman und dass die gewöhnliche Welt mit all ihrer Vielfalt eine Illusion ist. Die zweite Aussage [Gott ist alles, was ist], besagt, dass die gewöhnliche Welt mehr als eine bloße Illusion ist, aber völlig aus Modifikationen des einen universalen Geistes besteht. Die erste Variante ist der Advaita Vedanta, dessen großer klassischer Vertreter Shankara ist, die zweite Variante ist der qualifizierte Vedanta, klassisch von Ramanuja formuliert.« T.L.S. Sprigge: Pantheism, in: Monist 80/2 (1997), S. 199.
Über den Pantheismus in der Vedanta-Philosophie schreibt Radhakrishnan: »Das Vedanta-System gilt als akosmischer Pantheismus, in dem nur das Brahman genannte Absolute real ist, während die endlichen Manifestationen Illusionen sind. Es gibt eine einzige absolute unterschiedslose Realität, deren Natur auf Wissen beruht. Die gesamte empirische Welt mit ihrer Unterscheidung endlicher Objekte und denkender Bewusstseinsidentitäten ist eine Illusion. Subjekte und Objekte sind wie flüchtige Bilder, die der Seele im Traum erscheinen und sofort ins Nichts verschwinden, wenn sie wieder aufwacht. Die Bezeichnung Maya weist auf den illusionären Charakter der endlichen Welt hin. Shankara erläutert das Konzept der Maya mit Hilfe der Analogien von Strick und Schlange, Zauberer und Zaubertrick, Wüste und Fata Morgana, Träumer und Traum. Die zentralen Merkmale der Vedanta-Philosophie, wie sie heute gesehen wird, lassen sich folgendermaßen kurz und knapp erklären: Brahman ist echt, das Universum ist eine Täuschung, der Atman ist Brahman. Nichts sonst.« Sarvepalli Radhakrishnan: The Vedanta Philosophy and the Doctrine of Maya, in: International Journal of Ethics 24/4 (1914), S. 431.
Dogen Zenji zitiert nach: Zen Ritual: Studies of Zen Buddhist Theory in Practice. Hg.: Steven Heine und Dale S. Wright (New York 2008). Chuang-Tze zitiert nach Rodney A. Cooper: Tao Te Ching: Classic of the Way of Virtue – An English Version with Commentary (Bloomington, Ind. 2013), S. XV. Cooper schreibt: »Taoismus ist viel mehr als Pantheismus. Denn das Tao existierte, bevor das Universum entstand. Wenn man den Taoismus mit einem anderen Glaubenssystem vergleichen will, gibt es mehr Ähnlichkeit zum Panentheismus – einem System, in dem das

Göttliche (sei es ein monotheistischer Gott, polytheistische Götter oder eine ewige kosmische Lebenskraft) alles in der Natur durchdringt und erfüllt, es aber zugleich zeitlos transzendiert. Im Unterschied dazu glauben Pantheisten, dass das Göttliche mit dem Universum identisch ist.« (S. XVI)

5. Die Lehre vom *Tzimtzum* ist, genauer gesagt, eine panentheistische Weltsicht, obgleich zahlreiche Denker auf den Widerspruch hingewiesen haben, der entsteht, wenn man versucht, Gottes Selbst von Gottes Schöpfung zu trennen, wenn diese Schöpfung aus Gott selbst hervorgeht. Rufus Jones schrieb dazu: »Damit es eine Welt außerhalb von Gott geben kann, muss Gott sich in sein eigenes Sein zurückziehen, sich zu En Sof verdichten, denn wie könnte es eine äußere Welt geben, wenn Gott überall und Alles in Allem ist?« Rufus M. Jones: Jewish Mysticism, in: Harvard Theological Review 36/2 (1943), S. 161–162. Siehe auch Gloria Wiederkehr Pollack: Eliezer Zvi Hacohen Zweifel: Forgotten Father of Modern Scholarship on Hasidism, in: Proceedings of the American Academy for Jewish Research 49 (1982), S. 87–115. Wilfried Corduan vertritt die Auffassung, dass Eckharts Gottesbild an Pantheismus grenzt. »Und doch, so nah sie einander zu sein scheinen – fast um eine Haaresbreite –, gibt es eine unendlich weite Kluft zwischen dem Pantheismus und Eckharts Lehre. Denn nicht die erschaffene Ordnung selbst ist göttlich. Erst das erlösende Handeln Gottes transformiert die gefallene Welt und vereinigt sie mit ihm. Was der Mensch nicht in der Natur und nicht jenseits von ihr finden kann, kann er von Gott empfangen. Siehe Winfried Corduan: A Hair's Breadth from Pantheism: Meister Eckhart's God-Centered Spirituality, in: Journal of the Evangelical Theological Society 37/2 (1994), S. 274.
6. Spinozas Pantheismus wird oft als Monismus bezeichnet, wonach »nur ein Ding oder eine Kategorie von Dingen existiert«. Hier soll nicht unerwähnt bleiben, dass Michael Levine klar zwischen Pantheismus und dem philosophischen »Monismus« von Spinoza und anderen unterscheidet. Er schreibt: »Jede simple Gleichsetzung von Monismus und Pantheismus scheidet schon allein deshalb aus, weil Monisten vermutlich leugnen werden, dass das ›Eine‹, auf das ihr Monismus sich bezieht, göttlicher Natur ist.« Michael P. Levine: Pantheism, aaO. (s.o. Anm. Fazit/2), S. 86.

Zu den »pantheistischen« Philosophen zählen auch Plotin, Laotse, F.W.J. Schelling und G.W.F. Hegel, um nur einige zu nennen. Siehe Peter Forrest und Roman Majeran: Pantheism, in: Annals of Philosophy 64/4 (2016), S. 67–91.

7. Was unsere natürliche Neigung zum »Substanz-Dualismus« angeht, bezeichnet Paul Bloom sie als »ein natürliches Nebenprodukt unserer zwei unterschiedlichen kognitiven Systeme – einem, das sich mit materiellen Objekten befasst, und einem zweiten, dass für soziale Entitäten zuständig ist«. Paul Bloom: Religious Belief as Evolutionary Accident, in: The Believing Primate: Scientific, Philosophical, and Theological Reflections on the Origin of Religion. Hg.: Jeffrey Schloss und Michael J. Murray (New York 2009), S. 118–127. Die zahlreichen Experimente mit Kindern, die darauf hindeuten, dass es in uns einen angeborenen Glauben an die Dualität von Geist und Körper gibt, beschreibt Bloom in seinem Buch: Descartes' Baby: How the Science of Child Development Explains What Makes Us Human (New York 2004). Wenige kognitive Theoretiker haben so viele Experimente durchgeführt wie Justin Barrett. Er kommt zu dem Schluss: »Eine wachsende Anzahl von Kognitionsforschern glaubt, dass es in der Entwicklung des menschlichen Bewusstseins einen Faktor geben muss, der uns sehr empfänglich für den Glauben macht, dass etwas in uns den Tod überlebt und weiterhin Einfluss auf die Umwelt nehmen kann. … Warum genau es für Kinder (und Erwachsene) so natürlich ist, an Seelen oder Geister zu glauben, die nach dem Tod weiterleben, wird gegenwärtig intensiv erforscht und diskutiert. Inzwischen steht fest, dass Kinder einen angeborenen Glauben an ein Jenseits oder Weiterleben nach dem Tod haben. Warum das so ist, bleibt aber noch unklar.« Siehe Justin L. Barrett: Born Believers: The Science of Children's Religious Belief (New York 2012), S. 118, 120.
Jesse M. Bering hat versucht, eine kognitive Antwort auf das Problem unseres intuitiven Wissens um die Existenz der Seele zu finden, insofern es den angeborenen Glauben an ein Leben nach dem Tod betrifft. Bering argumentiert: »Da Menschen erkenntnistheoretisch unmöglich wissen können, wie es ist, tot zu sein, werden sie toten Akteuren höchstwahrscheinlich jene mentalen Zustände zuschreiben, ohne die zu sein sie sich für sich selbst nicht

vorstellen können. Bei einem solchen Modell wird angenommen, dass es natürlich ist, an ein Leben nach dem Tod zu glauben, und dass soziale Transmission prinzipiell dazu dient, intuitive Vorstellungen über die Natur des Jenseits konzeptuell zu bereichern (oder zu schwächen).« Siehe Jesse M. Bering: Intuitive Conceptions of Dead Agents' Minds: The Natural Foundations of Afterlife Beliefs as Phenomenological Boundary, in: Journal of Cognition and Culture 2.4 (2002), S. 263–308; auch The Folk Psychology of Souls, in: Behavioral and Brain Sciences 29 (2006), S. 453–498.

Für alle Lebensliebhaber bietet das Gütersloher Verlagshaus Durchblick, Sinn und Zuversicht. Wir verbinden die Freude am Leben mit der Vision einer neuen Welt.

UNSERE VISION
EINER NEUEN WELT

Die Welt, in der wir leben, verstehen.

Wir sehen Menschlichkeit als Basis des Miteinanders: Mitgefühl, Fürsorge und Beteiligung lassen niemanden verloren gehen. Wir stehen für gelingende Gemeinschaft statt individueller Glücksmaximierung auf Kosten anderer.

Wir leben in einer neugierigen Welt: Sie sucht ehrgeizig und mitfühlend Lösungen für die Fragen unseres Lebens und unserer Zukunft. Wir fragen nach neuem Wissen und drücken uns nicht vor unbequemen Wahrheiten – auch wenn sie uns etwas kosten.

Wir leben in einer Gesellschaft der offenen Arme: Toleranz und Vielfalt bereichern unser Leben. Wir wissen, wer wir sind und wofür wir stehen. Deshalb haben wir keine Angst vor unterschiedlichen Weltanschauungen.

Das Warum und Wofür unseres Lebens finden.

Erfahren, was uns im Leben trägt und erfreut.

Wir helfen einander, uns selber besser zu verstehen:
Viele Menschen werden sich erst dann in ihrem Leben zuhause fühlen, wenn sie den eigenen Wesenskern entdecken – und Sinn in ihrem Leben finden.

Wir ermutigen Menschen, zu ihrer Lebensgeschichte zu stehen:
In den Stürmen des Alltags geben wir Halt und Orientierung. So können sich Menschen mit ihren Grenzen aussöhnen und zuversichtlich ihr Leben gestalten.

Wir haben den Mut, Vertrautes hinter uns zu lassen:
Neugierde ist die Triebfeder eines gelingenden Lebens. Wir wagen Neues, um reich an Erfahrung zu werden.

Wir glauben an die Vision des Christentums:
Die Seligpreisungen der Bergpredigt lassen uns nach einer neuen Welt streben, in der Vereinsamte Zuwendung, Vertriebene Zuflucht, Trauernde Trost finden – und Gerechtigkeit, Barmherzigkeit und Frieden herrschen.

Wir geben Menschen die Möglichkeit, den Glauben (neu) zu entdecken:
Persönliche Spiritualität gibt Kraft, spendet Trost und fördert die Achtung vor der Schöpfung sowie die Freude am Leben.

Wir stehen mit Respekt vor der Glaubenserfahrung anderer:
Wissen fördert Dialog und Verständnis, schützt vor Fundamentalismus und Hass. Wir wollen die Schätze anderer Religionen kennenlernen, verstehen und respektieren.

Bibliografische Information der Deutschen Nationalbibliothek
Die Deutsche Nationalbibliothek verzeichnet diese Publikation in der Deutschen Nationalbibliografie; detaillierte bibliografische Daten sind im Internet über https://portal.dnb.de abrufbar.

Klimaneutral
Druckprodukt
climate-id.com/12559-1708-1001

FSC
www.fsc.org
MIX
Papier aus verantwortungsvollen Quellen
FSC® C014496

Verlagsgruppe Random House FSC® N001967

Titel der Originalausgabe:
Reza Aslan: God. A Human History

1. Auflage

Druck und Bindung: GGP Media GmbH, Pößneck
Printed in Germany
ISBN 978-3-579-08716-0

www.gtvh.de